全国青少年校园足球

发展报告

（2018）

全国青少年校园足球工作领导小组办公室　编

北京体育大学出版社

策划编辑：董英双
责任编辑：潘海英
审稿编辑：王英峰
责任校对：赵红霞
版式设计：谭德毅

图书在版编目（CIP）数据

全国青少年校园足球发展报告. 2018 / 全国青少年
校园足球工作领导小组办公室编. -- 北京 : 北京体育大
学出版社, 2019.1
   ISBN 978-7-5644-3163-1

   Ⅰ. ① 全… Ⅱ. ① 全… Ⅲ. ① 青少年—足球运动—发
展—研究报告—中国—2018 Ⅳ. ① G843.2

   中国版本图书馆CIP数据核字（2019）第007743号

全国青少年校园足球发展报告（2018）
       全国青少年校园足球工作领导小组办公室　编

出　　版：北京体育大学出版社
地　　址：北京市海淀区农大南路1号院2号楼4层办公B-421-1
邮　　编：100084
邮 购 部：北京体育大学出版社读者服务部 010-62989432
发 行 部：010-62989320
网　　址：http://cbs.bsu.edu.cn
印　　刷：北京昌联印刷有限公司
开　　本：710mm×1000mm　1/16
成品尺寸：170mm×240mm
印　　张：25.25

2019年1月第1版第1次印刷
定　价：69.00元
（本书因印制装订质量不合格本社发行部负责调换）

《全国青少年校园足球发展报告（2018）》
编委会

主　任

王登峰

成　员

万丽君　　樊泽民　　董英双

朱红松　　蒙延荣　　何珍文

谷梦婷

为中国足球振兴贡献校园足球力量
（代序）

陈宝生

习近平总书记高度重视足球事业和校园足球工作，提出要"下决心把我国足球事业搞上去"，作出一系列重要指示批示，为做好校园足球工作提供了重要指针和根本遵循。全国教育大会的胜利召开，为校园足球工作提了气、鼓了劲、指了路、加了压。要抓住机遇、乘势而上，努力开创新时代校园足球工作新局面。

一、坚持"基础工程"夯基础，让"基础"成为"基石"

加快发展校园足球是贯彻党的教育方针、促进青少年身心健康、培养德智体美劳全面发展的社会主义建设者和接班人的重要举措，是落实立德树人根本任务的一项基础性工程。抓好基础性工程，就要打牢思想基础、组织基础和制度基础。

思想基础更加牢固。校园足球工作，事关青少年全面发展，事关中国足球改革发展，教育、体育两个部门和领导小组各成员单位牢固树立发展中国足球"一盘棋"意识，合力构建中国足球一体化推进体系。不断深化改革创新，努力探索具有中国特色的校园足球发展之路。

陈宝生　教育部党组书记、部长，全国青少年校园足球工作领导小组组长。

  组织基础更加坚固。全国青少年校园足球工作领导小组根据形势变化和任务要求，聚焦教体深度融合、师资队伍建设、场地场馆建设、竞赛选拔机制、升学成才通道等深层次关键问题，及时研究部署校园足球重大改革和重点发展任务，出台了一系列政策举措。各地逐级建立领导小组，形成上下齐心、左右并进的工作合力。

  制度基础更加稳固。立柱架梁、添砖加瓦，构建起了以"1+N"为一体的校园足球政策制度体系。"1"就是教育部等6部门联合印发的《关于加快发展青少年校园足球的实施意见》（以下简称《意见》）。这个《意见》是校园足球的"顶层设计"。围绕"1"，近年来又陆续印发了"N"个配套文件，涉及教学指南、技能等级、竞赛体系、兼职教师管理、"八大体系"等30多个制度文件，为校园足球发展竖起了"四梁八柱"，推动新时代校园足球逐步走向治理现代化。

  物质基础更加坚实。不断改善师资、场地、经费等保障条件，中央财政累计投入8.98亿元校园足球扶持基金，带动各地投入校园足球各类资金累计超过270亿元。设立校园足球教练员培训基地，超过30万人次接受培训。全国校园足球场地超过5.1万块，2020年将达到8.37万块。推进校园足球工作已经有了一定的物质基础。

  万事开头难，校园足球工作总体上仍处于起步阶段，需要自上而下强有力地协调推动。要进一步强化领导小组的地位和作用，实化领导小组的机制和功能，推进教体工作对接和资源共享，发挥各自优势。要发挥好领导小组统筹有力的"关键作用""一嗓子喊到底"，喊到最基层的校园足球特色学校。各级教育部门作为全国和地方校园足球工作领导小组的牵头单位，要进一步提高认识，把校园足球工作融入教育改革发展全局，在经费投入、场地建设、师资培养引进、完善升学政策和评价考核等方面提供更多便利和支持，进一步夯实基础，使之成为不可撼动的基石。

二、坚持"示范工程"抓示范，让"示范"更有"范儿"

坚持把校园足球当成示范来打造，当成标杆来追求，在体育改革、素质教育、学生成才等方面发挥示范作用。

为深化学校体育改革做示范。建立了校园足球教学训练和竞赛选拔为一体的内涵发展体系。在教学方面，从教学指南、示范课教案、教学视频、课程资源网站"四个方面"着手，实现教学有标准，资源在线共享，切实做到"教会"。在训练方面，组建国家、省、市、县、学区和学校等6级校园足球"满天星"训练营，为每个学生提供课余足球训练机会，为有潜质学生提供高水平训练平台，切实做到"勤练"。在竞赛选拔方面，构建"校内竞赛—校际联赛—选拔性竞赛—国际交流比赛"为一体的竞赛选拔体系，广泛开展小学、初中、高中和大学四级联赛，切实做到"常赛"。处理好校园足球和青训体系的关系，实现一体两翼、共同推进。4年来，参加校园足球联赛总人次超过1400万，呈现"地方推动、层层选拔、全国联赛、教体融合"的竞赛格局。

为发展素质教育做示范。校园足球工作注重在普及中推广、在普及中提高、在广泛参与中享受乐趣。2000多万名学生通过足球活动，增强了体质，强健了体魄，足球场成为培养孩子们体育精神的训练场，"做好人、读好书、踢好球"的导向在"润物细无声"中给孩子们长久有益的教育。场上哨响，提醒学生遵守规则；比分落后，考验的是意志品质；追求胜利，需要整个团队协作，培养的是爱国主义、集体主义精神。在不断提高足球技能水平的同时，在积极应对各种困难和挑战中锤炼意志、全面发展。

为学生成才成长做示范。4年来，2.3万余名学生参加了校园足球夏（冬）令营，352名初中和高中学生获批国家一级足球运动员，4224名初中和高中学生获批国家二级足球运动员，享受到了相应的升学政策。校园足球成才发展通道更加畅通，将吸引和带动越来越多的学校、家长更加支持孩子参与足球运动。

这些示范，是动力，是火种。要加大政策激励、宣传推广和经验共享力度，找到火种的正确点燃方式，让星星之火更加闪亮，更好发挥先进引领、榜样带动作用。持续推进校园足球工作要在保障、普及、提高、持续上下功夫。"保障"要看县长敢不敢下决心，"普及"要看校长能不能下功夫抓，"提高"要看教练水平怎么样，"持续"要看家长能不能持续支持。要积极引导这些"关键少数"切实担起参与和发展校园足球的职责与使命，让"星星之火"真正"燎原一片"。

三、坚持"探路工程"多探路，让"探路"更上"道儿"

加快发展校园足球是深化教体融合和中国足球改革、培养优秀竞技人才和提升竞技水平的探路工程。发展校园足球的重要任务和目标是扩大足球人口，从校园足球到社会足球、职业足球，逐步提高我国足球运动发展水平。

探出教育和体育的协同配合。建立教体定期会商机制，研究协商推进重点工作，统一思想、协同行动。教体共同促进校园足球与社会足球、职业足球之间的交流，做好优秀足球运动员教育培养工作。

探出教学的资源整合。坚持"走出去"和"请进来"，打通退役运动员、优秀教练员、社会体育指导员、有体育特长的社会人员兼职校园足球教师的渠道，将兼职足球教师纳入教师队伍建设总体规划。

探出训练的时空融合。 教体共建校园足球"满天星"训练营与青训基地，体育部门提供高水平教练和教学训练，"满天星"训练营选拔出来的足球运动员苗子向体育系统输送，扩大体育系统选材范围，探索建立校园足球与职业足球共同发展新途径。

探出竞赛的有序契合。 教体共商一体化竞赛体系，共商赛历、共同举办高水平赛事，探索建立校园足球优胜队与高水平体育系统队伍"巅峰对决"机制。

探出学习和运动的有效结合。 积极培养学生对足球的兴趣和热情，激发内生动力，引导参加足球运动的孩子们处理好学习和训练的关系，实现学习和运动的有效结合。

这些是校园足球探索出的有益经验，要加强总结提炼，形成规律性认识，建起科学的机制，让探出的"路"真正成为更宽广的"道"。

四、坚持"希望工程"树希望，让"希望之花"结出"收获之果"

足球运动作为世界第一运动，有着巨大的影响力和感召力。校园足球取得的骄人成绩，为振兴中国足球、实现中国足球梦想带来了新希望。

继续普及推广。 校园足球的任务首在普及、根在普及、重在普及，重在扩大足球人口。要不断深化、不断发展"特色学校+'满天星'训练营+高校高水平足球运动队+试点县（区）+改革试验区"校园足球普及推广布局。让踢球的、会踢的、踢得好的人越来越多，让他们通过足球增强体质、强健体魄、锤炼意志、健全人格。

坚定方向路径。随着校园足球的蓬勃发展，学校体育的魅力、育人的成效不断显现。校园足球日益赢得学生、学校、家长的支持和欢迎，赢得体育系统人士、专家学者的认可和肯定。要按照校园足球的顶层设计、发展路径和方向，持续努力，久久为功，实现足球强国梦想就大有希望。

巩固发展成效。校园足球参与度、关注度、支持度大幅度提高，形成了相对独立的工作思路，设计和打造了一体化的工作体系。要持续巩固现有成果，写一篇大文章。要把地方党委政府、教育部门、学校、教师、教练员、学生、家长、媒体等方方面面的积极性调动起来，推动从点上开花到全面结果，努力打造"有人抓、有人教、有人踢、有场地、有课程、有赛事"的局面，形成"踢球的人多了，会踢球的人也多了，踢得好的人更多了；教足球的人多了，会教球的人也多了，教得好的人更多了"的良好发展态势。

善用督察手段。发展校园足球最终要看成效。要研究建立校园足球工作联合督察机制，定期督察，及时公开结果，用好通报、约谈手段。

让"希望之花"结出"收获之果"，要有信心和耐心，也要有定力和努力。要紧紧围绕促进学生全面发展的校园足球工作育人初心，积极推动和构建鼓励踢球与保障升学的良性发展模式，使校园足球健康发展、使更多的足球人才健康成长。

抓好校园足球工作，发展好校园足球，是习近平总书记的重要嘱托。我们要牢记初心，坚定信心，满怀恒心，以改革创新、奋发有为的精神状态，持续推动校园足球工作一步一个新台阶、不断迈向高质量发展新阶段，努力走出一条中国特色校园足球改革发展新路，让"校园足球力量"成为中国足球振兴的基石。

目 录

第一编　发展综述与调研成果

第二编　各省（区、市）青少年校园足球发展报告

第三编　简报与媒体报道追踪

第四编　发展大事记

第五编　重要文件

第一编

发展综述与调研成果

2018年全国青少年校园足球工作总结和2019年工作计划

全国青少年校园足球工作领导小组办公室

2018年，教育部坚持党对全国青少年校园足球工作的领导，深入学习宣传贯彻落实党的十九大精神和全国教育大会精神，以习近平新时代中国特色社会主义思想为指导，认真贯彻落实党中央、国务院关于校园足球工作整体战略部署和习近平总书记系列重要批示精神，认真贯彻落实《中国足球改革发展总体方案》和《国家中长期足球发展规划（2016—2020年）》，按照党中央、国务院"特事特办、先行先试"的原则和要求，把校园足球改革发展纳入教育综合改革规划、作为国家教育体制改革重点任务，抓好顶层设计，强化组织领导，创新体制机制，注重内涵发展，不断提升质量，推动青少年校园足球工作取得阶段性成果，为在新时代继续扎实推进青少年校园足球工作奠定坚实基础。

一、2018年校园足球的主要工作

校园足球工作坚持"教学是基础、竞赛是关键、体制机制是保障、育人是根本"的发展思路，以"提高体质健康水平，教会足球运动技能，培养爱国主义、集体主义精神和顽强拼搏的意志品质，打牢中国足球腾飞的人才基础"为发展目标，坚持普及与提高并重的发展理念，深化教体融合，在各地方和有关部门的大力支持和配合下，校园足球发展态势良好、成效显著，可以用"六个多"来概括：踢球的人多了，会踢球的人也多了，踢得好的人多了，教足球的人多了，会教球的人多了，教得好的人也多了。

（一）加强顶层设计，完善体制机制

强化制度建设。出台《全国青少年校园足球改革试验区基本要求(试行)》《全国青少年校园足球试点县(区)基本要求(试行)》《全国青少年足球体教融合发展政策清单》《关于完善校园足球竞赛体系 畅通青少年人才培养机制的实施意见》《关于全国青少年校园足球夏令营活动规则与运动员等级认定办法的通知》《教育部关于公布第二届全国青少年校园足球专家委员会委员名单的通知》等制度文件，规范组织实施，打牢制度基础。

强化协同推进。坚持协同推进，完善发展校园足球的多部门合作格局，建立并完善和中国足协的定期会商机制，共同研究、解决青少年足球发展中的重大问题，努力在教体融合上实现共商共建共享，共同构建中国特色足球青训体系。

（二）坚持普及为要，优化发展布局

明确事业"初心"。教育部全面贯彻党的教育方针，坚持教育为人民服务、为中国共产党治国理政服务、为坚持和完善中国特色社会主义制度服务、为改革开放和社会主义建设服务，紧紧围绕培养德智体美全面发展的社会主义现代化建设者和接班人的目标，立足促进青少年身心健康、全面发展，尊重教育发展规律、足球运动规律和足球人才成长培养规律，帮助学生在体育锻炼中享受乐趣、增强体质、健全人格、锤炼意志，努力培养德智体美劳全面发展的社会主义建设者和接班人。

打牢普及根基。构建"特色学校＋高校高水平足球运动队＋试点县（区）＋改革试验区＋'满天星'训练营"五位一体的校园足球立体推进格局，要求每所校园足球特色学校面向全体学生每周开设 1 节足球课、组织课余训练和校内联赛、组建学校足球队参加校际联赛。2018 年遴选创建 3916 所全国青少年校园足球特色学校，累计共 24126 所，覆盖近 2000 万在校生。遴选创建 33 个全国青少年校园足球试点县（区），累计共 135 个。

推动区域落实。2017 年 12 月底，教育部与 12 个校园足球改革试验区签署推进校园足球改革发展备忘录，强化目标管理和发展质量考核。2018 年 6

月，教育部与40个校园足球试点县（区）签署推进校园足球改革发展备忘录，推动校园足球试点县（区）在县域内构建完善校园足球教学训练竞赛体系。

（三）加强师资队伍建设，加大培养培训力度

加强师资队伍建设和培养培训力度。完善校园足球师资培养培训体系，委托中国教科院开展校园足球骨干师资国家级培训、校园足球特色学校校长和体育教师培训，共培训校园足球骨干教师6837名、卓越教师2000名、校长6837名。与中国足协合作，委托中国足协秦皇岛基地举办了102期亚足联D级教练员培训班，共培训D级教练员2448名。选送420名校园足球教练员赴法国、英国进行为期3个月的专业技能培训，开阔了基层体育教师和足球教练员的视野，提高了他们的足球专项技能，其中有59名教练员取得英格兰足球总会颁发的L3（相当于欧足联的B级）足球教练员等级证书。实施《学校体育美育兼职教师管理办法》，完善退役运动员、优秀教练员、社会体育指导员、有体育特长的社会人员兼职校园足球教师制度。

（四）打牢教学根基，完善课余训练、竞赛体系

组织校园足球专家委员会整体规划校园足球教学、训练、竞赛体系建设，实现教育部牵头负责的校园足球与中国足协负责的职业足球和青少年足球融合发展。

教学是基础。启动校园足球资源库建设项目，策划制作了一批教育意义突出、教学价值突出的校园足球教学视频、专题节目，作为校园足球规范性教学的有益补充。目前，"天天足球""校园足球战队""校园足球先锋"等教学视频已上传至教育部门户网站"校园足球"页面"校园足球资源库"栏目。360集教学视频已录制完成，正在进行后期制作，计划于2019年上线。

训练是重点。2018年高水平建设47个全国青少年校园足球"满天星"训练营。训练营力推"开放包容、互鉴共赢"的新格局，充分吸收足协、体育部门、职业俱乐部及国内外相关优质资源的先进力量，着力实现"五高"，即配备高水平教练、实施高水平教学、开展高水平训练、组织高水平竞赛、落实高水平保障。选聘高水平教练作为该区域的校园足球首席专家，带动区域内所有的校园足球教师和教练员组建校园足球技战术体系。组织高水平专家团队加强对"满天星"训练营的指导和监督，示范引领校园足球工作全面提质增效。

北京市、上海市、内蒙古自治区等地积极探索建立省、市、区级校园足球训练营。校园足球特色学校、足球项目传统体育学校等积极开展课余训练。不断完善校园足球多层次、立体化的课余训练体系。

竞赛是关键。持续深化建设以"校内竞赛—校际联赛—选拔性竞赛—出国交流比赛"为一体的校园足球竞赛体系。推动校园足球特色学校深入开展校内班级和年级竞赛。在全国广泛开展小学、初中、高中和大学四级联赛，并不断完善联赛制度。各地校园足球四级联赛比赛场次、参赛人数呈现逐年上升趋势，形成"班班参与、校校组织、地方推动、层层选拔、全国联赛"的校园足球竞赛格局，校园足球的育人功能得到进一步发挥。2018年，参加全国青少年校园足球高中联赛达25000人次，参加全国青少年校园足球大学联赛达37500人次。2018年，全国青少年校园足球夏令营分营共有11个组别的300多支队伍，近7000名男女运动员、上千名教练员，以及近200名国内外校园足球专家参加，选拔出2457名优秀运动员入选分营最佳阵容，并参加夏令营总营。本届夏令营的入选学生来自全国31个省（区、市）和新疆生产建设兵团，为历届夏令营之最。同时，邀请西班牙甲级联赛联盟、德国足协与拜仁足球俱乐部高水平外籍专家团队，外籍专家团队在中方专家组的配合下，全面负责夏令营最佳阵容选拔，保证选拔的公平、公正、公开。

（五）深化国际交流合作互鉴，学习有益经验

深化中俄友谊。2018年6月13日下午，在俄中友好协会主席梅津采夫的陪同下，作为习近平主席特使赴俄罗斯出席世界杯开幕式的国务院副总理孙春兰抵达莫斯科斯巴达克足球学校体育场，亲切看望了参加2018中俄青少年校园足球友谊赛的双方小球员，并进行亲切交流。随后，孙春兰副总理行至看台观看了中俄校园足球友谊赛，最终中国校园足球代表队以 3∶2 战胜俄罗斯校园足球代表队。

拓宽合作国别。与西班牙、法国、意大利、阿根廷、巴西等国体育部门和足球协会洽谈足球合作意向，以扩大青少年足球交流与竞赛、培训中方校园足球教练员、执教校园足球训练、引进高水平足球教练员等深化足球合作。

引进外教执教。2018 年，聘请 140 多名高水平外籍足球教师到国内任教，使青少年学生在国内能够学习到国外先进的足球理念和训练方法。其中，为 47 个全国青少年校园足球"满天星"训练营各配备 1 名高水平外教。这些足球外教确实发挥了重要作用，他们的工作得到了所执教学校的师生和地方教育行政部门的高度认可。

（六）切实先行先试，培育推广有益经验和模式

校园足球工作实践中，在强化顶层设计、完善教学训练竞赛体系、落实综合保障等方面积累起了较为成熟的制度体系、工作经验和发展模式。全国校足办会同中国足协制订并出台校园足球全国和省级最佳阵容对应的国家等级运动员评定办法，并在 2018 年校园足球夏令营中施行。2018 年共有 2368 名小学省级最佳阵容运动员获批国家三级运动员；共有 4224 名初、高中省级最佳阵容运动员获批国家二级运动员；共有 264 名初、高中运动员入选全国最佳阵容，并获批国家一级运动员。教育部已把校园足球的制度体系、工作经验和发展模式引入到校园篮球项目中，并将陆续引入到冰雪运动、排球、网球、田径、武术、游泳等项目中，切实发挥好校园足球改革发展先行先试的示范引领作用。

（七）浓郁足球文化，强化学理支撑

培育足球文化。深厚的足球文化是发展校园足球、提高中国足球普及程度的重要土壤。教育部积极争取人民日报、新华社、中央电视台等数十家媒体多角度、全方位报道校园足球，制作了以校园足球特色学校、试点县（区）和改革试验区为宣传对象的 48 集《校园足球先锋》、以校园足球夏令营为主题的41集《中国少年足球战队》和100集《校园足球新长征》专题片。夏令营期间，由人民网、新华网、中青在线、中国教育网络电视台、企鹅直播等对全国分营的部分场地和全国总营的全部场地共300多场比赛进行网络直播，并对其余的500多场比赛进行录播。同时，足球频道对部分比赛场次进行电视直播。丰富、立体的宣传报道和全面、及时的赛事播出，对树立导向、完善校园足球舆论宣传体系起到至关重要的作用。依托教育部门户网站建设校园足球主页、创建校园足球微信公众号，在全国青少年校园足球展示平台为所有校园足球特色学校建立校园足球工作电子档案，各省级、市级、县级校园足球工作机构也普遍通过建立官方网站、"两微一端"宣传推广校园足球，营造了校园足球发展的良好氛围。

强化智库支撑。2018年6月，成立了由83名业界专家、体育和教育系统足球理论和实务领域的专家及一线工作者代表组成的第二届全国青少年校园足球专家委员会。多次召开专家委员会会议，有针对性地研究校园足球发展中的重大理论和实践问题，提出切实可行的对策和措施，审定《普通高校足球专业学院和学校建设方案》，为校园足球发展提供了强有力的智力支持。

在以习近平同志为核心的党中央的正确领导下，在相关部门的协同推进下，校园足球呈现出欣欣向荣的蓬勃发展局面，校园足球取得的成效得到了学生和家长、地方教育行政部门和学校、足球业内专家和从业人士、相关媒体和关心中国足球发展的社会各界的普遍认同和一致赞誉。

二、当前校园足球工作存在的突出问题

经过近四年的努力，校园足球工作开局良好、发展模式日趋成熟。各级党委和政府对校园足球更重视了，全社会对校园足球更关心了，舆论氛围更浓厚了。为坚决贯彻落实习近平总书记重要批示精神，突出问题导向，教育部认真梳理了当前校园足球改革发展中存在的主要问题。

（一）校园足球发展不平衡、不充分问题突出

校园足球工作存在着发展不平衡、不充分的问题。有条件的地区投入校园足球工作的经费甚至超过中央财政投入的校园足球扶持资金，而条件薄弱的地方甚至难以设立校园足球扶持资金。近四年来，国家和地方已经在加强校园足球师资的引进、培养、培训等方面下了很大功夫、投入了很大精力和财力，切实提高校园足球发展的师资、场地、政策和安全保障等方面明显加强，但仍需要久久为功。有些地方在校园足球的教学、课余训练和竞赛组织方面存在不充分、不到位的现象。

（二）对校园足球价值的认识有待提高

社会上普遍存在"重智育、轻体育"的传统观念，以文化课成绩作为评价学生学业的最重要标准。不少家长担心孩子踢足球会影响学业成绩。一些学校限于硬件、师资等条件难以开展校园足球活动。教育部门和学校需要用翔实的数据、科学的论证有力证明足球等体育活动不仅不会影响学生学习，还会促进成绩提高，促进学生全面发展，提高家长、学生对校园足球综合价值的认识，内化为发展校园足球久久为功的"韧性"。通过积极努力和有效宣传，让全社会认识到发展校园足球并非"急就章"，而是强化学校体育、增强学生体质健康的本来要求；并非国家的外在要求，而是学校体育深化内涵发展的重要内容；并非"一时热闹"，而要务求实效。当然，培育和形成校园足球文化需要一个过程，这也是习近平总书记强调足球要从娃娃抓起、从基层抓起、从群众性参与抓起的精髓要义所在，距此还有大量的工作要做。

（三）机制化推进工作有待加强

各地限于人力、财力、资源保障、传统思维与思维定式等影响，在校园足球工作中，地方不同程度存在着"重规划、轻督察"现象，文件和规划是下发了，但抓校园足球工作的"招数不硬、措施不实"问题依然突出，推进校园足球工作的硬招和实招不多，相关措施的针对性还需要进一步加强，注重比赛等活动的开（闭）幕式等形式主义问题也确实存在。

（四）资源条件短缺状况亟待改变

大力推进校园足球以来，校园足球发展的条件明显改善，但组织管理力量薄弱等问题十分突出，全国和地方青少年校园足球工作领导小组办公室没有专职工作人员，这是制约校园足球下一步发展的关键因素。长期以来，学校体育工作属于"小三门"，在办学条件、师资配备等方面缺口较大，需要在人员编制、资金投入等方面加大保障力度。

三、全面贯彻全国教育大会精神，精心谋划 2019 年和今后一个时期校园足球工作

习近平总书记在全国教育大会上的重要讲话，彻底终结了音体美"小三门"的历史，扭转了不科学的人才培养体系，给予体育美育和其他三育同等重要的地位。校园足球工作要深入学习贯彻落实全国教育大会精神，以习近平新时代中国特色社会主义思想为指导，强化问题意识，突出问题导向，突出"硬、实、新"，精心谋划新时代校园足球工作的新思路、新举措，以新作为开创未来，切实改进工作作风，深入调查研究，在全面梳理四年来校园足球工作的发展历程、主要成效、有益经验的基础上，把准薄弱环节和关键短板，并深入剖析原因，剑指问题，破解矛盾，既广拓普及的"面"，又深耕提高的"点"，以扎实的作风和业绩服务教育强国、体育强国、健康中国建设，有力支撑中国足球改革发展。

为推动校园足球工作持续、健康发展，必须坚持以校园足球特色校建设为基础的发展思路，凝心聚力提升校园足球各项工作的质量和水平。具体来讲，就是着力构建和完善校园足球工作的"八大体系"，并扎实推进。

（一）精心布局，夯实校园足球推广体系

校园足球的推广要坚持普及与提高质量并重，深化教体融合，在已构建的"特色学校＋高校高水平足球运动队＋试点县（区）＋改革试验区＋'满天星'训练营"五位一体立体推进格局中蹄疾步稳推进校园足球改革发展。以普及性的足球教育培养广大青少年浓郁的足球兴趣，营造良

好的足球文化氛围，着力解决中国足球发展不平衡的问题；以高质量、高水平的足球教学、训练和竞赛促进校园足球提质增效，着力解决中国足球发展不充分的问题。加强对校园足球特色学校的指导与监管力度，实施建设质量复核制度，建立退出机制。

按照《中国足球改革发展总体方案》要求，在 2017 年提前三年完成遴选认定 2 万所校园足球特色学校的基础上，不断夯实基础，科学规划，压实责任，力争到 2025 年共创建 5 万所校园足球特色学校。根据世界足球强国在孩子 5 岁左右就要开始足球启蒙教育的普遍情况，要进一步下移普及的重心，有条件的地方要向幼儿园延伸，科学制订足球特色幼儿园发展规划，进一步提高校园足球普及水平。

（二）全面发力，健全校园足球教学训练体系

搭建科学规范、衔接有序的教学体系，在已编辑出版的《全国青少年校园足球教学指南》和《全国青少年校园足球示范课教案》基础上拍摄 9 个年级 360 堂校园足球教学视频，建设校园足球课程资源网站，加快实现教学资源的在线共享。精准实施教师培训，通过线上线下相结合的方式对不同年级的足球教师分别进行培训。组织专家队伍进行线上辅导和线下培训。完善教学培训体系，逐步提高校园足球特色学校和高校高水平球队的教练员执教水平。强化教体融合，加强教体资源共享，拓宽渠道让体育系统教练员、运动员、退役运动员进入校园，进一步发现、推荐、培养优秀青少年足球人才，开展科学化训练。

积极探索建立省、市、区级校园足球训练营，健全足协、职业俱乐部梯队及相关优质资源与校园足球训练营合作机制，利用训练营组织区域内有潜质的校园足球学生运动员在课余、周末和节假日进行高水平足球训练和竞赛。校园足球特色学校、足球项目传统体育学校等积极开展课余训练。每年寒假组织各年龄段全国最佳阵容进行集训。不断完善校园足球多层次、立体化的课余训练体系，切实提高校园足球学生运动员的运动技能和竞技水平。

印发《普通高校足球专业学院和学校建设方案》，以普通高校的相关专业院、系为基础，建设足球教育学院，以培养体育教育和足球专项师资为主要任务，为校园足球发展提供教学与训练师资保障。在满足校园足球教师培养的基础上，设置培养足球文化传播、足球训练场馆建设与运营、足球赛事管理、运动康复与保健及相关产业与经济专门人才的相关专业和课程。支持高校与世界足球强国的高校合作，积极引进国外足球强国的优质教育资源，加强交流互鉴。

（三）严格管理，做强校园足球竞赛体系

深化建设以"校内竞赛—校际联赛—选拔性竞赛—出国交流比赛"为一体的竞赛体系，以赛促训、以赛提质。一是要确保校园足球特色学校有班级联赛，班班有球队，周周有比赛，通过年级联赛组建各个年龄组的学校代表队。幼儿园组织各地的展示活动。在校内联赛的基础上，进一步完善小学、初中、高中和大学联赛。在联赛的基础上进一步完善选拔性竞赛和夏令营活动。二是要形成完整的选拔性竞赛体系，在构建全国最佳阵容的基础上，还要构建省（区、市）、地（市）、县（市、区）、乡镇、学区的最佳阵容，形成一个完整的体系。三是要严格赛风赛纪，实现校园足球立德树人的根本任务和使命，营造风清气正的竞赛环境。四是出台明确规定，规范涉及校园足球队员参与的赛事活动，确保校园足球竞赛活动的有序开展。五是计划组建50人左右的高中、初中最佳阵容留学队伍，进行为期1~2年的海外学习（由于他们获批国家一级运动员，回国后除进入职业队、国家队以外，可以直接进入大学或进入高中阶段校园足球特色学校学习）。六是与中国足协共商一体化竞赛体系，校园足球在做好自身竞赛体系的同时，鼓励优秀运动员以区域组队参加U系列赛事，高中优胜队可参与青超联赛，小学、初中全国最佳阵容与青训优胜队组织"巅峰对决"。

（四）示范引领，打造校园足球样板体系

在2018年创建47个全国青少年校园足球"满天星"训练营的基础上，科学制订规划，精心布局"满天星"训练营。充分考虑区域内发展的基础条件及未来发展的规划，从实际出发、量力而行、注重引导，充分发挥各类试点的示范引领作用，完善校园足球教学、训练、竞赛和保障体系，创

新足球人才培养模式，带动区域内校园足球的全面推进和发展，为全国提供可复制、可推广的有益经验。

（五）激励创新，构建校园足球荣誉体系

进一步落实学生运动技能等级，根据每一个学生参与足球教学、训练和竞赛的时间及实际技术水平，完善校园足球学生运动技能等级标准，打通各个学段的升学通道。

根据学生的等级认定情况和校园足球工作开展情况，对相关的县（市）长、教育局局长、教师、教练员、参与的企业进行相关的荣誉认定，构建完善的校园足球荣誉体系。举行"校园足球年度庆典"，通过领奖、论坛、采访、签约、义捐等形式，全面梳理和展示校园足球所取得的成绩，探讨未来在教学、训练、竞赛等方面如何更好地发展，特别是怎样做好教体融合。大力宣传表彰校园足球相关人员，受表彰奖励人员，特别是一线体育教师、足球教练在职称、待遇等方面要有相应的体现，进一步调动基层开展校园足球的积极性。邀请体育部门和中国足协主要领导共襄盛典，邀请为校园足球做出贡献的体育部门相关人员，中国足球知名教练员、裁判员共同出席，并参加论坛，接受采访。努力把庆典办成教育界的盛事、体育界的喜事。

（六）精诚合作，合力形成校园足球一体化推进体系

教育部将进一步加强校园足球工作领导小组七个部门的协同配合，在场地规划、师资培训、社会支持等方面形成合力。特别是教育和体育部门要进一步推进工作对接和资源共享，在发挥各自优势和特长的基础上，加快推进校园足球与青训体系"一体化设计、一体化推进，自成体系，相互支撑"的合作格局。两者既要有对接、有协作，也要有侧重、有分工；既要全力服务中国足球改革发展的总体目标，也要充分考虑青少年的全面可持续发展。要搭建社会相关组织、机构和部门有序参与、通力合作、协同推进校园足球健康发展的格局。既要继续发挥好举国体制优势，又要在国民教育体系中通过体育课、课余训练和校园体育竞赛开辟一条培养优秀足球竞技人才的新路径、新通道。积极鼓励有较好足球运动技能和水平的高中生、大学生向职业体育发展。

（七）攻坚克难，搭建校园足球科研体系

发挥校园足球专家委员会作用，加强学科交叉与融合，鼓励开展基础性、前沿性、探索性创新研究，充分发挥智库作用。设立专项课题，积极吸纳有益社会各界力量支持，围绕足球及体育运动对青少年全面发展的影响、青少年优秀足球人才的成长轨迹、中国青少年足球发展路径、教体如何更好融合等选题持续开展研究，努力推动研究成果的转化应用。加强与国家体育总局、中国足协的合作，积极探索适应我国青少年足球人才成长的青训体系。探索建立学生体育运动专项保障资金，进一步健全体育运动伤害保障机制。广泛开展宣传，积极推广有益成果，努力争取社会各界的认可和支持。不断加强研究，大力构建高水平科研平台，持续强化科技成果产出，逐步形成特色鲜明的中国青少年校园足球科研体系。2019年将组织专家对校园足球工作进行全方位调研、督导工作，就教学、训练、竞赛及保障条件情况进行专题调研，提供研究报告。

（八）树立导向，完善校园足球舆论宣传引导体系

校园足球的健康发展，离不开健康的舆论环境。编辑出版《全国青少年校园足球发展报告》，向全社会公开有关工作进展，主动接受各方面监督。在舆论宣传方面与宣传主管部门和新闻媒体建立更及时、更有效的沟通渠道。在加大典型宣传的同时，引导媒体客观看待、平衡报道校园足球工作中存在的不足和短板。主动回应社会各方面对校园足球的关切和建议。积极整合多方优质资源，吸纳有益力量，构建层级分明、职责清晰的全媒体宣传矩阵，传播校园足球好声音，讲述校园足球好故事。

同时，以校园足球的改革发展为先导，不断深化学校体育教学改革，不断健全教体融合机制，把在足球方面取得的经验和形成的模式尽快推广到篮球、排球、冰雪运动、武术、网球等项目上。近期，拟重点抓好冰雪运动、篮球、排球、中华武术和网球进校园等工作；建立特色学校，建立健全各个运动项目教学指南、教学大纲，制作教学视频；加大对师资队伍的培训和场地设施的改造力度，全面推进学校体育教学改革。通过"教""练""赛"，实现习近平总书记在全国教育大会上提出的学校体育"四位一体"的目标，就是让青少年在体育锻炼中享受乐趣、增强体质、健全人格、锤炼意志。

全国青少年校园足球工作改革发展
专题调研报告

全国青少年校园足球工作领导小组办公室

　　根据党中央大兴调查研究之风的要求和教育部党组安排，2018 年 5 月中旬以来，教育部组织专人带队分别赴内蒙古、黑龙江、上海、江苏、浙江、山东、湖北、广东、海南、四川、云南等省市调研青少年校园足球工作。深入全国青少年校园足球改革试验区、校园足球试点县（区）、校园足球特色学校听取足球课、观看训练现场、校园足球联赛现场，面对面与教育行政部门负责人、校园足球特色学校校长、体育教师、足球教练员，特别是直接参与足球运动的学生进行了交流互动。6 月 20 日，教育部举办第二届全国青少年校园足球专家委员会进行校园足球集中调研活动，80 多位专家委员参加了调研。通过实地走访和集中调研，掌握了大量真实、客观的情况和信息，查找了青少年校园足球工作存在的突出矛盾和关键问题，研究提出下一步改进工作的对策和建议，形成专题调研报告。

一、青少年校园足球工作的可喜变化和主要成效

（一）构建起比较完善的青少年校园足球发展体系

　　经过 3 年多的不懈努力，国家和各地普遍建立起比较完善的推进青少年校园足球工作的体制机制，青少年校园足球工作实现了"有人抓、有人教、有人踢、有场地、有课程、有赛事"的"六有"局面。

　　浙江省为解决场地短缺问题，制定了《浙江省足球场地设施建设规划（2016—2020 年）》，2017 年投入 7867 万元人民币，在 157 所中小学新

建了笼式足球场，实现了全省各市、县全覆盖；2018 年计划再为 120 所中小学建设笼式足球场，实现笼式足球场遍地开花。同时，着力加强竞赛队伍规划建设。浙江省计划到 2020 年建设 1000 所校园足球特色学校、8 支高水平高校学生足球队和 100 个高校学生足球俱乐部。截至 2018 年底，浙江省已举办了 8 届省中小学校园足球联赛，每赛季省、市级联赛的比赛场次达 3000 场以上，覆盖学校 500 所以上，参赛人数近 5000 人，校园足球嘉年华参与人数达 2 万人以上。

云南省着力打通升学通道，并为学校安全责任松绑解套，极大地激发了师生参与校园足球的热情。云南省依托名校建设"精英训练营"、师范院校建设"足球学院"、高水平运动队招生学校建设"青少年校园足球高水平运动员培训选拔中心"。2017 年遴选 9 个青少年校园足球精英训练营，建设 3 个足球学院和 5 个高水平运动员培训选拔中心，2017 年招生 110 名（初一、高一）足球高水平运动员。依托全省优质基础教育资源，试点开展校园足球特长生招生，通过打通升学通道特别是在基础教育阶段的升学通道，极大地激发了学校、学生参与校园足球的积极性。在云南，"踢足球，上名校"蔚然成风。同时，该省为校园体育安全责任松绑解套，明确提出在各项安全措施和应急预案到位的情况下，出现体育意外伤害事故，学校不得认定为教学事故，不得追究体育教师和相关组织者的责任，不得影响相关人员的评优评先和职称晋升；上级教育行政部门不得追究学校和校长的责任，不得影响学校的评优评先工作。这些举措极大地激发了体育教师的工作热情。

四川省坚持"四个结合"，实现校园足球最佳阵容遴选工作"零事故、零违纪、零投诉"。一是高校与中小学校结合，发挥高校龙头作用。四川师范大学、成都大学、成都体育学院分别承担小学、初中和高中组选拔、集训任务，成都东软学院全程给予技术支持。二是比赛与育人相结合，实施综合评价报告制度。设立一票否决事项，严厉惩处冒名顶替、弄虚作假、以大打小或在比赛过程中的严重违规违纪行为。比赛结束后，为每位参选运动员生成关于场上表现的综合评价报告，建立电子档案，开具运动处方，帮助学生明确足球运动成长成才的努力方向。三是公开与公示相结合，确保遴选公平、公正。提前制订和公布遴选标准及程序，明确守门员、前锋、中场和后卫队员的评分标准及遴选人数。所有参选运动员的姓名、年龄、组别和头像等相关信息在网站、微信公众号和赛场上全程公示，杜绝参赛资格弄虚作假行为。通过小组循环、复选对抗两轮比赛产生最佳阵容，名单按照运动员得分成绩从高到低依次录取并公示。遴选活动全程录像，存档回放备查。四是传统与科技相结合，提升遴选结果公信力。每场遴选活动聘请省内外足球专家不低于 7 人。其中，小学组、初中组省外专家不低于 60%；高中组全部聘请省外专家，专家对运动员传统方式评分占整体的 60%。同时，引入穿戴式设备对运动员奔跑距离、传球带球等关键技术进行量化评分，其占整体的 40%，规避了仅凭专家个人主观意见就决定最终遴选结果的现象。

（二）基层推进青少年校园足球工作的热情和积极性很高、干劲很足

从调研来看，省、市、县、校开展青少年校园足球工作的热情和积极性都很高，纷纷把学校体育和青少年校园足球作为推进教育改革和体育教学改革的突破口、试验田，持续推进青少年校园足球工作的不竭动力正在形成。校园足球发展的良好态势、显著成效可以用"六个多"来概括，即踢球的人多了，会踢球的人也多了，踢得好的人更多了；教足球的人多了，会教球的人也多了，教得好的人更多了。例如，上海市将足球作为体育课程改革的重点内容，初步构建了大中小学一体化的校园足球课程体系，基本实现了"校园足球特色校每周 1 节足球课，其他学校每周 1 次足球活动"的目标，学生参与校园足球赛事情况已纳入综合素质评价体系，注册学生运动员人数已由 4500 名增加至 3 万余名。该市还构建了"联盟校＋特色校＋精英训练营＋传统项目校＋校办二线队＋市级学生训练基地"六位一体的课余训练立体推进格局，实现了大中小学有序衔接体系，并建立了优秀足球苗子选拔机制。

（三）家长普遍比较支持青少年参与足球运动

从调研情况看，家长普遍比较支持青少年参与足球运动，部分女生家长也很支持孩子踢足球。随着青少年校园足球育人成效的不断显现，青少年校园足球日益赢得家长和全社会的支持。调研发现，校园足球已呈现向低龄幼儿发展的态势。例如，内蒙古自治区坚持校园足球"从娃娃抓起"，足球成了293所自治区首批校园足球特色幼儿园"必修课"。各个足球特色幼儿园，根据自身实际情况探索幼儿足球的培养方式。塞外幼儿园根据幼儿身体条件，为大、中、小班制订不同的足球课程；兴安盟突泉县第二幼儿园的足球游戏活动室布置完成，保证孩子们一年四季不受天气影响来踢球；鄂尔多斯市达拉特旗电厂幼儿园一开学便开展了足球教师培训，以提高教师们的足球教育理论基础和教育技能。"快乐足球，阳光运动，人人参与"成为足球特色幼儿园的教育理念。

（四）踢足球不仅不影响，反而还能提高学业成绩

参加足球运动的学生普遍反映踢球没有影响其学习。青少年校园足球特色校的足球校队普遍对队员学业有明确要求，参与足球运动后学业成绩下滑的队员会被暂停参加足球训练，直到学业成绩提高并达到相应要求后才能恢复参加校队训练。参加青少年校园足球校队的"学业红线"要求，激发和带动了真正喜欢足球运动的青少年学生自觉提高学业成绩，逐步达到"做好人、读好书、踢好球"的校园足球"新三好"要求。

从现实情况看，踢足球对于磨炼青少年学生顽强拼搏的意志品质、克服学业困难等有很大帮助。调研时，参与足球运动的学生普遍反映踢足球并没有耽误他们的学习，反而让他们以旺盛的精力、顽强的意志投入到学习中。校园足球校队学生的学习成绩普遍处于班级中上等水平。青岛市即墨实验小学，从每个年级16个班中选出2个足球班学生，每天下午有2小时的足球训练，期末考试2个足球班学生成绩处于全年级前列。部分踢足球学生还是"学霸"，如江西九江一中足球队队长傅林珂同学，2018年高考以718分位居江西省理科第1名。

二、青少年校园足球发展中面临的突出矛盾和关键问题

（一）发展青少年校园足球的基础性条件保障虽有所改善，但仍非常薄弱

调研座谈时，基层教育局局长、校长、体育教师、足球教练员普遍反

映发展青少年校园足球面临的最大困难和问题是足球场地、体育教师、足球教练员和经费等基础条件保障困难，虽然有所改善，但依然十分薄弱。这个问题在全国都普遍存在，只是严重程度有所不同。例如，云南省普洱市西盟佤族自治县没有 1 块标准的足球场。这就是基层开展青少年校园足球工作面临的现状。

（二）体育系统所属足球场地场馆资源，向教育系统和学生开放的力度和进度亟待加大、加快

自 2014 年底以来，教育部和地方教育行政部门充分利用教育系统所拥有的师资、场地、教材等条件，主要推进青少年校园足球工作，并取得了长足进步。但由于历史原因，教育系统所拥有的足球场地场馆、教练和专业技术力量非常薄弱。而体育系统长期从事体育普及和竞技提高工作，具有较好的足球场地场馆资源和专业技术力量。但由于管理体制问题，体育系统推动所属足球场地、场馆资源的力度亟待加强，专业技术力量支持青少年校园足球发展的机制不畅通。为此，必须打破部门分割，切实整合资源，着眼提高中国足球普及程度和竞技水平，加大推动体育系统足球资源条件支持青少年校园足球发展工作的力度。同时，各地体育部门与地方足球协会自行组织校园足球竞赛活动干扰了校园足球的整体推进，望此类竞赛活动全部由全国青少年校园足球工作领导小组办公室统筹。

（三）青少年校园足球评价激励体系和机制亟待完善

评价激励体系建设是关系青少年校园足球长远发展的风向标。在各地初步构建推进青少年校园足球工作的教学、训练和竞赛体系的基础上，在青少年校园足球发展的师资、场地、经费、运动风险防范和意外伤害保险等支撑保障体系建设不断推进的同时，不断完善校园足球的评价激励体系显得日益重要，亟待提上重要议事日程。通过不断完善评价激励体系，激发各方面积极支持和参与青少年校园足球，从而提升青少年体质健康水平、中国足球普及程度和竞技水平。

三、加强和改进全国青少年校园足球工作的对策与建议

发展青少年校园足球是长线工程，也是系统工程，必须科学规划、周密部署、有序推进。3年多来，青少年校园足球探索出来的"注重打牢根基、注重普及发展"的道路，经过实践证明是正确并行之有效的，得到了全国足球界的一致认同。大家普遍认为，只要坚持不懈地推进青少年校园足球工作，振兴中国足球就有希望。

（一）要坚持问题导向，运筹实现习近平总书记对中国足球发展的三大愿景

习近平总书记对中国足球有三大愿景：参加世界杯、承办世界杯、赢得世界杯。下3届世界杯举办时间分别为2022年、2026年和2030年。2018年世界杯32强参赛球员的平均年龄为26.9岁。据统计，历届夺取世界杯的球队队员平均年龄为27.5岁。以27岁为参照，2030年参加世界杯时中国队球员为2003年出生，即2018年为15岁。也就是说，15岁时他们已代表了中国青少年校园足球最高水平。以此为节点向前延伸，在15岁时达到青少年校园足球最高水平至少要历经6~8年的年级、校级、学区、县级、省级层层比赛。从培养学生的足球兴趣到真正能够打比赛，7~9岁的年龄还要再向下延伸，这势必就要从幼儿园时抓起。这就是习近平总书记指出的"振兴足球事业，要从娃娃抓起，从基层抓起，从基础抓起，从群众性参与抓起"根本原因所在。因此，下一步要从幼儿园抓起，坚持以游戏为主，以培养孩子足球兴趣为重点，制订小足球实施计划，构建大中小幼校园足球有序衔接体系，将习近平总书记对足球"从娃娃抓起"的指示落实落细。

向后延伸，15岁处于高中一年级阶段，随后两年将面临高考升学压力。处于这一关键节点，学生面临着走学业化还是职业化发展道路问题。无论选择哪条路都需要进行顶层设计，为他们后续发展铺平道路。一方面，要打通校园足球运动员小升初、初升高和高中考大学的通道，实现"踢得好"的学生"上好学"，解除学生和家长的后顾之忧；另一方面，要组建青少年校园足球各年龄组的国家男、女队，对入选全国最佳阵容的足球运动员

强化夏、冬两季训练，聘请高水平教练加强专业指导，让他们参加国际各类足球比赛以提高实战技能，有计划选送队员国外留学，在交流互鉴、吸纳众长中提高足球水平。通过立足中国大地踢足球，扎根中国大地办足球，优秀足球运动员将会源源不断地产生。在2018年到2030年世界杯的征程上，将产生12届全国青少年校园足球最佳阵容队。这是中国有信心参加世界杯、承办世界杯、赢得世界杯的力量之源。

（二）要切实树立全国"一盘棋"意识，合力构建中国足球一体化推进体系

进一步发挥好国务院足球改革发展部际联席会议制度机制，协调推动教育、体育两个系统树立发展中国足球"一盘棋"意识，合力构建中国足球一体化推进体系。进一步加强校园足球工作领导小组7个部门的协同配合，在场地规划、师资培训、社会支持等方面形成合力。教育和体育部门要进一步推进工作对接和资源共享，在发挥各自优势和特长的基础上，加快推进校园足球与青训体系"一体化设计、一体化推进、自成体系、相互支撑"的合作格局。两者既要有对接、有协作，也要有侧重、有分工。既要全力服务中国足球改革发展的总体目标，也要充分考虑青少年的全面可持续发展。尤其是在教育系统发展青少年校园足球面临师资、场地、经费、专业技术力量等严重紧缺的情况下，各级体育部门和足协应积极动员和协调所拥有的足球教练员、裁判员、场地、相关专业机构等为发展青少年校园足球提供强有力的资源和技术支持。要搭建社会相关组织、机构和部门有序参与、通力合作、协同推进校园足球健康发展的格局。既要继续发挥好举国体制优势，又要努力在国民教育体系中通过体育课、课余训练和校园体育竞赛开辟一条培养优秀足球竞技人才的新路径、新通道。积极鼓励有较好运动技能和水平的高中生、大学生向职业体育发展。深化教育和体育部门人才管理体制机制改革，拓宽渠道让足球教练员、运动员、退役运动员进入校园，支持和推动青少年校园足球发展，发动、培养、发现、推荐优秀足球人才并开展科学化训练。既充分发挥足球教练员、运动员的特长专长，又切实补齐青少年校园足球师资的短板。

（三）要积极完善科研体系，深入研究和把握规律，着力破解"中国足球发展陷阱"

截至 2018 年，中国足球发展依然面临"足球陷阱"，普及程度和竞技水平与世界先进水平仍有相当差距。中国在摸索实现足球"登顶"的可行路径时，既要避免走"老路"，也要避免走"弯路"。下一步，需要认真研究和破解中国足球长期未能攀登竞技高峰的关键问题与瓶颈所在，着力在普及提高上下功夫，积极扩大足球人口基数，既要有"功成不必在我"的心态，又要有"功成必定有我"的决心，持续用力，久久为功；着力提高中国足球竞技水平，回应习近平总书记的三大期望，回应亿万中国人的期盼。提高青少年校园足球发展质量和水平，必须尊重体育运动规律和青少年成长规律，破除思想上、观念上的认识误区。为此，要充分发挥全国和各级青少年校园足球专家委员会和各位专家的智库作用，着力研究如何根据中国青少年身体素质完善足球教学训练方法和技战术体系，解决中国孩子会踢球不会比赛、对抗能力差、场上位置感不强等问题；要研究学习与踢球之间的关系，回答好每天锻炼 1 小时、每周踢 1 场足球比赛会不会影响学习成绩的问题。科学安排文化教育与训练竞赛，确保学生既能学好文化知识，又能不断提高足球运动技能，切实为青少年运动员的文化知识教育和终身职业发展负责，争取家长支持。此外，要研究如何构建校园足球与职业足球、专业足球青训体系自成体系、融合发展等问题。

（四）要固本强基，进一步夯实青少年校园足球普及推广体系

从实地调研情况看，教育部牵头推进全国青少年校园足球工作 3 年多来，各地开展校园足球工作的政策、师资、场地、经费和安全保障等普遍得到加强，但目前的基础条件与发展青少年校园足球工作的实际需要相比仍"捉襟见肘"。为此，需要进一步谋划发展青少年校园足球的师资队伍建设、场地建设和经费投入等保障机制。着力延伸普及发展体系至学前教育阶段。从国际经验看，世界主要足球强国的足球启蒙教育和普及从儿童4~5 岁时开始。要切实落实习近平总书记开展足球运动"从娃娃抓起"的要求，将普及重心下移至幼儿园。2018 年建设 5000 所左右的校园足球特色幼儿园，培养幼儿足球兴趣，进一步拓展普及面。着力推进高校足球专业学院和新型足球学校建设。研制并颁布实施《普通高校足球专业学院建设方案》和《新型足球学校建设方案》。通过足球专业学院建设，着力培养足球专业教师，为青少年校园足球发展提供教学与训练师资保障。通过新型足球学校建设，吸引优秀青少年进入新型足球学校读高中，为中国足球未来发展培养和储备人才。

（五）要突出激励导向，发挥校园足球荣誉体系的"风向标"作用

建立和完善评价激励机制，把青少年校园足球工作成效纳入各级青少年校园足球特色学校校长绩效考核内容。构建完善的校园足球荣誉体系。进一步落实学生运动技能等级认定工作，根据学生参与校园足球教学、训练、竞赛的时间和实际足球技能水平，完善校园足球学生运动技能等级标准，打通各个学段升学通道。进入校园足球省级最佳阵容的初中学生可在全省（区、市）选高中入学；进入校园足球省级最佳阵容的高中学生可在省属高校招生中享受国家一级运动员待遇。根据学生运动员等级认定和校园足球工作开展情况，对输送国家、省（区、市）最佳阵容学生、推进校园足球工作业绩突出的县（区、市）长、教育局局长、体育教师、足球教练员分别授予相应的荣誉称号。根据相关企业支持青少年校园足球发展贡献情况，给予相应的税收减免政策。每年举办"校园足球年度庆典"，大力宣传和表彰校园足球相关人员，受到表彰的人员特别是一线体育教师、足球教练员，在职称评聘、待遇等方面应有相应的倾斜，进一步调动基层开展校园足球的积极性。单列高校高水平男、女足球队招生计划，每个高校高水平足球运动队应参照国家队人数招收23名高水平足球运动员。

实施校园足球最佳阵容留学海外提升计划。从2018年起，每年选拔50名左右校园足球初中、高中全国最佳阵容学生赴世界主要足球强国进行为期1~2年的足球专项海外留学，专门提高足球竞技水平。因其已获得国家一级足球运动员称号，留学回国后，除了进入职业队和国家队外，还可以直接进入优质高中或大学继续学习。

（六）要增加投入，进一步加大中央财政专项资金支持力度

3 年来，中央财政累计投入青少年校园足球工作专项资金 6.48 亿元，并发挥了极大的"撬动"和"乘数"效应。据不完全统计，3 年来地方累计投入青少年校园足球工作近 200 亿元。下一步将积极争取财政部加大青少年校园足球专项资金扶持力度，增加至每年 5 亿元，以有力支持和保障未来在全国布局 250 个左右的青少年校园足球"满天星"训练营、为义务教育阶段学校输送足球师资和提供部分场地建设资金等需要，以青少年校园足球"满天星"训练营为依托和载体，推动青少年校园足球特色学校落实教学、训练、竞赛、支撑保障和评价激励等体系建设。健全学校体育意外伤害保险机制。总结上海等地实践经验，建议中央财政出资 10 亿元，设立全国学生体育运动风险专项保险基金，专门保障学生参与足球等运动的风险，对全国青少年学生参加体育训练出现意外伤害给予保障，以完善的制度确保保险基金专款专用、滚动发展。

（七）要优化宏观布局，进一步加大青少年校园足球改革试验区和试点县（区）推进力度

从调研情况看，内蒙古、上海、云南、青岛、成都等省市自 2017 年 9 月获批建设全国青少年校园足球改革试验区以来，域内青少年校园足球改革试验和探索工作富有创造性地扎实推进，取得了较好成效。这充分印证了设立全国青少年校园足球改革试验区和试点县（区）的决策是正确的。建议在总结 3 年多来全国青少年校园足球改革试验区和试点县（区）建设经验与成效的基础上，优化全国青少年校园足球改革试验区和试点县（区）建设布局，坚持《全国青少年校园足球改革试验区基本要求（试行）》和《全国青少年校园足球试点县（区）基本要求（试行）》等标准要求，到 2022 年、2026 年和 2030 年在全国布局建设的校园足球改革试验区和试点县（区）分别达到 30 个和 200 个、70 个和 400 个、100 个和 500 个。进一步发挥地方党委和政府大力推动青少年校园足球发展的积极性、主动性和创造性，使其充分考虑区域内校园足球发展的基础条件和未来发展规划，

从实际出发、量力而行、注重引导，充分发挥青少年校园足球改革试验区和试点县（区）的示范引领作用，创新青少年校园足球人才培养模式，带动区域内青少年校园足球全面推进和发展，为全国培育可复制、可推广的有益经验。

（八）要以校园足球为改革突破点，推动学校体育全面发展

把校园足球作为落实教育立德树人的根本任务，促进青少年身心健康、体魄强健的战略举措；作为深化教育领域综合改革，推进学生素质教育的重要突破口。从2018年起，陆续推进校园篮球、校园排球、校园武术、校园网球、校园机器人等特色校建设，并以点带面，实现推动学校体育工作全面发展。例如，云南省在2016年参照校园足球模式，命名了598所"云南省省级体育特色学校"，项目涵盖球类、棋类、田径、武术、舞蹈、健美操、射击、航模等项目，实现"校校有特色，人人有项目"的目标。

（九）要着力政策突破，切实强化组织体系建设

教育部将会同有关部门出台加强全国各级青少年校园足球工作领导小组办公室建设的专门意见。通过政策引导，推动从人员编制、经费保障等方面强化国家、省、市、县四级青少年校园足球工作组织机构建设。建议做实、做强、做大全国青少年校园足球工作领导小组办公室，给予10个中央国家机关公务员编制或成立全国青少年校园足球发展中心，并给予30个中央在京单位事业编制，以上率下，推动省、市、县强化青少年校园足球工作组织机构建设，以强有力的组织体系建设落实青少年校园足球改革发展重点任务，为青少年校园足球长远发展和切实提高中国足球普及程度、竞技水平打牢坚实的组织基础和人才基础。

（执笔：王登峰　樊泽民　杨　森）

发挥夏令营引领作用 推动校园足球发展
——2018年全国青少年校园足球
夏令营活动总结

全国青少年校园足球工作领导小组办公室

为全面贯彻党的十九大精神，根据教育部等6部门《关于加快发展青少年校园足球的实施意见》《全国青少年校园足球教学训练竞赛体系建设方案（试行）》，全国青少年校园足球工作领导小组办公室（以下简称"全国校足办"）于2018年3月印发《关于举办2018年全国青少年校园足球夏令营系列活动的通知》。在各省（区、市）积极开展省内分营的基础上，全国校足办于2018年7—8月期间举办了24个夏令营分营和3个总营系列活动。现将2018年全国青少年校园足球夏令营活动总结如下。

一、总体情况

全国校足办在全国组织24个夏令营分营和3个夏令营总营（小学、初中、高中）。夏令营分营共有11个组别的300多支队伍近6000名男女运动员、上千名教练员，以及近200名国内外校园足球专家参加，选拔出2472名优秀运动员入选分营最佳阵容，并参加夏令营总营。

小学总营于2018年8月10—20日在河北省秦皇岛市举行，共有5个组别825名男女运动员和166名教练员参加，通过技术测试和200场比赛，考察、选拔出148名运动员入选最佳阵容，并获批国家三级运动员。

初中总营于2018年8月10—20日在上海市举行，共有4个组别883名男女运动员和110名教练员参加，通过技术测试和80场比赛，考察、选拔出 176 名运动员入选最佳阵容，并获批国家一级运动员。

高中总营于 2018 年 8 月 14—24 日在山东省青岛市举行，共有 2 个组别的 428 名男女运动员和 105 名教练员参加，通过技术测试和 40 场比赛，考察、选拔出 88 名运动员入选最佳阵容，并获批国家一级运动员。小学、初中和高中总营共选拔出 412 名优秀运动员入选全国青少年校园足球夏令营总营最佳阵容。

二、特点分析

2018 年夏令营活动除包含技术测试、专家指导训练、组织开展比赛、选拔最佳阵容等规定内容外，有以下 5 个突出特点。

（一）覆盖面广、选拔层次高

本届夏令营的入选学生来自全国 31 个省（区、市）和新疆生产建设兵团，为历届夏令营之最。参加全国青少年校园足球高中联赛（全国总决赛）男、女前 8 名队伍的主力队员可以获得入选全国高中夏令营分营资格。

（二）全面强化外籍专家团队选拔力度

邀请西班牙甲级联赛联盟、德国足协与拜仁足球俱乐部高水平外籍专家团队。外籍专家团队在中方专家组的配合下，全面负责夏令营最佳阵容的选拔，保证了选拔的公开、公平、公正。

（三）落实校园足球立德树人根本任务

在夏令营活动中全面开展爱国主义教育，帮助学生在校园足球中享受乐趣、增强体质、健全人格、磨炼意志，培养德智体美劳全面发展的社会主义建设者和接班人。

（四）强化主流媒体舆论宣传引导

夏令营期间，由人民网、新华网、中青在线、中国教育网络电视台、企鹅直播等对全国分营的部分场地和全国总营的全部场地共 300 多场比赛进行网络直播，并对其余的 500 多场比赛进行录播。同时，足球频道对部分比赛场次进行电视直播。

（五）全面推行国家运动员等级制度

全国校足办于 2018 年 3 月印发《关于全国青少年校园足球夏令营活动规则与运动员等级认定的通知》。各省（区、市）夏令营选拔出的小学各组别最佳阵容运动员获批国家三级运动员；各省（区、市）夏令营选拔出的初中、高中各组别最佳阵容运动员获批国家二级运动员。入选全国总营初中、高中各组别最佳阵容的运动员获批国家一级运动员。

三、存在问题

（一）各地重视程度有待加强

从各地参加校园足球夏令营活动的人数统计来看，河南、重庆、广东、山西、福建、内蒙古、四川、云南等地高度重视，积极统筹，按照要求组织本地的学生积极参加校园足球夏令营活动；西藏、新疆、北京、黑龙江等地存在仅选派部分学生参加夏令营活动的问题（附件 1）。在夏令营活动期间，各地选派参加夏令营活动的学生存在水平参差不齐、水平差异较大等问题，反映了各地校园足球工作发展不平衡、不充分的问题（附件 2~ 附件 4）。各地尚未构建"校内竞赛—校际联赛—选拔性竞赛—出国交流比赛"为一体的竞赛体系，没有严格按照要求在校园足球联赛的基础上组织夏令营。

（二）赛事统筹协调不足

2018 年夏令营实现了全国所有地区的全覆盖，但仍然有一部分学生运动员因与省运会、省校园足球联赛及其他各类比赛冲突等原因不能参营。这反映出在校园足球赛事组织时与体育系统、学生体协等有关单位沟通不畅、协调不够的，各地教育行政部门对赛事选择主次不明确。

（三）选拔体系有待健全

夏令营活动的选拔机制需要继续根据实践完善。2018 年夏令营总营最佳阵容的选拔由德国拜仁俱乐部专家负责，分营最佳阵容的选拔则分别由西甲联盟、德国足协和拜仁俱乐部的专家负责，各省夏令营主要由中方专家负责，不同营区之间选拔标准尚未完全统一。

四、下一步工作计划

（一）工作思路

当前和今后一个时期，全国青少年校园足球工作要全面贯彻落实党的十九大和全国教育大会精神，坚持"教学是基础，竞赛是关键，体制机制是保障，育人是根本"的发展思路，树立健康第一的教育理念，帮助学生在校园足球中享受乐趣、增强体质、健全人格、磨炼意志。着力构建和完善校园足球"八大体系"，做实做强夏令营，培养德智体美劳全面发展的社会主义建设者和接班人。

（二）有关要求

1. 严格校园足球赛事管理

严格落实《教育部办公厅关于面向中小学生的全国性竞赛活动管理办法（试行）》，从严控制、严格管理面向中小学生的全国性竞赛活动，坚决治理各类违规校园足球竞赛活动，加强对各类参赛人员的岗前培训和管理，确保校园足球夏令营各项工作的顺利进行。

2. 规范校园足球夏令营最佳阵容选拔程序

各省级教育行政部门应按照全国校足办要求制订本省选拔小学、初中、高中最佳阵容的竞赛方案报全国校足办备案并严格执行。对于未按照要求进行选拔活动的省份，将取消授予国家等级运动员资格。

3. 严格校园足球赛风赛纪

健全赛风赛纪监督、检查、问责等制度和措施，对违纪违规问题实行"零容忍"，发现一起、惩处一起。对入选全国夏令营分营和总营但因参加其他赛事未报到或中途退营的学生取消拟授予的运动员等级。

附件：1. 2018年全国青少年校园足球夏令营分营各省（区、市）报到
　　　　情况统计表

　　　　2. 2018年全国青少年校园足球夏令营总营（小学组）最佳阵容
　　　　各省（区、市）入选情况统计表

　　　　3. 2018年全国青少年校园足球夏令营总营（初中组）最佳阵容
　　　　各省（区、市）入选情况统计表

　　　　4. 2018年全国青少年校园足球夏令营总营（高中组）最佳阵容
　　　　各省（区、市）入选情况统计表

附件 1

2018 年全国青少年校园足球夏令营分营各省（区、市）报到情况统计表

排名	省、市、区	类别	小学混合组	小学男甲	小学男乙	小学女甲	小学女乙	小学组合计
1	河南省	学生	10	16	16	16	16	74
2	重庆市	学生	10	16	16	16	16	74
3	广东省	学生	10	13	16	15	15	69
4	山西省	学生	10	16	15	15	16	72
5	福建省	学生	10	16	16	16	16	74
6	四川省	学生	10	16	16	16	16	74
7	云南省	学生	10	15	16	16	16	73
8	内蒙古自治区	学生	10	16	16	16	16	74
9	山东省	学生	10	11	15	14	12	62
10	湖南省	学生	10	16	16	16	16	74
11	广西壮族自治区	学生	10	16	16	16	16	74
12	江西省	学生	9	16	16	16	14	71
13	安徽省	学生	10	16	16	16	16	74
14	海南省	学生	10	16	15	16	15	72
15	湖北省	学生	10	16	16	16	16	74
16	江苏省	学生	10	16	16	16	16	74
17	浙江省	学生	10	16	16	16	16	74
18	河北省	学生	10	14	16	16	16	72
19	辽宁省	学生	10	15	16	16	16	73
20	贵州省	学生	10	16	16	16	16	74
21	甘肃省	学生	10	16	16	16	15	73

初中男甲	初中男乙	初中女甲	初中女乙	初中组合计	高中男甲	高中女甲	高中组合计	任务完成率/%
22	22	21	21	86	42	22	64	108.74
22	22	22	22	88	22	35	57	106.31
21	22	19	22	84	22	40	62	104.37
21	20	19	20	80	36	27	63	104.37
22	22	22	22	88	22	22	44	100.00
22	22	22	22	88	22	22	44	100.00
22	22	22	22	88	24	21	45	100.00
21	22	22	22	87	22	22	44	99.51
18	17	17	20	72	22	44	66	97.09
22	20	13	22	77			49	97.09
22	20	19	20	81	22	22	44	96.60
22	22	15	22	81	22	22	44	95.15
13	22	22	20	77	22	22	44	94.66
22	22	19	22	85	22	16	38	94.66
22	22	11	22	77	22	21	43	94.17
17	18	18	22	75	22	22	44	93.69
20	21	15	18	74	22	22	44	93.20
22	22	20	20	84	22	12	34	92.23
22	22	13	16	73	22	22	44	92.23
19	19	20	20	78	18	20	38	92.23
16	18	19	21	74	21	20	41	91.26

排名	省、市、区	类别	小学混合组	小学男甲	小学男乙	小学女甲	小学女乙	小学组合计
22	吉林省	学生	10	13	14	13	12	62
23	上海市	学生	10	16	16	13	16	71
24	陕西省	学生	9	10	16	15	15	65
25	天津市	学生	10	14	16	16	10	66
26	青海省	学生	10	16	14	16	12	68
27	宁夏回族自治区	学生	9	16	16	11	12	64
28	新疆生产建设兵团	学生	10	12	0	12	0	34
29	黑龙江省	学生	10	15	15	0	9	49
30	北京市	学生	10	0	10	12	15	47
31	新疆维吾尔自治区	学生	0	0	0	0	0	0
32	西藏自治区	学生	0	0	0	0	0	0
合计	小学2051人，初中2135人，高中1351人，共5537人							
备注	各省（区、市）应派小学组74人、初中组88人、高中组44人，共计206人参加全国青少年校园足球夏令营分营。全国青少年校园足球高中联赛（全国总决赛）男、女前8名队伍的主力队员直接获得参加全国夏令营分营资格。							

34

续表

初中男甲	初中男乙	初中女甲	初中女乙	初中组合计	高中男甲	高中女甲	高中组合计	任务完成率/%
18	22	18	13	71	22	16	38	83.01
14	13	18	14	59	22	19	41	83.01
21	16	9	16	62	22	19	41	81.55
22	22	0	11	55	21	20	41	78.64
22	16	0	0	38	22	22	44	72.82
20	18	2	11	51	22	11	33	71.84
17	15	15	18	65	22	21	43	68.93
0	0	0	0	0	16	15	31	38.83
0	15	0	0	15	0	0	0	30.10
0	0	0	0	0	21	22	43	20.87
22	0	0	0	22	0	0	0	10.68

附件 2

2018 年全国青少年校园足球夏令营总营（小学组）
最佳阵容各省（区、市）入选情况统计表

排名	省、市、区	选派人数	入选最佳阵容人数	入选率 /%
1	江苏省	74	24	32.43
2	上海市	71	19	26.76
3	河南省	74	18	24.32
4	重庆市	74	16	21.62
5	四川省	74	13	17.57
6	安徽省	74	7	9.46
7	广东省	69	6	8.70
8	浙江省	74	6	8.11
9	福建省	74	6	8.11
10	天津市	66	5	7.58
11	广西壮族自治区	74	5	6.76
12	山东省	62	4	6.45
13	内蒙古自治区	74	4	5.41
14	北京市	47	2	4.26
15	新疆生产建设兵团	34	1	2.94
16	江西省	71	2	2.82
17	辽宁省	73	2	2.74
18	吉林省	62	1	1.61
19	河北省	72	1	1.39
20	山西省	72	1	1.39

续表

排名	省、市、区	选派人数	入选最佳阵容人数	入选率/%
21	海南省	72	1	1.39
22	甘肃省	73	1	1.37
23	湖北省	74	1	1.35
24	湖南省	74	1	1.35
25	贵州省	74	1	1.35
26	云南省	73	0	0.00
27	青海省	68	0	0.00
28	陕西省	65	0	0.00
29	宁夏回族自治区	64	0	0.00
30	黑龙江省	49	0	0.00
31	西藏自治区	0	0	0.00
32	新疆维吾尔自治区	0	0	0.00
	合计	2051	148	

附件 3

2018 年全国青少年校园足球夏令营总营（初中组）
最佳阵容各省（区、市）入选情况统计表

排名	省、市、区	选派人数	入选最佳阵容人数	入选率 /%
1	江苏省	75	19	25.33
2	内蒙古自治区	87	19	21.84
3	辽宁省	73	15	20.55
4	广东省	84	17	20.24
5	四川省	88	17	19.32
6	新疆生产建设兵团	65	12	18.46
7	河南省	86	12	13.95
8	广西壮族自治区	81	10	12.35
9	江西省	81	8	9.88
10	重庆市	88	7	7.95
11	浙江省	74	5	6.76
12	安徽省	77	5	6.49
13	山东省	72	4	5.56
14	湖南省	77	4	5.19
15	贵州省	78	4	5.13
16	山西省	80	4	5.00
17	福建省	88	3	3.41
18	上海市	59	2	3.39
19	吉林省	71	2	2.82
20	湖北省	77	2	2.60

续表

排名	省、市、区	选派人数	入选最佳阵容人数	入选率/%
21	天津市	55	1	1.82
22	陕西省	62	1	1.61
23	甘肃省	74	1	1.35
24	河北省	84	1	1.19
25	海南省	85	1	1.18
26	云南省	88	0	0.00
27	宁夏回族自治区	51	0	0.00
28	青海省	38	0	0.00
29	西藏自治区	22	0	0.00
30	北京市	15	0	0.00
31	黑龙江省	0	0	0.00
32	新疆维吾尔自治区	0	0	0.00
	合计	2135	176	

附件 4

2018 年全国青少年校园足球夏令营总营（高中组）最佳阵容各省（区、市）入选情况统计表

排名	省、市、区	选派人数	入选最佳阵容人数	入选率 /%
1	辽宁省	44	8	18.18
2	重庆市	57	8	14.04
3	新疆维吾尔自治区	43	6	13.95
4	内蒙古自治区	44	6	13.64
5	山东省	66	9	13.64
6	四川省	44	5	11.36
7	山西省	63	6	9.52
8	湖北省	43	4	9.30
9	新疆生产建设兵团	43	4	9.30
10	江西省	44	4	9.09
11	广东省	62	5	8.06
12	江苏省	44	3	6.82
13	安徽省	44	3	6.82
14	湖南省	49	3	6.12
15	河南省	64	3	4.69
16	广西壮族自治区	44	2	4.55
17	浙江省	44	2	4.55
18	福建省	44	2	4.55
19	宁夏回族自治区	33	1	3.03
20	贵州省	38	1	2.63

排名	省、市、区	选派人数	入选最佳阵容人数	入选率/%
21	陕西省	41	1	2.44
22	甘肃省	41	1	2.44
23	云南省	45	1	2.22
24	青海省	44	0	0.00
25	天津市	41	0	0.00
26	上海市	41	0	0.00
27	吉林省	38	0	0.00
28	海南省	38	0	0.00
29	河北省	34	0	0.00
30	黑龙江省	31	0	0.00
31	北京市	0	0	0.00
32	西藏自治区	0	0	0.00
	合计	1351	88	

迈上高质量发展新征程
——2018年各省（区、市）青少年校园足球发展情况综述

全国青少年校园足球工作领导小组办公室

2018年，各省（区、市）教育系统深入贯彻落实习近平新时代中国特色社会主义思想、党的十九大精神和全国教育大会精神，坚持"教学是基础、竞赛是关键、体制机制是保障、育人是根本"的校园足球发展思路，以"提高体质健康水平，教会足球运动技能，培养爱国主义、集体主义精神和顽强拼搏的意志品质，打牢中国足球腾飞的人才基础"为目标，扎实工作，开拓创新，校园足球工作努力奔跑在精细化、规范化的高质量发展道路上。

一、校园足球政策制度体系更加完善

各省（区、市）高度重视校园足球普及推广，以改革创新为动力，积极加强顶层设计，不断理顺体制机制，稳步推进政策落实，陆续出台校园足球教学、训练、竞赛和条件保障等制度文件，扎实推进校园足球"八大体系"建设，取得了良好效果。

北京市教委印发了《关于开展2018年校园足球特色学校调研评估工作的通知》《北京市校园足球特色学校调研评估指标体系》，对264所全国青少年校园足球特色学校进行了全面调研与评估。吉林省教育厅联合省体育局、省发改委等7部门印发了《关于强化学校体育促进学生身心健康全面发展的实施意见》，重点支持和加强学校体育改革、校园足球、冰雪运动、体质健康监测等重点工作。山西省、河北省、湖北省、广西省、安徽省、海南省等地制订印发了省级校园足球夏令营活动方案，明确了夏令

营的目标任务、活动规则、组织管理、工作要求、省级最佳阵容选拔、等级运动员认定办法和等级运动员升学政策等重要事项。湖北省研究制定了《湖北省青少年校园足球专项经费管理办法》，明确了管理职责和办法，定期开展项目资金绩效评估。广西壮族自治区、海南省印发了省级校园足球中长期发展规划，明确了校园足球中长期发展目标。安徽省出台了《安徽省校园足球特色学校绩效考核评价方案》，对校园足球特色学校进行了规范化、制度化、科学化的评价。四川省印发了《关于进一步推进校园足球加快发展的实施意见》，明确了教育局局长、学校校长是校园足球工作的第一责任人，细化了《四川省青少年校园足球特色学校建设与评估细则》，制定了"10个有"和"5个一票否决"标准。福建省印发了《福建省义务教育"体育与健康"课程教学指导意见》，明确了各水平、阶段足球课学习内容和要求。江西省以省人民政府办公厅名义印发了《关于转发省教育厅等部门江西省高校音体美专业师范生实习支教工作实施方案的通知》，以着力解决校园足球师资问题。江苏省教育厅联合省体育局制订了《江苏省青少年校园足球竞赛管理规定》，开展全省青少年校园足球注册工作。贵州省印发了《关于进一步做好全省青少年校园足球工作的通知》，对全省青少年校园足球工作提出了9个方面的具体要求。

二、校园足球教学、训练、竞赛体系更加坚实

（一）校园足球教学体系不断夯实

教学是基础。各省（区、市）深入推进体育教学改革，丰富校园足球教材资源，开设多层次、多门类的校园足球课程，校园足球教学体系更加健全。

浙江省出版了《浙江省义务教育体育与健康课程指导纲要》，明确了足球教学的具体标准和要求。陕西省深化足球教学改革，全省校园足球试点县（区）和812所全国青少年校园足球特色学校把足球课列入日常教学计划，并将足球学习情况作为学生综合素质评价的重要参考内容，在升学

录取时允许足球特长生合理流动。福建省严格落实全省校园足球特色学校每周开设 1 节足球课要求，普通学校每学期开设 10 课时左右的足球课程。在确保开足足球课的同时，组织专家编写《校园足球教师指导用书（中、小学版）》和《福建省校园足球特色学校培训班教案集》，保证课堂教学规范化。上海市实施"小学兴趣化、初中多样化、高中专项化和大学个性化"学校体育课程改革，2018 年全市 22 所小学、23 所初中、112 所高中和 10 所高校实施了改革试点，徐汇、闵行、宝山等 3 个区全区整体试点。内蒙古自治区为全区各级各类学校配发《了内蒙古校园足球》系列教学图书，并完成了蒙文版翻译和配发工作。

（二）校园足球训练体系更加科学

训练是重点。各省（区、市）积极探索建立各类校园足球训练营，充分利用社会资源大力开展校园足球课余训练，不断完善校园足球多层次、立体化的课余训练体系。

陕西省成立了校园足球训练中心，依托西安体育学院师资力量和教练员队伍，从省级校园足球夏令营和联赛中选拔优秀队员，积极建设初中、高中校园足球省级最佳阵容。上海市形成了"联盟校 + 特色校 + 精英训练营 + 传统项目学校 + 校办二线队 + 市级学生训练基地"六位一体课余训练立体推进格局，构建了大中小学有序衔接的课余训练体系，建立了优秀足球苗子选拔机制，与全国青少年校园足球"满天星"训练营实现有序衔接。海南省文体厅和琼中县教育局全方位协调提供训练场地，琼中县政府专门划出 1571 亩（1 亩 ≈ 666.67 平方米，下同）土地规划建设足球小镇，划拨 120 亩土地，投资 900 万元规划建设全国青少年校园足球"满天星"训练营，为琼中女足训练提供了优越条件。

（三）校园足球竞赛体系更加完善

竞赛是关键。各省（区、市）建立健全"校内竞赛—校际联赛—选拔性竞赛—出国交流比赛"为一体的校园足球竞赛体系，校园足球四级联赛比赛场次、参赛人数逐年攀升，校园足球品牌赛事影响力不断增大。

河北省牵头举办第一届京津冀全国青少年校园足球试点县（区）校园足球争霸赛，来自京津冀 14 个试点县（区）的 46 支代表队，共 800 余名领队、教练、运动员和 30 余名省（市）、县（区）的教育行政部门负责人齐聚河北省曲周县，其间举办了 120 多场精彩比赛。山东省举办了全国青少年校园足球特色学校足球联赛，优秀足球运动员获批国家二级运动员，参加各级各类校园足球竞赛人数达 140 万人次。江苏省、湖南省、江西省参加各级各类校园足球竞赛人数均超过 100 万人次。贵州省参加各级各类校园足球竞赛人数超过 65 万人次，县级以上比赛场次超过 1.3 万场次，参加县级以上校园足球竞赛学生人数超过 10 万人次。河南省举办第四届"省长杯"校园足球暨传统体育足球锦标赛，18 个省辖市和省直管县的 128 支中小学代表队和 30 多支大学生代表队近 3000 人参赛。内蒙古自治区校园足球"四级两段两制"联赛共有 12746 队次、189900 人次参加，进行了 24986 场比赛。相比 2017 年，参赛队数增长 3 倍以上，参赛人数和比赛场次增长 2 倍以上。浙江省校园足球省、市级联赛比赛场次达 3000 场以上，参赛学校达 500 所以上，参赛球队在 500 支以上，参赛人数近 5000 人。嘉年华参与人数在 2 万人以上。全省参加各级各类校园足球竞赛人数达 50 余万人次。辽宁省组织开展省级校园足球比赛 9 项，比赛场次达 816 场，共 8420 人次的大、中学生参加省级校园足球比赛。福建省近 900 支球队，1 万余名运动员参加了市级校园足球联赛，比赛场次达 5250 场。

三、校园足球条件保障体系更加稳固

（一）校园足球师资队伍不断增强

师资是大力发展校园足球的基础保障。2018 年，各省（区、市）通过加大体育教师招录力度、加强足球师资培训等方式，进一步加强了校园足球教师队伍建设。

吉林省长春市举办了首届中国娃娃足球幼儿教师（园长）培训班。广东省的广州体育学院、嘉应学院先后成立了足球学院，逐步解决了足球教

师来源不足的问题。天津市下拨经费为全市每个区聘用 2 ～ 5 名校园足球指导专家，指导各区周末训练营和校园足球推广活动，弥补专业教练的不足。河北省组织开展小学校园足球专项师资培训共 71 期，有 3113 所小学、3960 余名体育教师参加了为期 1 周的足球教学专项培训。新疆维吾尔自治区的新疆师范大学、喀什大学、伊犁师范学院成立了校园足球教师培训中心与研究基地。江苏省、安徽省、甘肃省、青海省成立了省级青少年校园足球专家指导委员会，充分发挥了专家学者对青少年校园足球发展的科学研究、专业咨询、业务指导等作用。山东省加强了国际合作的力度，与意大利对华友好协会联合开展"共享足球教练员"项目，引入意大利足球外教短期执教。

（二）校园足球资金投入和场地建设力度持续加大

2018 年，各省（区、市）在中央财政校园足球专项扶持资金带动和辐射下，加大了省级校园足球专项资金投入力度，按照因地制宜、逐步改善的原则，积极落实《全国足球场地设施建设规划（2016—2020 年）》，加强了校园足球活动场地设施建设，满足了校园足球活动需求。

四川省大力支持青少年校园足球工作，2018 年安排专项扶持资金5000 万元，累计投入已达 1.26 亿元，撬动各级财政和学校总投入超过 20亿元。辽宁省省级财政投入校园足球专项补助资金 1111 万元。福建省把"青少年校园足球场地新建改扩建工程"列入 2018 年福建省委省政府为民办实事项目，省级投入达 1.56 亿元，计划新建改扩建青少年校园足球场地219 块。广东省积极改善硬件条件，把场地建设纳入教育现代化验收指标，2016—2018 年省财政每年安排 1.5 亿元用于校园足球。海南省和市县政府将中小学校园足球专项经费列入本级财政教育经费预算资金项目，2018 年省和市县财政投入校园足球资金约 1.8 亿元，将中小学体育场地设施建设纳入省学校全面改薄和农村初中改造等省政府重点工程，全省新增足球场地约 1000 亩。江西省 2018 年投入 1.2 亿元用以全面改善贫困地区义务教育薄弱学校基本办学条件，建设 60 多万平方米室外运动场。上海市探索建立多元投入机制，加强校园体育场地开发和综合利用，试点建设"笼式足球场"、全天候智能操场等，探索学校与社会公共足球场地共享机制。天津市财政每年投入校园足球 2300 余万元专项资金，每所校园足球特色学校每年支持 10 万元，每个试点区每年支持 30 万元。西藏自治区将校园足球活动场地建设纳入城镇化建设和全民健身场地建设总体规划，加强了中小学足球场地设施建设。2018 年共投入资金 4110 余万元，用于 34 所中小学校园足球场地新建和改造。从 2016 年开始，湖南省发改委每年投入 3000 万元对部分校园足球特色学校足球场地进行提质改造，3 年来全省新建和修缮校园足球场地 900 余块，各级资金投入达 3 亿元。甘肃省教育厅指导各市（州）教育局开展以校园足球特色学校为主体的"校园足球传统学校"创建活动暨"星级"锦标赛活动，给予每所星级学校 2.5 万元的奖补经费。重庆市财政拨付校园足球专项经费达 830 余万元，区县财政拨付校园足球专项经费达 3000 余万元，学校自筹校园足球专项经费达 5000 余万元，吸纳社会支持校园足球资金达 100 余万元。2016—2018 年新疆生产建设兵团利用国家薄弱学校改造、义务教育学校建设、初中工程、改善普通高中办学条件、校舍保障长效机制等项目工程资金和兵团各级自筹资金，新建运动场 39 个，兵团已有 208 所中小学校拥有塑胶足球场，占兵团中小学总数的 71%。

（三）校园足球运动风险防控体系更加牢固

各省（区、市）加强了校园足球运动风险管理，健全了校园足球安全防范制度，完善了校园足球保险机制。

陕西省印发了《关于做好 2018—2019 学年校方责任险工作的通知》，制订了安全防范规章制度、应急预案，加强了安全检查和管理。在全面实施校方责任险的基础上，增加了校园足球险，建立了学生运动伤害事故第三方调解机制。上海市在全国率先实施学校体育运动伤害专项保障基金，有近 2700 所学校自愿参加，覆盖学生 170 余万人，有效保障和促进了校园足球运动长远发展。青海省在全面实施校方责任险的基础上，为参加校园足球竞赛的学生购买相应险种，充分发挥了保险在化解校园足球矛盾纠纷方面的积极作用。浙江省加强了校园足球运动伤害风险管理，制订校园足球安全防范制度，实现了所有校园足球参赛人员学校保障和校园足球运动伤害保险双重保险。云南省在全国率先提出在各项安全措施和应急预案都到位的情况下，出现学校体育意外伤害事故，学校不得认定为教学事故，不得追究体育教师和相关组织者的责任，不得影响相关人员的评优评先和职称晋升，上级教育行政部门不得追究学校和校长的责任，不得影响学校的评优评先。

四、校园足球工作典型经验与特色做法持续涌现

在校园足球工作实践中，各省（区、市）探索了大量较为成熟的典型经验与特色做法，进一步提升了校园足球的影响力，在广大青少年中进一步掀起了爱足球、看足球、踢足球的热潮，营造了全社会关心、支持校园足球改革发展的良好氛围。

北京市深化足球教学改革，探索实施"小足球计划"。江苏省稳步推进幼儿足球，举办了"童趣足球"观摩活动，命名135所江苏省足球特色幼儿园，探索建立从幼儿园、中小学到大学的足球人才培养全过程输送通道，夯实推广体系人才基础。内蒙古自治区、陕西省、江苏省、福建省、四川省等地建设了省级校园足球信息管理平台，提高了校园足球科学化管理水平。江苏省教育厅、体育局、足协、苏宁体育签署备忘录，集中四方优势资源，共同推进校园足球健康发展。河南省启动校园足球文化大篷车公益巡展活动，开设校园足球官方网站和官方微信公共平台，宣传交流全省各地开展的校园足球活动，与《河南日报》签订协议，开设《校园足球之窗》专栏，与河南省影视集团合作拍摄6集校园足球科教片，连续3年举办"河南省校园足球高峰论坛和颁奖盛典"。上海市学生参加校园足球等赛事情况已纳入综合素质评价体系。2018年，上海市校园足球注册学生运动员人数已增加至3万余名。江苏省每年举办全省校园足球现场推进会，召开招收高水平运动队高中学校与高校需求对接会。在社会爱心人士的帮助下，安徽农业大学建立了由自闭症儿童组成的星之梦足球队。贵州省批复同意贵阳市观山湖区外国语实验中学、观山湖区第一高级中学在全省范围招收足球特长生，贵阳十六中、贵阳实验三中等一批初、高中学校在本市（州）范围招收足球特长生。宁夏回族自治区举办全区首届青少年校园足球节。山东省、宁夏回族自治区支持重点高中招收足球运动尖子学生，济南市、青岛市、枣庄市等市出台校园足球后备人才招生办法，支持全国青少年校园足球特色学校每年拿出一定比例招生计划专门招收足球运动特长学生。

（执笔：朱红松　樊泽民）

2015—2018 年各省（区、市）入选
全国青少年校园足球夏令营总营最佳阵容名单

全国青少年校园足球工作领导小组办公室

2015—2018年全国青少年校园足球工作领导小组办公室组织开展四届全国青少年校园足球夏令营系列活动，遴选出全国青少年校园足球夏令营总营最佳阵容，具体名单如下。

2015—2018 各省（区、市）入选全国青少年校园足球
夏令营总营最佳阵容名单

省、市、自治区	学段	学校及入选队员（2015 年）	学校及入选队员（2016 年）	学校及入选队员（2017 年）	学校及入选队员（2018 年）
北京	小学	北京市第一一五中学 李奕萱			密云区第二小学 袁鑫怡
		北京东城区 体育运动学校 吴盈盈			密云区第二小学 袁鑫然
	初中				
	高中				
河北	小学	河北石家庄市神兴小学 刘景楠	秦皇岛耀华小学 张凤宣	金马小学 韩子豪	风帆小学 王御彤
		河北石家庄市卓达学校 刘宇宸	雷锋小学 黄宇乐	神兴小学 刘孙帆	

续表

省、市、自治区	学段	学校及入选队员（2015 年）	学校及入选队员（2016 年）	学校及入选队员（2017 年）	学校及入选队员（2018 年）
河北	小学	河北石家庄市长安东路小学侯佳锐	石家庄行知小学刘一帆		
		河北石家庄市雷锋小学蔡文博	河北师范附小焦何轩		
		河北石家庄市雷锋小学王瀚霆	石家庄范亚络小学郝军凯		
		河北石家庄市四中路小学王冠桥	东马池学校安海艺		
		河北秦皇岛市海北路小学王宇鑫	六一小学赵佳琦		
			风帆小学杨丰源		
	初中	河北保定市金瑞中学张嫒婧	石家庄市第六中学梅景轩		石家庄市第九中学贾光宇
		河北秦皇岛市第七中学夏伯阳	石家庄市第六中学马霄鹏		
		河北秦皇岛市第七中学王宁	石家庄市第二十五中学赵茜		
		河北秦皇岛市第七中学周千卜	石家庄市第二十五中学侯静怡		
		河北秦皇岛市第七中学黄金鹏			
		河北秦皇岛市第九中学李小龙			
		河北秦皇岛市第十中学邱中良			

省、市、自治区	学段	学校及入选队员（2015年）	学校及入选队员（2016年）	学校及入选队员（2017年）	学校及入选队员（2018年）
河北	初中	河北保定市保定金瑞 高慧			
		河北保定市保定金瑞 张晓月			
		河北保定市保定金瑞 马一明			
		河北保定市保定金瑞 李雅馨			
		河北保定市保定金瑞 王梦姚			
		河北保定市保定金瑞 李艳芳			
		河北保定市保定金瑞 李义蒙			
天津	小学		津南区八里台第一小学 卿淑云	河北区月牙河小学 孙也迪	南开区天津大学附属小学 高迎
			北辰区宜兴埠第三小学 扑连美	宜兴埠第三小学 王俊媛	八里台第一小学 卿淑云
				嵩山道小学 赵柄衔	土城 王佳慧
					金钟小学 刘金饶
					土城小学 刘姝含
	初中			天津五十四中学 赵明浩	天津市五十五中 郭启昕

续表

省、市、自治区	学段	学校及入选队员（2015 年）	学校及入选队员（2016 年）	学校及入选队员（2017 年）	学校及入选队员（2018 年）
山西	小学		太原育杰小学 吕吕		青年路小学 时晨阳
			太原第五实验小学 马淑婷		
			太原狄村小学 梁书塯		
	初中			太原市第四十八中学校 元多	晋中市经纬中学 谈可鑫
				大同市第二实验中学校 高昌元	晋中市经纬中学 王馨乐
					太原市小店区 体育职业学校 马君英
					经纬中学 马淑婷
	高中			山西大学附中 杜春昌	晋中经纬中学 庞宇琦
				孝义市第五中学校 王楠	晋中经纬中学 宋丽艳
					晋中经纬中学 王娟娟
					晋中经纬中学 候光昱
					晋中经纬中学 何培滨
					小店区一中 王小艳

省、市、自治区	学段	学校及入选队员（2015年）	学校及入选队员（2016年）	学校及入选队员（2017年）	学校及入选队员（2018年）
内蒙古	小学		包钢第一小学 马睿泽		锡林郭勒盟 东乌旗蒙古族第一小学 查干扎那
			新左旗一小 好毕图		扎赉特旗音德尔第七小学 关舒严
			扎旗四小 李雪		音德尔第七小学 李想
			鄂尔多斯实验小学 高瑀菁		万正小学 田荣耀
			乌力吉木仁学校 秦晴		
			呼市蒙校 乌云嘎		
	初中		呼和浩特市实验中学 赵炜梓		通辽市第二中学 姚佳兴
			呼和浩特市实验中学 雷雨		包头市第二中学 薛景方
			包头市第七中学 高亚鹏		包头市第二十九中 周泽
			鄂尔多斯市北师大附中 韩震		乌拉盖管理区蒙古族学校 胡钦特古斯
			包头市第七中学 陈鲲		东乌旗蒙中 图门吉日嘎拉
			乌海市第八中学 李娜		包头市第二中学 姜凯文
					五原五中 杨普州
					包钢三中 范智博

续表

省、市、自治区	学段	学校及入选队员（2015年）	学校及入选队员（2016年）	学校及入选队员（2017年）	学校及入选队员（2018年）
内蒙古	初中				包头二十九中 马睿泽
					包头二十九中 杨立峰
					乌拉盖蒙古族中学 阿迪雅
					包头市二十九中学 苗国伟
					丰镇一中 杨洋洋
					乌海三中 于凯欣
					巴彦淖尔杭锦后旗 第六中学 武菲儿
					乌海市第八中学 杨晓丽
					兴安盟 音德尔第三中学 李鑫鑫
					巴彦淖尔杭锦后旗 第六中学 刘凯洋
					通辽市第二中学 陈家辉
	高中			内蒙古锡盟蒙中 希日莫	锡盟蒙中 阿日布吉哈

省、市、自治区	学段	学校及入选队员（2015年）	学校及入选队员（2016年）	学校及入选队员（2017年）	学校及入选队员（2018年）
内蒙古	高中			内蒙古包钢五中 金钰	包头市第三十三中学 韩振鹏
				阿拉善盟第一中学 张淼	包钢一中 吕政
				通辽市第五中学 马玉琳	锡盟蒙中 希日莫
				通辽市第五中学 刘苗苗	呼市二中 张文政
				通辽市第五中学 秦宏扬	包钢五中 安格尔
				通辽市第五中学 周莹莹	
辽宁	小学			沈铁五小 王彦喆	塔湾小学 宋晨阳
					五纬小学 刘炳麟
	初中				大连市第二十一中学 侯皓田
					大连市第二十一中学 王树寅
					大连市第二十一中学 郑文博
					大连市四十四中学 张骁
					鞍山二十六中 吕翔合
					大连市第四十四中学 高旭

续表

省、市、自治区	学段	学校及入选队员（2015年）	学校及入选队员（2016年）	学校及入选队员（2017年）	学校及入选队员（2018年）
辽宁	初中				大连市第二十一中学 徐酩轩
					大连市西岗区 教师进修学校附属学校 曹跃心
					大连市西岗区 教师进修学校附属学校 王楚斐
					大连市西岗区 教师进修学校附属学校 李清华
					大连长兴岛初级中学 彭艺珂
					大连长兴岛初级中学 张楠
					西岗进修学校 张颖
					西岗进修学校 焦丽
					大连市第四中学 常乐乐
	高中			大连市第四十八中学 左正宏	大连开发区一中 刘毅君
				大连市第四十八中学 李春尧	大连市第十三中学 李佳奇
				大连市第四十八中学 张贵洲	丹东市第十四中学 徐国森
				大连市第十三中学 赵闻博	大连市第八中学 刘柏辰

省、市、自治区	学段	学校及入选队员（2015 年）	学校及入选队员（2016 年）	学校及入选队员（2017 年）	学校及入选队员（2018 年）
辽宁	高中			大连市第十三中学 宋金凯	大连市第十三中学 刘昊然
				大连金州高中 孙丽鑫	沈阳市第二十七中学 张琳
				大连金州高中 孙颖华	沈阳市第二十七中学 陈思
				大连市第三十六中学 王雨萌	大连第十二中学 赵津萌
				大连金州高中 邓佳琪	
吉林	小学				新城大街小学 程维佳
	初中			延吉市第五中学 李珍镐	第五中学 朴振珺
					第五中学 李珍镐
	高中				
黑龙江	小学				
	初中				
	高中				
上海	小学	上海市体育运动学校 李永婷	上海大学附属学校 李佳奇	金山区兴塔小学 尹丽红	上海市罗星中学 张顺峰
		上海市体育运动学校 夷泓琳	梅陇中学 周佳仪	杨浦区平凉路第四小学 黄嘉欣	杨浦区鞍山初级中学 施语翔

省、市、自治区	学段	学校及入选队员（2015年）	学校及入选队员（2016年）	学校及入选队员（2017年）	学校及入选队员（2018年）
上海	小学	上海市体育运动学校 丁蕾	梅陇中学 俞淼		杨浦区鞍山初级中学 杨睿韬
		上海市体育运动学校 夏菲珥			上海市体育学院附属中学 樊天昊
		上海普陀区金沙路小学 高静			上海大学附属学校 黄家睿
		上海金沙路小学 戴欣瑶			二中心小学 朱嘉豪
					保德路小学 杜小禹
					兴塔小学 付家琪
					协和双语 杨焯钧
					二中心小学 孙天扬
					金茂小学 熊家豪
					闵行实验 顾航
					兴塔小学 徐昊宇
					上海大学附属学校 赵雪
					铜川学校 金孝珍
					梅陇中学 施攸月

省、市、自治区	学段	学校及入选队员（2015年）	学校及入选队员（2016年）	学校及入选队员（2017年）	学校及入选队员（2018年）
上海	小学				平凉路第四小学 周世杰
					平凉路第四小学 黄嘉乐
					上师大一附小 张钧越
	初中		北海中学 戴尔森	上海市江镇中学 韩嘉文	实验东校 李天诚
			梅陇中学 曹嘉仪		上海市鞍山初级中学 朱晟瑜
			椒江五中 顾影熙		
			梅陇中学 张智怡		
	高中				
江苏	小学	江苏无锡市广益中心小学 邵子嘉	江阴城中 贾婧仪	连云港师范高等专科学校第二附属小学 倪媛	江苏省江阴市实验小学 王丹
		江苏无锡市广益中心小学 邵子钦	广益小学 冉炊鑫	连云港师范高等专科学校第二附属小学 秦缘	江苏省十里坊小学 刘小东
		江苏宿迁市泗洪县人民路小学 韩梦婷	广益小学 梅陈璐	连云港师范高等专科学校第二附属小学 穆青	徐州市云龙区津浦西路小学 张豪杰
		江苏南通市港闸区实验小学 陈雅静	广益小学 刘鲜	泰州市姜堰第二实验小学教育集团三水校区 王星婷	太仓新区第二小学 丁宇

省、市、自治区	学段	学校及入选队员（2015年）	学校及入选队员（2016年）	学校及入选队员（2017年）	学校及入选队员（2018年）
江苏	小学				太仓新区第二小学 张苏
					宿迁大兴中心小学 殷国翔
					太仓新区第二小学 张文俊
					镇江科技新城实验学校 田嘉豪
					民富元小学 柳芯悦
					三水校区第二实小 孙新一
					民富元小学 杨如意
					永兴小学 吕佳怡
					淮安经济开发区实验小学 陈邵笑
					人民路小学 王悦
					淮阴实验小学 汤梦雨
					东青学校 侯方洁
					淮阴实验小学 张嘉芮
					江阴二中 胡楚娉婷

省、市、自治区	学段	学校及入选队员（2015年）	学校及入选队员（2016年）	学校及入选队员（2017年）	学校及入选队员（2018年）
江苏	小学				江阴二中 张嘉珏
					云阳学校 黄艳艳
					海门实验学校附属小学 戴嘉妮
					大兴中心学校 付蕊
					常州市东青实验学校 袁欣宇
					常州市东青实验学校 王语涵
	初中	南通越江中学 肖媛瑛	丹阳市云阳中学 江雯	江阴第一初级中学 薛晨阳
		南通第二中学 李平	丹阳市云阳中学 贺玲	江阴第一初级中学 李寇天
			丹阳市云阳中学 王丽雯	江阴第一初级中学 孙彦东
			丹阳市云阳中学 王安楠	江阴市第一初中 吴嘉诚
				常州市武进区洛阳初级中学 龙虹坪
				连云港市板铺实验中学 周峻羽
				苏州工业园区第十中学 孙昊怡

续表

省、市、自治区	学段	学校及入选队员（2015年）	学校及入选队员（2016年）	学校及入选队员（2017年）	学校及入选队员（2018年）
江苏	初中				云阳中学 夏焱
					苏州振吴实验学校 张浩淼
					南通越江中学 李袁源
					云阳中学 马若风
					苏州振吴实验学校 翟敏
					徐州东苑中学 刘灿
					南通越江中学 郑思旗
					苏州振吴实验学校 戴雯婷
					云阳中学 杨丽欣
					苏州振吴实验学校 杨悦嘉
					湖塘桥初级中学 陈婷
					徐州东苑中学 王潆婕
	高中			江阴第二中学 方以晴	盐阜中学 丁芯
				海州高级中学 王静	南通市第二中学 卢丽

省、市、自治区	学段	学校及入选队员（2015年）	学校及入选队员（2016年）	学校及入选队员（2017年）	学校及入选队员（2018年）
江苏	高中				丹阳市第六中学 杨文静
浙江	小学	浙江温州市苍南龙港四小 陈绍洋	温州龙岗第四小学 夏远宏	台州市杜桥小学 潘俊祥	浙江省金华市江滨小学 许俊强
		浙江杭州市 上城区教育学院附属小学 陶书剑	义务二十三里小学 袁满	台州市杜桥小学 李其峰	柯城区实验小学 董子健
		浙江杭州市 上城区教育学院附属小学 陈舒航	金华市孝顺镇中心小学 朱宏伟	台州市杜桥小学 余聚楠	临海市杜桥小学 金泽宇
			女三里第二小学 李淳英格	东阳市横店镇第三小学 杨懿忻	金华市江滨小学 李波翰
					实小集团黎明湖校区 吴怡冉
					柯城区实验小学 程添乐
	初中		灵溪镇第三中学 林婵		兴华中学 方向正
			苍南中学 卢智慧		龙港实验中学 徐宝亮
			椒江五中 陈吴傲雪		金华五中 施嘉俊
	初中		杭州景芳中学 杨诗蕾		龙港实验中学 金大炜
			椒江五中 王琴雅		处州中学 毛彦涵
			杭州景芳中学 汪洋		

续表

省、市、自治区	学段	学校及入选队员（2015 年）	学校及入选队员（2016 年）	学校及入选队员（2017 年）	学校及入选队员（2018 年）
浙江	初中		椒江五中 吴巧颖		
浙江	高中			安吉高级中学 申纪元	浙江衢州第一中学 徐凯明
浙江	高中				浙江省开元商贸 张怡
安徽	小学	安徽合肥市师范附小 周锐	合肥市梦圆小学 葛智伟	合肥市示范附小二小 周锐	安徽省师范二小 轩东旭
安徽	小学	安徽合肥市习友小学 范厚泰	合肥市梦圆小学 任文博	合肥市跃进小学 李健豪	安徽师范二小 葛智伟
安徽	小学	安徽合肥市稻香村小学 杜沛泽			安徽省合肥市 蜀山稻香村小学 任扬
安徽	小学	安徽合肥市稻香村小学 孙子全			安徽省师范三小 谢琪峰
安徽	小学	安徽合肥市黄山路小学 许志和			蚌埠第三实验小学 尹杨可忆
安徽	小学	安徽合肥市师范附小 高玉男			蚌埠第三实验小学 兰心浩
安徽	小学	安徽合肥市习友小学 张雨童			蚌埠第三实验小学 谢晓天
安徽	初中	安徽合肥市第四十二中学 李乐周	合肥市第四十八中学 花闯	合肥市第五十中学南区 许伟	合肥市第四十八中学 王江安
安徽	初中		长临河中学 孙洋	合肥市第五十中学西区 许志和	合肥第五十中学南校 周东杰
安徽	初中		合肥市第六十三中学 郑晨伟	合肥市第五十中学南区 杜沛泽	合肥第五十中学南校 邹铭远

省、市、自治区	学段	学校及入选队员（2015 年）	学校及入选队员（2016 年）	学校及入选队员（2017 年）	学校及入选队员（2018 年）
安徽	初中		合肥市第四十八中学望湖校区 高世纪	合肥市第四十八中学 王江安	合肥市第四十六中学 张祥
			合肥裕溪路学校 金灿		合肥市行知学校 徐灿灿
	高中				合肥市第三十五中学 徐学海
					合肥市第三十五中学 袁超
					合肥工业学校 杨玉洁
福建	小学		厦门人民小学 童佳鑫		厦门市人民小学 叶晨昕
					高林中心小学 梅玉
					实验小学 孔梅林
					新江中心小学 梁馨霖
					厦门市人民小学浦南分校 朱仕涛
					厦门市人民小学浦南分校 王奕皓
	初中				厦门外国语学校 陈佳岚
					厦门湖里中学 刘洁玉
					霞浦一中 王佳佳

续表

省、市、自治区	学段	学校及入选队员（2015年）	学校及入选队员（2016年）	学校及入选队员（2017年）	学校及入选队员（2018年）
福建	高中			厦门湖滨中学 黄清昭	厦门工商旅游学校 高旭江
				厦门二中 宋一一	泉州一中 吴永楠
				厦门二中 林振洋	
				厦门二中 赖德清	
				厦门二中 张浩霖	
				厦门二中 黄宇庚	
				厦门二中 王鑫海	
江西	小学	江西南昌市青云谱实验小学 章昊	南昌市三店小学 万星辰	江西湖滨小学 易向阳	城北小学 肖易梦琪
		江西南昌市洪都小学 肖鹏超	九江湖滨小学 程章齐	南昌江铃学校 胡宇洁	城北小学 吴奕萱
		江西南昌市三店小学 杜冠辰	九江湖滨小学 曹俊麟		
		江西九江市湖滨小学 程章齐	九江湖滨小学 洪恩豪		
		江西九江市湖滨小学 聂皓天	新余逸天小学 张嘉滢		
		江西南昌市南师附小 郭超凡	新余长青小学 廖薇		

省、市、自治区	学段	学校及入选队员（2015 年）	学校及入选队员（2016 年）	学校及入选队员（2017 年）	学校及入选队员（2018 年）
江西	小学	江西景德镇市群星小学 占梦洋	赣州信丰县第四小学 郭楠		
	初中			南昌江铃学校 刘佩芸	江西师大附中 何泽瑜
				景德镇浮梁新平中学 曹丹	新余四中 邬雨晨
					南昌凤凰外国语学校 许方艺
					南昌凤凰城 上海外国语学校 汪祺
					景德镇二十六中 余万福
					景德镇二中 王乐康
					赣州上犹二中 廖志铖
					新平中学 余紫珊
	高中				江西新建一中 任嘉华
					江西新建一中 杨可
					江西分宜六中 钟超
					鹰潭市贵溪四中 熊梦玉

续表

省、市、自治区	学段	学校及入选队员（2015 年）	学校及入选队员（2016 年）	学校及入选队员（2017 年）	学校及入选队员（2018 年）
山东	小学	山东东营市胜利胜采小学 苟恒玮	书院路小学 王子淇	青岛市书院路小学 王子淇	菏泽市曹州武术学校 刘亚鲁
		山东青岛市 城阳区第二实验小学 纪温进	太平路小学 刘世铭	青岛市即墨城南小学 宋佳蔚	大庙小学 王佳琦
		山东淄博市竞体校 沈小洁	青岛黄岛实验小学 王津		重阳第二实验小学 李欣蓉
			济南鲍山学校 王旭		重阳第二实验小学 李佳蓉
			青岛宜阳路小学 施明明		
			青岛中云振华教育集团 熊文博		
			青岛长城路小学 纪帧怡		
			青岛弘文学校 勒巧巧		
	初中	山东淄博市马桥实验中学 高继超	黄岛开发区实验中学 马博闻	青岛第二十一中学 王国威	青岛第二十一中学 刘宗硕
		山东淄博市 张店区实验中学 彭列东	青岛第二十一中学 刘志鲁	城阳实验二中 韩金志	临沂市郯城第一中学 孙珠
		山东淄博市桓台一中 吕田昊	青岛第二十一中学 孙鑫凯	城阳区实验二中 辛悦	临沂十六中 赵秀莉
		山东青岛市 城阳区实验二中 蔡明月	青岛沧口学校 毕德康	城阳区实验二中 陈一心	青岛市即墨区实验学校 宋佳蔚

省、市、自治区	学段	学校及入选队员（2015年）	学校及入选队员（2016年）	学校及入选队员（2017年）	学校及入选队员（2018年）
山东	初中	山东青岛市城阳区实验二中 丁晓彤	青岛第二十一中学 郑雅逊	城阳实验二中 潘梦琪	
		山东青岛市城阳区六中	青岛第六十一中学 郭昊	城阳第十五中学 孙春凤	
			即墨市实验中学 宋世杰		
			城阳第六中学 李翠翠		
			即墨市南中学 张千		
			城阳第十五中学 臧悦悦		
	高中			青岛财经职业学校 张毓龙	临沂市郯城一中 徐加銮
				城阳一中 白皓	临沂市郯城一中 王爱云
				青岛一中 孙鑫凯	临沂市郯城一中 刘清涵
				城阳一中 赵清凯	临沂市郯城一中 杨传丽
				山东省济南第七中学 王进	临沂市郯城一中 李雨颖
				山东省济南第七中学 李伯辰	临沂市郯城一中 王梦琪
				山东省济南第七中学 郭羽晗	临沂市郯城一中 万文静

续表

省、市、自治区	学段	学校及入选队员 （2015 年）	学校及入选队员 （2016 年）	学校及入选队员 （2017 年）	学校及入选队员 （2018 年）
山东	高中			山东省济南第七中学 郭羽豪	青岛城阳一中 任翔
				山东省济南第七中学 王树桢	青岛城阳一中 张海敏
				山东省济南第七中学 解佳哲	
				山东省济南第七中学 王希印	
				山东省济南第七中学 师文强	
				山东省济南第七中学 薛银豪	
				山大华特卧龙学校 刘丽	
				费县一中 颜祥红	
				山东省淄博市临淄中学 周俊卿	
				山东省淄博市临淄中学 王钊秀	
				山东省淄博市临淄中学 韩心雨	
				山东省郯城第一中学 杨玉桃	
				山东省郯城第一中学 李雨颖	
				山东省郯城第一中学 刘家明	

省、市、自治区	学段	学校及入选队员（2015年）	学校及入选队员（2016年）	学校及入选队员（2017年）	学校及入选队员（2018年）
山东	高中			山东省郯城第一中学 王慧	
				山东省郯城第一中学 王梦琪	
				山东省郯城第一中学 王丹萍	
				山东省郯城第一中学 丁阳	
				山东省郯城第一中学 刘清涵	
				山东省淄博第五中学 魏钰洋	
河南	小学	河南洛阳市西苑路小学 申雪晴	郑州市金水区农业路小学 李美淋	西工区白马小学 崔嘉腾	郑州市文化路第三小学 李嘉卿
		河南洛阳市涧西实验小学 张韶涵		禹王台实验小学 王栎炜	郑州南阳二小 陈炳旭
		河南郑州硕爵学校 霍英豪		郑州市金水区农业路小学 田林峰	郑州南阳二小 赵鑫桐
		河南郑州硕爵学校 赵申澳		郑州市金水区文化路三小 郭清棚	洛阳市涧西区西区英语学校 赵睿熙
		河南洛阳市涧西区五中 孙李平		开封汴京路小学 王冰倩	金开实验小学 张展硕
		河南郑州市经开区实验小学 张瑜		洛阳市西公区白马小学 高欣雅	郑州文化路三小 马肖恩
					郑州南阳二小 时尚

续表

省、市、自治区	学段	学校及入选队员（2015 年）	学校及入选队员（2016 年）	学校及入选队员（2017 年）	学校及入选队员（2018 年）
河南	小学				东方三小 马浩苒
					东方三小 张欣妍
					吉利区开元小学 刘智宇
					东方三小 符路佳
					景华路小学 董文心
河南	初中				景华路小学 刘夏兵
					南昌路小学 梁毛
					郑州市金水区文化路第三小学 张炜
					西苑路实验小学 朱传琦
					禹王台区实验小学 尚天羽
					郑州市金水区金桥学校 张田雨
		河南洛阳市东方二中 史亚弘		洛阳市实验中学 吴鹏磊	河南省实验中学 寿新峰
		河南洛阳市东升二中 殷艺菲		河南省洛阳市东方第二中学 史亚弘	河南省实验中学 张滨琼

续表

省、市、自治区	学段	学校及入选队员（2015年）	学校及入选队员（2016年）	学校及入选队员（2017年）	学校及入选队员（2018年）
河南	初中			洛阳市东方第二中学 孙李平	洛阳市第一外国语学校 刘荣硕
				洛阳市东升第二中学 卫佳艺	河南省实验中学 韩敬轩
				洛阳市东方第二中学 王嘉欣	新乡市第二中学 畅钧岚
				洛阳市东方第二中学 庆若楠	新乡市第二中学 茹悦
				洛阳市东方第二中学 轩迎娟	太行路学校 李紫涵
					郑州五十八中 刘欣茹
					郑州市回民中学 贾莹莹
					洛阳市东升第二中学 张家瑞
					郑州市回民中学 曹雅轩
					新乡市第二中学 潘恒格
	高中			河南实验中学 康子昊	郑州第十一中学 贺小龙
				郑州市第三十一中学 张冉冉	郑州十一中 张小龙
				郑州市第四十七中学 祝红芳	郑州第九中学 尚弋尧
				济源高级中学 孔玲芝	

续表

省、市、自治区	学段	学校及入选队员（2015年）	学校及入选队员（2016年）	学校及入选队员（2017年）	学校及入选队员（2018年）
河南	高中			郑州市第三十一中学马子苑	
				济源一中张艳娇	
湖北	小学	湖北武汉市万松园路小学赵云轩	武汉市堤角小学吴帅	万松园小学周欣羽	黄冈市黄州区实验小学邹一樊
		湖北武汉市万松园路小学夏子豪	武汉江汉区万松路小学杜建群		
		湖北黄石市广场路小学洪宜冉	武汉硚口区新合村小学黄宝莹		
		湖北武汉市安徽街小学郑佳怡	武汉市江汉区万松园小学李澍嘉		
		湖北武汉市江汉区万松园路小学姜晨璟	武汉市硚口区安徽街小学洪梦如		
	初中	湖北武汉市十二中张文龙	武汉市第二十七中学黄敬雯	武汉六中位育初级中学刘奥	黄冈市体育中学舒宇阳
		湖北武汉市十二中陶骏哲	武汉市第二十七中学熊美怡	武汉六中位育中学蔡秋豪	武汉市二十七中徐欣妍
		湖北武汉市十二中涂一鸣	武汉市第二十七中学董芊	武汉六中位育初级中学刘子威	
		湖北枣阳市吴家山第三中学胡思思		武汉六中位育中学占正	
		湖北枣阳市吴家山第三中学赵新月		武汉六中位育中学黄剑鹏	

续表

省、市、自治区	学段	学校及入选队员（2015年）	学校及入选队员（2016年）	学校及入选队员（2017年）	学校及入选队员（2018年）
湖北	初中	湖北枣阳市吴家山第三中学 龙菲尔		武汉六中位育中学 潘润宜	
				武汉六中位育中学 朱粤	
				武汉六中位育初级中学 刘奥	
	高中			武汉体育学院足球学校 梁健军	武汉市二十九中 黄敬雯
				黄石市第二中学 汪洋	武汉市二十九中 董芊
					宜昌科技高中 侯梦瑶
					宜昌科技高中 沈香怡
湖南	小学初中高中			常蒿路小学 黄雨昕	治金小学 唐雅晴
			益阳市海棠中学 聂嘉良		长沙市天心明德中学 孙炜烨
			长沙市南雅中学 黎芊		长沙市南雅中学 曹喜慧
			长沙市南雅中学 汤文萱		京华中学 周娴
					京华中学 魏满妮
				长沙市一中 李希为	长沙麓山国际实验学校 张嘉豪
				长沙市一中 贺熙	王子鸣

省、市、自治区	学段	学校及入选队员（2015年）	学校及入选队员（2016年）	学校及入选队员（2017年）	学校及入选队员（2018年）
广东	小学	广东广州市云山中学 魏清娴	顺德区振华小学 伍子壕	龙门县龙田一小 邬炜莹	江南新村第二小学 苏家纬
		广东省青少年 竞技体育学院 陈竹炳			中山市东区朗晴小学 陈嘉星
		广东省体育运动学校 梁金艳			广州市东怡小学 丁炜翰
					中山市三乡镇平岚小学 刘泽森
					坪山第二小学 彭巧玲
					平沙实验小学 叶诗淇
	初中			深圳中学西校区 吴金灿	湛江市第八中学 吴坤
					广州市第五中学 龙昊
					广州市第五中学 黄宝焜
					深圳实验学校 钟昌宏
					惠州市惠东县 大岭中心学校 陈俊亦
					广州市第五中学 龙梓锋
					清远市清城区东城一中 梁家铭

省、市、自治区	学段	学校及入选队员（2015年）	学校及入选队员（2016年）	学校及入选队员（2017年）	学校及入选队员（2018年）
广东	初中				广州市第五中学 景俊
					广州市第五中学 邱皓朗
					深圳实验学校 吴亚伦
					深圳实验学校 涂俊凯
					坪山中学 田邦
					湛江市第八中学 钟晓朗
					梅县区华侨中学 李湘
					湛江市第八中学 何棉棉
					佛山市南海区狮山镇大圃初级中学 葛欢
					梅江区梅州中学 张筠玉
	高中			东莞市电子科技学校 吴民峰	广州市五中 杨荣裕
				东莞市电子科技学校 魏耀清	阳江两阳中学 余旭龙
				东莞市电子科技学校 王成龙	广州真光中学 段瀚宁

省、市、自治区	学段	学校及入选队员（2015 年）	学校及入选队员（2016 年）	学校及入选队员（2017 年）	学校及入选队员（2018 年）
广东	高中				东莞市电子科技学校 高康浩
					梅州兴宁宁中中学 曾晓东
广西	小学				南宁市滨湖路小学 王天一
					坛洛镇中心小学 刘皓
					钦州市第十一小学 杨东
					海城区二小 兰挺湖
					地角小学 陈盈盈
	初中				北海市第九中学 张春鹏
					北海市第一中学 符琦鑫
					天桃实验中学 马惊鸿
					南宁市第四十七中学 刘广新
					北海市第一中学 吴佳骏
					北海市第一中学 易先志
					北海市第九中学 张活胜

省、市、自治区	学段	学校及入选队员（2015 年）	学校及入选队员（2016 年）	学校及入选队员（2017 年）	学校及入选队员（2018 年）
广西	初中				钦州市第一中学 玉根林
					北海六中 韩洁
					北海一中 周丽翔
	高中				北海九中 陈在鸿
					北海市第九中学 张蔓璐
海南	小学		天涯区回辉小学 哈金磊		大致坡中心小学 潘德昊
	初中				海口市灵山中学 冯秋菊
	高中				
重庆	小学		秀山县中和街道中心小学 梁佳恒	重庆市沙坪坝区 高滩岩小学 张林	铝城小学 冉俊逸
			南岸区江南小学 谭曦	重庆市永川区红河小学 权佳豪	铝城小学 张大可
				重庆市江北区和济小学校 赵馨月	秀山县中和街道中心校 曾露蕾
				重庆市酉阳桃花源小学 喻佳卉	恒大城小学 李科伟
				重庆市綦江打通二小 张琳	米亭子小学 廖梦渝

续表

省、市、自治区	学段	学校及入选队员（2015年）	学校及入选队员（2016年）	学校及入选队员（2017年）	学校及入选队员（2018年）
重庆	小学			重庆市綦江打通二小 王祎伟	米亭子小学 张清波
				石柱三河小学 马俊杰	南宾小学 马芸曦
				石柱三河小学 潭斯琪	西城小学 孔祥莹
					南宾小学 王艺
					大田湾小学 曾宝怡
					铝城小学 何美京
					铝城小学 沈芸
					西城小学 聂恋
					金剑小学 陈思洁
					和济小学 卿晋俞
					铝城小学 李宗励
	初中		重庆市第三十七中学校 江青隆	重庆市第三十七中学校 马庆林	杨家坪中学 王玄烨
			重庆辅仁中学 田翔予	重庆市第三十七中学校 冯茹梅	重庆市第七中学 唐尧鑫
			重庆辅仁中学 杨冀璇	重庆市第三十八中学 刘云颐	重庆市綦江中学 陈龙

续表

省、市、自治区	学段	学校及入选队员（2015年）	学校及入选队员（2016年）	学校及入选队员（2017年）	学校及入选队员（2018年）
重庆	初中		重庆辅仁中学 谢杰	重庆市第三十七中学校 田乙力	杨家坪中学 陈柏旭
			重庆辅仁中学 雷欣洋	重庆市第三十八中学 金艺	大坪中学 李心怡
			重庆辅仁中学 付鑫宇	西南大学附中 万霜露	广益中学 文双
			重庆辅仁中学 赵乙光	西南大学附中 余佳	西南大学附属中学 马灵巧
			重庆市第三十七中学校 李响		
			重庆大坪中学 杨灿		
			重庆大坪中学 熊思淇		
			重庆市第三十七中学校 赵蝶		
			重庆市大坪中学 李砚晨		
	高中			南开中学 杨陈硕璨	重庆市第三十七中学校 冯茹梅
				清华中学 简定捷	重庆市第三十七中学校 金艺
				清华中学 张荣霄	重庆市第三十七中学校 赵蝶
				重庆市第二十九中学 范春竹	重庆市二十九中 张旋
				重庆市第二十九中学 张丽	重庆市二十九中 李蛟

续表

省、市、自治区	学段	学校及入选队员（2015年）	学校及入选队员（2016年）	学校及入选队员（2017年）	学校及入选队员（2018年）
重庆	高中			重庆市第二十九中学 何贞颐	重庆市二十九中 郭家涵
				重庆市第二十九中学 杜俊崎	重庆市二十九中 谢静
				重庆市第二十九中学 李响	南坪中学 刘云颐
				重庆市第二十九中学 杨晴圆	
				重庆市鲁能巴蜀中学 程立欣	
				重庆市鲁能巴蜀中学 段昕好	
				重庆市鲁能巴蜀中学 李锴婧	
				重庆市鲁能巴蜀中学 刘诗扬	
				重庆市鲁能巴蜀中学 杨创意	
				重庆巴南中学 高灵玲	
				重庆广益中学 谭乔丹	
四川	小学			西华师大附属小学 张奕博	西昌航天学校 罗吉彬
					西昌航天学校 杨飞
					红专西路小学 曾楚涵

省、市、自治区	学段	学校及入选队员（2015年）	学校及入选队员（2016年）	学校及入选队员（2017年）	学校及入选队员（2018年）
四川	小学				盐道街小学得胜分校 袁宇航
					宣汉县东乡镇第二完全小学 杨米
					花园小学 何雨馨
					和盛小学 余星悦
					花园小学 唐宇婕
					红专小学 修绪堞
					西路小学 周唯唯
					成都市成华区李家沱小学 陈嘉乐
					成都市友谊小学 杜义金武
					江油市花园小学 杨雨薇
	初中	四川达州市达州中学 王钰鑫			广安市友谊中学 杨家豪
		四川达州市达州中学 许睿丽			石室联中（金沙校区） 蒋子桉
					石室联中（金沙校区） 唐子轶

续表

省、市、自治区	学段	学校及入选队员（2015 年）	学校及入选队员（2016 年）	学校及入选队员（2017 年）	学校及入选队员（2018 年）
四川	初中				公民中学 刘颖
					资中一中 罗选美
					苏家湾中学 杨艺新
					公民中学 吴娅
					棠湖中学 苏晓莹
					成都十八中 刘炳莎
					太平中学 曾丽金
					苏家湾中学 彭瑶
					资中二中 彭卿乐
					资中三中 黄林玉
					太平中学 罗莲
					资中一中 凌瑶
					资中三中 王薪婷
					资中一中 雷星月

省、市、自治区	学段	学校及入选队员（2015 年）	学校及入选队员（2016 年）	学校及入选队员（2017 年）	学校及入选队员（2018 年）
四川	高中			成都列五中学 曾梓晓	成都列五中学 罗季霖
				成都七中 曹俊杰	绵阳三台中学 赵鹏
					成都棠外 李雨阳
					自贡六中 杨颖
					成都市第十八中学 刘诗语
贵州	小学		贵阳市第二实验小学 邓婕夫	贵阳市野鸭小学 郭文飞	贵阳甲秀小学 石铠睿
			贵阳市第二实验小学 姜文璟	贵阳市第二实验小学 吴松霖	
			世纪城小学 蔡承燃	遵义汇川一小学 李睿跃	
			贵阳第二实验小学 魏渝人	外国语实验小学 詹婧涵	
			贵阳市第二实验小学 宋岱泽	贵阳宅吉小学 黄安	
			第四实验小学 张顺欣		
	初中		贵阳市外国语实验中学 欧阳源隆	贵阳市观山湖区外国语实验中学 莫启扬	凯里华鑫实验中学 杨光勇
			贵阳华麟中学 李泽一	贵阳市观山湖区外国语实验中学 苏囿铭	沿河第四中学 张田樱子

续表

省、市、自治区	学段	学校及入选队员（2015 年）	学校及入选队员（2016 年）	学校及入选队员（2017 年）	学校及入选队员（2018 年）
贵州	初中			贵阳市华麟中学 梁宸曦	观山湖外国语中学 陆璐
				贵阳市观山湖区外国语实验中学 聂钰柴	
	高中				贵阳一中 李泽一
云南	小学			西双版纳州允景洪小学 玉波拍	
	初中				
	高中			开远市第一中学 赵军	楚雄一中 罗行健
西藏	小学				
	初中				
	高中				
陕西	小学		西安三殿小学 贺腾飞		
	初中				留坝县中学 唐钒
	高中			陕西省宝鸡中学 杨天斗	西工大启迪中学 刘少晨
甘肃	小学				康盛小学 刘嘉晖

续表

省、市、自治区	学段	学校及入选队员（2015年）	学校及入选队员（2016年）	学校及入选队员（2017年）	学校及入选队员（2018年）
甘肃	初中				武威市第十中学 喻浩洋
甘肃	高中				白银市靖远县第三中学 刘红娟
青海	小学				
青海	初中				
青海	高中				
宁夏	小学	宁夏石嘴山市隆湖六站小学 舍文飞		石嘴山市第十一小学 舍文飞	
宁夏	小学	宁夏锦林小学 王俊辉			
宁夏	初中	宁夏石嘴山惠农中学 杨宁		灵武二中 马骁	
宁夏	初中	宁夏石嘴山市第三中学 安怀龙			
宁夏	初中	宁夏石嘴山市第三中学 沈文博			
宁夏	初中	宁夏石嘴山市第三中学 张自杨			
宁夏	初中	宁夏石嘴山市第三中学 楚振宇			
宁夏	高中				银川二中 柳毅菲

省、市、自治区	学段	学校及入选队员（2015年）	学校及入选队员（2016年）	学校及入选队员（2017年）	学校及入选队员（2018年）
新疆	小学		夏马勒巴格镇小学 伊尔夏提	乃镇中心小学 阿卜杜拉	
			第八小学 阿卜杜塞比	喀什市第十八小学 穆斯塔帕	
			夏马勒巴格镇小学 阿卜杜塞米	喀什市第八小学 阿卜杜柯尤木	
				喀什市第八小学 谢尔扎提	
				喀什市第八小学 麦麦提萨力江·吾甫江	
	初中				
	高中				乌鲁木齐市高级中学 艾则麦提·阿里木
					乌鲁木齐市高级中学 艾力亚尔·塔依尔
					乌鲁木齐市高级中学 麦麦提热夏提·麦麦提司依提
					伊宁市第八中学 伊孜哈尔·伊力亚尔
					库尔勒市巴州—中 可米热丁·玉素甫

省、市、自治区	学段	学校及入选队员（2015年）	学校及入选队员（2016年）	学校及入选队员（2017年）	学校及入选队员（2018年）
新疆	高中				深喀二中 依木然·买买提
兵团	小学				石总场一小 李雪晨
	初中		石河子第四中学 阿迪力	第三师一中 哈里木拉提·赛米	第八师石河子第十中学 伊力扎提·阿不都海力力
			第三师一三一团五十中学 穆田院·卡德	石河子第十中学 艾斯力努尔·阿巴拜科日	第八师石河子第十中学 艾力扎提·库来西
				石河子第十中学 伊力扎提·阿不都海力力	第八师石河子第二十中学 卡沙尔
				石河子第十六中学 潘云云	第八师石河子第十中学 阿尔根别克·肯吉别克
				石河子第十中学 吴雅丽	第八师石河子第十六中 依力哈木江·伊敏江
				第三师五十团三中 穆田院·卡德	第四师可克达拉 艾力那扎尔·努尔夏提江
				第三师五十团三中 阿依西木·热合木	第八师石河子第十六中 马轩
					第七师一三一团中学 许佳迪
					第八师石河子第十六中 阿迪莱·阿塔巴依
					第七师一三一团中学 马冯琴
					八师石河子第十中 张竞元
					第八师石河子第十六中 刘佳琦

省、市、自治区	学段	学校及入选队员（2015年）	学校及入选队员（2016年）	学校及入选队员（2017年）	学校及入选队员（2018年）
兵团	高中				石河子市十六中吴雅丽
					石河子市第二中学毛雪敏
					石河子市第二中学徐倩
					石河子市第二中学郭婉莹

第二编

各省（区、市）
青少年校园足球发展报告

北京市青少年校园足球发展报告

　　2014年以来，北京市认真贯彻全国青少年校园足球工作电视电话会议精神，积极落实国家教育体制改革领导小组会议要求，建立了北京市领导牵头，教育、体育等相关部门和各区共同参与的校园足球领导小组，统筹推进北京市校园足球工作。4年来，在教育部和全国校足办的正确指导下，北京市积极整合各方资源和力量，协同相关委办局和社会机构，抓住机遇，凝聚共识，精准施策，狠抓落实，抓住发展校园足球的良好机遇，积极推进首都教育的综合改革。特别是以发展校园足球为突破口，提升学生综合素养、促进学生全面发展，带动学校体育工作整体跃升。坚持教学是基础、竞赛是关键、体制机制是保障、育人是根本的工作思路，不断加强体制机制改革，完善各项政策措施，逐步加大经费投入，系统构建了发展校园足球的体制机制，全面推动青少年校园足球工作不断迈上新台阶。

　　北京市现有普通高等学校92所，普通本专科在校学生达58.07万人。有中小学1633所，其中，高中304所，初中345所，小学984所。基础教育在校学生达130.62万人。全市基础教育体育教师有9525人，具有足球专业背景的体育教师约占整体的10%。全市现有全国青少年校园足球特色学校254所，北京市青少年校园足球特色学校50所，特色学校在校学生约40万人。全国校园足球试点区5个，全国青少年校园足球综合改革试验区1个，全国青少年校园足球改革试验区1个。

一、北京市积极推进校园足球工作的做法

（一）加强体制机制建设

2015年4月，经过北京市编办批准，北京市成立了青少年校园足球工

作领导小组，北京市委常委、教工委书记任组长，北京市教委、北京市体育局、北京市发展改革委、北京市财政局等18个委办局和16区政府分管领导任领导小组成员。领导小组办公室设在北京市教委，负责具体推进校园足球各项工作。同时，还先后成立了北京市青少年校园足球协会，负责具体执行落实市级的校园足球活动及工作；成立了校园足球培训基地、校园足球文化研究与传播中心、校园足球通讯社和校园足球专家团队等机构，系统构建了"1346"的北京校园足球发展模式，助推校园足球全面可持续发展。2016年9月，北京市教委、北京市发展改革委、北京市财政局、北京市体育局、北京市新闻广电局、团市委6部门联合出台了《关于加快发展北京市校园足球工作的实施意见（2016—2020年）》，为校园足球的规范化、制度化发展奠定了坚实基础。

（二）完善足球教学体系

一方面，加强课程开发，研制适合北京实际的《北京市中小学足球教学指南》，探索小学、初中、高中各学段相互衔接的足球教学内容和方法。调动各区、各学校因地制宜研发具有特色的足球地方课程和校本教材，目前已经有一大批学校，特别是在小学阶段，编制了适合不同年级学生使用的校本教材。另一方面，确保足球课时。要求特色学校每周至少安排学生上1节足球课，鼓励普通小学每周安排1节足球课，把加强课堂教学作为发展校园足球的主渠道和主阵地，深化足球教学改革，探索实施"小足球计划"。另外，全市还开展校园足球优秀课例评选及展示、典型教学课例视频录制及推广、校园足球教学成果推广、校园足球特色学校教师足球技能展示等活动；同时，鼓励有条件的学校开展以足球为特色的"一校一品"体育教学改革。全市从2016年起，将足球项目纳入了中考体育考试的选测项目，营造了浓厚的足球教育教学氛围。

（三）加强校园足球特色学校建设

全市统一制定了《北京市校园足球特色学校遴选标准》，每年面向中小学开展特色学校遴选工作，并将优秀特色学校推荐参加全国校园足球特色学校评选。截至 2018 年底，全市已有 254 所学校通过教育部审核，成为全国校园足球特色学校，另外有 50 所学校成为市级校园足球特色学校。对于特色学校，市级财政每年投入专项经费支持学校发展，同时组织骨干教师开展培训，组织优秀足球苗子利用寒暑假，邀请国内外知名教练进行集中训练。各区根据实际也出台了一些支持政策，取得了良好的成效。2018 年，北京市校足办印发了《关于开展 2018 年校园足球特色学校调研评估工作的通知》和《北京市校园足球特色学校调研评估指标体系》，对 264 所校园足球特色学校进行了全面调研与评估。截至 2018 年底，海淀区、延庆区、丰台区、朝阳区、门头沟区已成为全国青少年校园足球试点区，海淀区成为首个全国青少年校园足球综合改革试验区，2018 年北京市丰台区被教育部认定为全国青少年校园足球改革试验区。试验区和试点区正在发挥着积极的示范和引领作用，推动着全市校园足球工作向纵深发展。

（四）构建足球竞赛体系

全市系统构建了普及与竞技相协调，教育、体育部门相统一的校园足球分级竞赛管理机制和校园足球联赛体系，开展了以班级赛为基础的校园足球校内、校际和选拔性竞赛活动。为了扩大影响，2015 年北京市举办了首届北京国际青少年足球邀请赛，邀请了意大利、澳大利亚等 9 支国际青少年足球队，以及天津、河北等 7 支外省市的高水平青少年球队参加比赛。2016 年以来，为了加强普及，全市每年举办校园足球班级赛，比赛场次每年达 1.2 万场，参与中小学生达 20 余万人次，有效地调动了学生学习和参与足球的热情，成为参与人数最多、场次最多的比赛。此外，全市还利用周六、周日举办了学生自由组队、网上报名、零门槛参赛的校园足球公开赛，以及高水平的北京市中小学生足球冠军赛、联赛、精英赛、5 人制足球赛、百队杯足球赛、足球冬训营、夏令营、国际足球训练营等活动，每年累积参与的中小学生达 30 万人次以上。

（五）强化师资队伍建设

北京市坚持"数量"与"质量"并重的原则发展体育教师队伍。统计资料显示：2007 年至今，体育教师数量从 6600 人增加到 2018 年底的 9525 人，增加了 2925 人，增幅 44.32%，具有足球专业背景的一线体育教师约占总数的 10%。2015 年以来，北京市着力加强师资队伍建设，增强师资队伍培训的针对性、实践性和可持续发展，累计开展市级体育教师和校长足球专项培训达 3500 人次，并选派 51 名优秀体育教师和教研员参加教育部校园足球境外培训项目，赴英国、法国等足球发达国家开展为期 3 个月的足球专项培训。2018 年市教委联合市足协选派 11 名优秀教师和 3 名教练员赴日本开展为期 21 天的足球教学训练专项学习。借助"高参小"项目，引进国安俱乐部、北京体育大学、首都体育学院等优质资源单位深入中小学，助推校园足球创新发展。实施校园足球海外引智计划，累计引进英国、阿根廷、荷兰、西班牙等足球发达国家的 49 名外籍足球专家，进入中小学内执教，以提升校园足球发展水平。

（六）发展校园足球文化

北京市把发展校园足球文化建设作为推进校园足球普及发展的突破口，依托北京体育大学成立了北京市校园足球发展与传播中心，探索建立适合中小学发展的校园足球文化发展与传播体系，面向特色学校开展足球文化体系建设与推广传播、校园足球特色学校校长论坛、"小咖解说世界杯"等活动。通过树立校园足球小榜样、小大使，开展十佳足球少年评选，建立校园足球通讯社，组织小记者开展专门培训，举办校园足球摄影作品、绘画作品、诗文作品征集活动和校园足球文化节等活动，将校园足球文化融入学校育人的各环节，成为激励更多青少年学生积极参与到足球运动的有效载体。从 2015 年起连续 4 年举办校园足球文化节，建立了校园足球文化发展的良性生态环境，让学生们在"踢足球、唱足球、跳足球、说足球、写足球、画足球"中，通过不同形式参与足球、享受足球、热爱足球。让足球真正成为学校育人的有效载体。

（七）加大各级保障力度

协调市级财政每年投入专项经费支持校园足球发展，特色学校每校每年支持专项经费 20 万元，专项用于特色学校足球发展。各区支持 200 万～300 万用于校园足球等体育活动开展，市级层面每年投入近 2000 万元开展校园足球竞赛、培训、文化、集训等活动。联合发改委和体育部门制定《北京市足球场地设施建设规划（2016—2020 年）》，提出，到 2020 年，改造和新建校园足球场地不少于 960 块，其中维修改造不少于 853 块，新建不少于 107 块。2018 年，北京市研制《北京市校园足球人造草坪场地建设与养护指南（试行）》，投入 1.7 亿元，高标准改造 78 块中小学校园足球场。此外，我们还积极调动社会力量，支持校园足球发展的积极性，与北京中赫国安足球俱乐部签订了校园足球发展合作备忘录，积极与北京市足协、北京电视台、北京广播电台和国奥集团、耐克、李宁等企业及社会人士开展合作，共同为北京市校园足球发展献计献策，出钱出力，形成了全社会共同关心支持校园足球发展的良好局面。

二、存在的问题

一是对特色学校的管理有待提升。经过 4 年的持续发展，现在全市已建成了 304 所国家和市级足球特色学校，以及部分区级的特色学校，足球特色校总量已达 400 多所，占全市学校总量的 1/4。对特色学校的管理需要进一步加强，特别是要注重引导特色校进一步发挥示范辐射作用，进一步提升普及育人效果。二是场地不足的问题亟待解决。受"问题跑道"影响，近年来北京市足球场地修缮工作相对滞后，很难满足学生开展足球运动的需求。三是发展理念有待提高。截至 2018 年底，青少年校园足球发展理念与足球发达国家和地区尚有一定差距，在教学模式、竞赛体系、训练机制、文化建设等方面需要进一步提升。四是学校对社会足球资源的挖掘不够，同时，社会俱乐部的教练员进入学校缺乏统一标准和管理规范。

三、下一步工作

（一）加强校园足球特色学校管理

研究制定《北京市校园足球特色学校管理办法》，探索建立特色学校的晋升与退出动态的分级管理机制。开展以定期检查和不定期抽查相协调的评估工作机制，对于发展较好的学校要逐步向校园足球示范学校晋升发展，并加大政策和经费支持力度。对于工作滞后，不能按要求落实各项任务的学校，在评估检查中仍然不能有效整改的，将予以摘牌，并取消校园足球特色学校称号。

（二）探索建立人才培养通道

足球人才具有较强的专业属性，需要从小接受系统培养，在13~15岁脱颖而出，而目前的升学政策很难实现人才的贯通培养。下一步将积极探索在学区内或区域内建立足球人才贯通培养机制，在区域内的足球特色学校之间，建立足球人才的贯通培养试点，在几所小学与1所中学或几所中学建立对应足球人才对口直升机制，畅通人才培养通道。

（三）积极营造足球校园文化生态环境

探索建立校园足球文化发展体系，通过学生喜闻乐见的形式，让每个学生找到适合自己参与足球的渠道。通过踢足球、写足球、画足球、唱足球等形式，让学生广泛参与足球运动，感受规则意识、团队精神，以及坚韧不拔等意志品质，实现足球育人的目标，同时扩大足球人口，为中国足球发展奠定人才基础。

（四）坚持树立校园足球大资源观

校园足球的专业教师数量不足，足球场地设施不能满足需求，这些问题仅靠政府和学校，短期之内很难解决。下一步，我们将积极发动和整合优质社会足球俱乐部、足球培训机构，以及退役的优秀运动员、教练员等，包括社会的足球场地，通过合作共享、购买服务等形式建立统一标准，加强监督管理，探索建立区域内的足球资源共同体，破解校内资源不足的问题。

天津市青少年校园足球发展报告

2018 年，天津市校园足球工作在教育部、全国青少年校园足球工作领导小组的指导下，在市委、市政府的领导下，认真贯彻全国教育大会精神，以贯彻落实国务院《中国足球改革发展总体方案》、教育部等 6 部门《关于加快发展青少年校园足球的实施意见》和天津市教育综合改革试点为契机，把推进青少年校园足球改革作为落实立德树人根本任务的新渠道、拓展素质教育的新空间，加强校园足球顶层设计，逐步构建了全面普及、层层衔接、重点推进、社会参与的校园足球发展体系，有效增强了校园足球发展的生机与活力，促进了天津市校园足球工作的开展，取得了一定的成效，现将 1 年的工作情况总结如下。

一、坚持以点带面，持续推动校园足球全面普及

天津市现有教育部命名的全国青少年校园足球特色学校 247 所，足球特色试点区 4 个，"满天星"训练营 1 个，并于 2018 年成功申报了全国青少年校园足球改革试验区。天津市教委联合天津市政府教育督导室根据《全国青少年校园足球特色学校复核指标体系》对校园足球特色学校进行督查复核，督促各校园足球特色学校进一步完善示范带动机制，不断提升创新能力、建设能力和发展水平，为带动校园足球推广普及发挥示范作用。目前，各足球特色学校均按照《全国青少年校园足球特色学校基本标准（试行）》要求开齐开足足球课程，开展课余训练和丰富多彩的足球文化活动。

在"点"上结果的同时，我们还注重足球运动在校园的普及，力争在"面"上开花。我们把足球作为体育课程改革的重点项目，各级各类学校均把足球列入了体育课教学内容，积极探索多样化的足球教学模式，在保

证常规学校教育、常规学制的基础上，参与足球活动，做好普及。各区、各学校根据各自的发展基础和现实条件，因地制宜、创新发展招式，在扩大踢球孩子的数量、提升学生对足球的兴趣上下功夫，在体育教学环节和素质拓展、大课间等群体活动中安排全员参加足球项目活动，并通过一系列措施把学校、师生、家长和社会的力量凝聚起来，共同为推进校园足球活动的广泛、深入开展保驾护航，使校园足球的综合育人价值和功能得到了深入挖掘。

二、坚持因材施教，不断完善校园足球教学体系

天津市所有校园足球特色学校全面落实了每周面向全体学生开设 1 节足球课的基本要求，有条件的学校每周开设了 2 节足球课。在足球教学严格落实《全国青少年校园足球教学指南》的同时，创造条件进一步丰富校园足球课程，保质保量上好足球课，真正做到了教会学生足球运动的技能。有的学校还根据实际教学特点编制了适合学生特点、各具特色的足球操和校园足球啦啦操等。学校间定期开展教学观摩与实践、优秀课展示、教学基本功大赛等，教师之间互相切磋、交流，进一步促进了教学水平的提高。

三、坚持以赛促练，抓实抓严校园足球训练体系和竞赛体系

天津市各特色学校建立了校队训练机制开展课余训练；各区成立了校园足球训练营，河东区已经开始推进"满天星"训练营建设工作，选拔区域内的优秀青少年足球运动员利用课余、周末、节假日、寒暑假等时间进行集中训练和比赛。

天津市现有大学校队足球运动员 800 余人，中学校队足球运动员 4800 余人，小学校队足球运动员 10000 余人。我们采取学校竞赛、四级联赛、训练营竞赛等多种方式，加快构建和完善天津市的校园足球竞赛体系。小学低年级主要开展以兴趣培养为主的趣味性足球活动，小学高年级和中学组织班级、年级联赛，开展校际邀请赛、对抗赛等竞赛交流活动，高校开展院系足球联赛和校际交流活动。2018 年共组织校园足球赛 1287 场，共

有 1099 支球队，50017 人参赛，这些比赛引起了学校、社会的广泛关注。

我们还积极参加全国青少年校园足球夏令营系列活动和省际比赛。通过区级、市级层层选拔，天津市 9 支队伍参加了 2018 年全国青少年校园足球夏令营，1 支队伍获冠军、1 支队伍获亚军、6 支队伍第 3 名、1 支队伍第 4 名。经过分营的选拔，50 名运动员入围 2018 年全国青少年校园足球夏令营全国总营。经过总营的角逐，6 名运动员入选 2018 年全国青少年校园足球夏令营全国总营最佳阵容，3 名运动员入选赴法国参加集训。在 2018 年 11 月举办的首届京津冀校园足球试点县（区）争霸赛 4 个组别的比赛中，天津市津南区双桥小学获得了小学女子组冠军，河西区梅江中学获得了初中男子组冠军。

四、坚持统筹协调，不断做好校园足球支撑体系

（一）加大校园足球经费投入

市财政每年给予校园足球 2300 余万元专项资金支持，每所校园足球特色学校每年支持 10 万元，每个试点区每年支持 30 万元；同时为天津市体育局安排了部分青少年校园足球经费。各区财政也为本区安排了校园足球专项经费。

（二）加强校园足球专业师资队伍建设

我们于 11 月组织了两期中小学校园足球教师培训，共 200 名教师参加，培训内容包括校园足球游戏设计、校园足球教学与评价、校园足球课程组织实施、校园足球理念创新转化、现代足球发展趋势、现代足球发展理念等理论课及一系列实践课，受到了教师们的一致好评。天津市下拨经费为全市每个区聘用 2~5 名校园足球指导专家，指导各区周末训练营和校园足球推广活动，以弥补各区专业教练不足的状况。

（三）加强校园足球活动场地建设

天津市通过新建场地、改建现有场地、租用社会场地、共用社区场地等多种方式，统筹解决校园足球场地设施不足等问题，现有 5 人制足球场

地 460 余块、7 人制足球场地 500 余块、11 人制足球场地 200 余块，并将继续按照因地制宜、逐步改善的原则，加强校园足球活动场地设施建设，满足校园足球活动需求。

在今后的工作中，我们将全面贯彻落实习近平新时代中国特色社会主义思想和全国教育大会精神，坚持推广普及、问题导向、统筹协调、因地制宜的原则，充分发挥校园足球的育人功能，遵循人才培养和足球发展规律，做好做强教学、竞赛、训练和支撑"四大体系"，理顺管理体制，完善激励机制，加大督导工作力度，优化发展环境，培养健康足球文化，把弘扬阳光向上的体育精神、体育道德风尚与弘扬以爱国主义为核心的民族精神、以改革创新为核心的时代精神紧密结合起来，与培育和践行社会主义核心价值观紧密结合起来，促进青少年身心健康、体魄强健、全面发展，为提高青少年足球技术水平、培养足球后备人才提供有力支撑。

河北省青少年校园足球发展报告

为深入贯彻落实全国教育大会精神和《国务院办公厅关于强化学校体育促进学生身心健康全面发展的意见》、教育部等 6 部门《关于加快发展青少年校园足球的实施意见》及河北省教育厅等 6 部门《关于加快发展青少年校园足球的实施意见》（冀教政体〔2015〕33 号）等相关文件工作要求，持续推进校园足球工作，促进校园足球特色学校建设与发展，2018 年以来，河北省教育厅组织开展了一系列校园足球活动。

一、积极创建全国青少年校园足球特色学校、试点县（区）和"满天星"训练营

经逐级申报，河北省石家庄市辛集中学等 207 所中小学校被教育部审核批准并命名为校园足球特色学校（年初被取消资格的 4 所学校，经认真整改，重新被批准为校园足球特色学校），唐山市路北区被命名为校园足球试点县（区），石家庄市长安区教育局、邯郸市曲周县教育体育局被命名为校园足球"满天星"训练营。截至 2018 年底，河北省共有 1267 所中小学被教育部审定命名为校园足球特色学校，5 个县（市区）被教育部审定命名为校园足球特色试点县（区），2 个县区被教育部审定命名为校园足球"满天星"训练营，超额完成了河北省政府部署的校园足球特色学校建设任务。

二、重视加强足球专项师资队伍建设

为贯彻落实《河北省人民政府办公厅关于推进河北省足球改革发展的实施意见》和省教育厅等 6 部门《关于加快发展青少年 校园足球的实施意见》（冀教政体〔2015〕33 号）精神，提高校园足球特色学校体育教师业

务水平，我们通过各种方式，加大中小学足球专项教师的普及、培训及提高工作。

（一）举办全省校园足球特色学校师资培训班

于 2018 年 5 月 5—12 日在河北师范大学举办了 2018 年河北省校园足球特色学校师资专项培训班，91 名校园足球特色学校的骨干教师参加了足球专项培训。通过培训，让校园足球骨干教师了解校园足球发展政策和趋势，学习校园足球工作经验和做法，提高足球专项教师综合素养和业务能力。

（二）组织覆盖全省的小学体育教师足球教学培训

联合河北省知合公益基金会，用 1 年的时间，组织开展了河北省小学阶段校园足球专项师资培训工作，共组织了 71 期培训，3113 所小学、3960 余名体育教师参加了为期 1 周的足球教学专项培训。目的是让更多的学校关注校园足球活动，重视体育教学配备培养，更大范围地普及足球项目教学和活动，进一步加强学校体育工作，强化体育课和课外锻炼，不断增强学生体质。接受培训的教师回学校后，在知合公益基金会的支持下，在校内开展了足球项目公开课、足球嘉年华及足球节等活动，3343194 学生参与了校内足球项目学习和活动，产生了很好的影响。

（三）举办第二届全省足球专项教师教学基本功比赛

2018 年 11 月中旬，在河北师范大学举办了 2018 年河北省校园足球特色学校足球专项教师教学基本功比赛。内容和形式包括编写教案、说课、足球比赛规则考试、技术技能测试和体能素质（12 分钟耐力跑）等 5 部分。目的是引导校园足球特色学校的专项教师，根据校园足球工作发展需要，更加主动地加强自身学习，从思想上、理论上、技术上、能力上，包括体质健康和精神状态上，都能获得进步与提高，更好地胜任校园足球教学工作。

参加本次基本功比赛的教师为全省 11 个设区市和定州市、辛集市、雄安新区等 14 个市共 116 名校园足球特色学校中的专项体育教师。经测试、考核、评定，石家庄市谈固小学张媛媛等 24 名教师获得一等奖，唐山开发区第二中学(小学部)张加昆等46名教师获得二等奖，唐山市唐马路小学霍岩等35名教师获得三等奖。邢台市新华南路小学刘冬梅等8名教师获得12分钟耐力跑小学女子组前8名，保定竞秀区列电中学刘欢等2名教师获得中学女子组前2名，唐山迁安马兰庄社区小学杨雪锋等9名教师获得小学男子组前8名，张家口市第一中学赵小勇等9名教师获得中学男子组前8名。根据冀教政体函〔2018〕122号通知要求和各市组织工作开展情况，保定市、衡水市、承德市、邯郸市、张家口市、沧州市、廊坊市、石家庄市、秦皇岛市教育局获得了优秀组织奖。

三、规范组织校园足球联赛等系列活动

为深入贯彻落实全国教育大会精神，大力推进河北省校园足球工作，促进学校阳光体育运动的广泛开展，夯实校园足球四级联赛体系建设，促进学生全面发展，年内安排、部署并规范组织了校园足球系列活动。

（一）举办全省初中生、高中生校园足球联赛

2018年8月，在石家庄市举办了河北省初中生、高中生校园足球联赛，共有11个市的41支代表队，近800多名教师、学生进行了107场比赛。2018年11月—2019年1月是河北省大学生足球联赛的赛期，2018年11—12月，分11个分区进行预选赛，2019年1月进行校园组、超级组、高职组集中决赛。

（二）组织全省初中、小学校园足球夏令营

为大力推进河北省校园足球工作，促进河北省中、小学阳光体育运动的广泛开展，于2018年9月1—6日，在河北师范大学举办了"2018年河北省初中、小学校园足球夏令营"活动。目的是通过足球夏令营活动的开展，大力推进河北省校园足球工作，促进学校阳光体育运动的广泛开展；增强足球教练员认识水平、业务能力和综合素养；为学校足球特长生提供交流的平台，达到互相学习、共同进步的目标；选拔各年龄最佳阵容，参加全国青少年校园足球夏令营活动。

本次夏令营共有来自全省 11 个设区市和定州市、辛集市、雄安新区等 14 个单位 53 支代表队共 681 人参加。其中，领队、教练各 66 人，小学男子代表队 176 人，小学女子代表队 147 人，初中男子代表队 166 人，初中女子代表队 126 人。通过培训、比赛和专项素质与专项技能测试，评选出了 6 个年龄段最佳阵容的正式名单和递补名单。

（三）成功举办第一届京津冀全国青少年校园足球试点县（区）校园足球争霸赛

为深入贯彻落实全国教育大会精神，加强京津冀校园足球文化交流，促进校园足球试点县（区）特色学校建设与发展，经请示全国校足办同意，河北省教育厅联合北京市、天津市教育委员会，于 2018 年 10 月 24—28 日在邯郸市曲周县成功举办了"第一届京津冀全国青少年校园足球试点县（区）校园足球争霸赛"。来自京津冀 14 个试点县（区），46 支代表队，800 余名领队、教练、运动员，30 余名省市、县区的教育行政部门人员及40 余名裁判员齐聚曲周，进行了 120 多场精彩的比赛。大家本着相互学习、共同提高的良好愿望，按照大会确定的比赛宗旨和规定要求，团结协作，顽强拼搏，赛出了风格，赛出了水平，展现了新时代中小学生良好的精神风貌。争霸赛的组织、保障工作得到了参赛县区、学校和师生的一致好评，为今后更好地开展京津冀校园足球交流活动奠定了良好的基础。

四、切实加强校园足球特色学校建设质量管理工作

（一）下大力指导问题学校进行全方位整改

为保证全国青少年校园足球特色学校建设质量，教育部办公厅印发了《关于加强全国青少年校园足球特色学校建设质量管理与考核的通知》（教体艺厅函〔2018〕18 号），并公布了被取消全国青少年校园足球特色学校资格和限期整改的学校名单，其中，河北省有 4 所学校被取消资格，8 所学校被责令限期整改。河北省委、省政府领导对此作出重要批示，省教育厅高度重视，多次进行专题研究，指导相关市、县（区）、校做好核查整改工作。

1. 进行集体约谈，传导压力

召集相关市、县（区）校园足球工作负责同志及 12 所学校校长，进行集体约谈。会上，我们通报情况、查摆问题、分析原因，同时明确目标、提出要求。参加约谈的同志表示，一定采取过硬措施，拿出真招实招，力争在短时间内整改到位。

2. 明确责任，限期整改

河北省教育厅于 2018 年 4 月份先后两次下发通知，要求各市、县教育局明确整改时间表、路线图，将责任分解到校、到人，按时完成整改任务。特别要求相关市、县（区）尽快解决限期整改 8 所学校的场地设施、师资队伍及投入保障不到位问题，指导学校上好每周 1 节足球课，组织好每周 3 次以上大课间足球活动和班级联赛；采取过硬措施，全面创造条件，支持取消资格的 4 所学校达到《全国校园足球特色学校基本标准（试行）》（教体艺厅函〔2014〕46 号）和《全国青少年校园足球特色学校创建指标体系》要求，积极申报 2018 年特色学校，尽早回到全国青少年校园足球特色学校行列。

3. 加强督导，确保质量

整改期间，河北省教育厅组织专家对相关市、县（区）12 所学校进行实地督导，有效解决了认识问题、场地问题、师资问题、投入保障问题，严格落实每周 1 节足球课，认真组织好每周 3 次以上大课间足球活动和班级联赛等条件保障和规定动作。最后，经教育部审核认定，4 所学校重新回归到全国青少年校园足球特色学校行列。

（二）建立长效机制，加强校园足球特色学校建设质量管理

为切实保证校园足球特色学校建设质量，杜绝再出现"摘牌"现象，河北省教育厅于 2018 年 8 月 1 日制定印发了《关于加强校园足球特色学校建设质量管理与考核的通知》（冀教政体〔2018〕26 号）。一是明确监管主体，落实监管责任；二是明确第一责任人，加强组织领导；三是明确教学要求，丰富足球文化；四是明确条件保障，力争全员参与；五是明确升学机制，提升激励作用；六是明确安全管理，提高防范能力；七是明确评价机制，确保建设质量；八是明确举报电话，接受社会监督。对校园足球特色学校办学条件、师资队伍、教学质量、活动成效等方面进行动态监管，定期进行检查评估。对工作突出的个人和学校进行表彰奖励，对工作成效下降的单位限期整改，对达不到校园足球特色学校基本要求的学校提出警告批评，对期限内整改没有起色的学校，通报批评。

（三）印发《河北省青少年校园足球夏令营活动规则与运动员等级评定实施方案》

为规范开展青少年校园足球夏令营活动，促进校园足球工作在广泛普及基础上不断提高运动训练水平，根据全国青少年校园足球工作领导小组办公室《关于全国青少年校园足球夏令营活动规则与运动员等级认定的通知》相关规定，结合河北省实际，制定印发了《河北省青少年校园足球夏令营活动规则与运动员等级评定实施方案（试行）》（冀教政体〔2018〕10号）。此方案明确了夏令营目标任务、活动规则、组织管理、工作要求、省级最佳阵容选拔、等级运动员认定办法及等级运动员升学政策，充分发挥了校园足球训练竞赛的综合育人功能，体现了夏令营选拔性竞赛优势，推动了校园足球健康可持续发展，为培养足球后备人才打下了坚实基础。

山西省青少年校园足球发展报告

　　山西省全面贯彻落实《国务院办公厅关于强化学校体育促进学生身心健康全面发展的意见》和教育部等 6 部门《关于加快发展青少年校园足球的实施意见》精神，按照全国校足办统一部署，多措并举，以足球为抓手、竞赛为载体，普及与提高相结合，创建了一批校园足球特色学校，建立了资源共享的工作机制，巩固了改革创新的良好势头。近年来，山西省校园足球工作取得了明显进展。现将山西省的校园足球工作开展情况简要总结如下。

一、山西省校园足球基本情况

　　2011 年 7 月，太原市成为山西省唯一的全国校园足球布局城市。2014 年，全国青少年校园足球工作电视电话会议明确了校园足球工作由教育部门牵头推进，会后，经山西省政府批准，山西成立了省级青少年校园足球工作领导小组，统筹全省青少年校园足球工作开展。随后，山西省教育厅会同 5 部门出台了《山西省加快发展青少年校园足球的实施意见》。2015—2018 年，山西省累计有 781 所中小学校被教育部命名为"全国青少年校园足球特色学校"，占全省中小学校总量的 9.1%；吕梁孝义市、大同市城区和运城永济市先后成功申报"全国校园足球试点县区"；太原迎泽区在 2016 年成功申报试点县区的基础上，2018 年又被教育部认定为"全国青少年校园足球'满天星'训练营"。

二、主要做法

（一）积极推动校园足球教学改革

　　《山西省"十三五"教育事业发展规划》中明确提出："广泛开展校园足球活动，推动青少年校园足球特色学校建设……大力培养学生运动兴趣、运动技能，强健学生体魄，提高学生身体素质。"山西省坚持特色示范引领普及的发展思路，鼓励有基础、有条件的学校先行先试，以《全国青少年校园足球教学指南》和《学生足球运动技能评定标准》为指导，规范开展校园足球教学活动，通过特色学校的示范引领作用，带动校园足球活动普及与推广，深化校园足球教学改革。经过几年的努力：①全省中小学校均能将校园足球与"体育、艺术 2+1 项目""一校一品"有机结合起来，并将足球项目作为体育课必选项目进行推广，让更多的孩子了解足球、喜欢足球。②全省校园足球特色学校都在开足开齐体育课的同时，把足球课作为体育课必修内容，开设面向全体学生的足球课，保证每周至少 1 节，为广大学生提供更多学习足球的机会。③鼓励各学校结合本地实际，编撰校园足球校本教材，开设特色课程，山西省太原市计划在"十三五"期间实现全部特色学校具备体系完备、内容科学、特色鲜明的校本教材；部分学校创编足球健身操作为全校大课间活动内容；不少学校通过组建足球社团组织学校课余开展各种足球活动，让足球真正成为学校教育的一部分。

（二）广泛开展校园足球竞赛活动

1. 组织开展校园足球竞赛

实行赛事省级统筹管理，市、县（市、区）分级组织的稳定赛制，基本实现不同学段青少年校园足球联赛全覆盖。坚持每年举办省级青少年校园足球联赛。2018 年省级联赛首次分设大同、晋中两个赛区，共有近 100 支队伍、2000 余名运动员参赛。各县（市、区）、学校均按要求开展了校级联赛和阳光体育足球班级联赛，各级足球赛事累计达 4000 余场，全年参加校园足球小学、初中、高中各级联赛的学生累计 13 万余人次。通过几年的坚持和努力，全省四级足球联赛体系基本建成。

2. 丰富校园足球活动形式

小学低年级学生以趣味性足球活动为主，从小学 3 年级开始，组织班级、年级联赛，开展校际邀请赛、对抗赛等竞赛交流活动。高等学校组织开展院系学生足球联赛和校际交流活动等。山西省太原市市级小学组足球比赛中，要求各校至少有 1 名女队员上场参赛，并在比赛中专门增设了颠球集体比赛项目，不仅调动全体学生参与足球的积极性，又促进了基本功的训练。成功举办了"校园足球新长征"山西站和国际足联 Live Your Goals 第二片区的活动，积极参加了"全国青少年校园足球特奥融合总决赛""我爱足球"中国民间争霸赛并取得优异成绩。

（三）不断规范校园足球夏令营选拔程序

严格按要求组织校园足球夏令营的选拔测试活动。自 2015 年全国校园足球夏令营活动启动以来，山西省高度重视此项活动。我们结合山西实际情况，本着以青少年综合素质培育为中心，活动育人、发现优秀足球后备人才的基本策略，充分激发基层学校师生的参与热情和积极性的基本原则，专门制订了《山西省全国青少年校园足球夏令营选拔活动方案》，选拔程序公开透明，做到专家名单公示、选拔成绩公示、录取名单公示，所有专家跨省选调，测试过程全程录像。选拔出的最佳阵容在各级夏令营活动中表现突出。在教育部的各省参营情况统计中，山西是唯一连续 3 年总营活动报到率百分之百的省份。在全国青少年校园足球冬令营活动中，山西省的梁书墉、吕吕和马淑婷表现突出，入选了全国青少年校园足球欧洲训练营，前往德国参加训练学习，得到了习近平主席的接见。

山西省各市积极开展校园足球集训选拔活动，仅太原市 1 年就举办了 4 期校园足球夏令营，共有 735 名 11~17 岁的中小学生、50 余名校园足球教练参加夏令营活动；阳泉等市重点组织了小学生的足球训练营活动。

（四）持续加强校园足球骨干队伍建设

1. 坚持组织校园足球骨干队伍培训

经专项调研统计，山西省足球师资力量整体薄弱，缺口较大，兼职足球体育教师占一多半。2015 年以来，每年举办山西省校园足球骨干队伍专项研修班，累计培训校园足球骨干 4000 余人次；2017 年开始，专门举办校园足球特色学校校长培训班，对当年新获批的特色校校长进行培训。4

年来，通过教育部的校园足球教练员留学项目，累计推荐了 32 名足球教练员赴法国、英国学习。

2. 多方式聘请足球专业人员到学校任教

2015 年起，山西省太原市确定为聘用外籍足球教师试点城市，累计聘用 17 名外教巡回指导校园足球教学活动，同时鼓励学校通过聘用有足球特长的其他学科教师、退役足球运动员等其他足球专业人员兼任足球教师开展足球教学。

3. 切实加强足球教师待遇保障

山西省人民政府办公厅下发的《关于强化学校体育促进学生身心健康全面发展的实施意见》中，对体育教师的工作任务、绩效考核、工资分配等作出了明确要求，要求学校把体育教师承担课余训练、组织体育竞赛等工作任务纳入学校绩效考核体系，并对每周从事 8 个学时以上室外体育课的体育教师给予室外工作补助和服装补助，要求将体育教师带队获得体育竞赛优异成绩与教学科研成绩同等对待，并对带队教师给予适当绩效奖励。通过各项政策的落实，充分激发体育教师特别是足球教师的工作积极性，为校园足球师资队伍建设提供了基础保障。

（五）畅通优秀足球人才成长通道

近年来，通过校园足球活动的逐步普及，山西省校园足球队伍的竞技水平逐年提高：2017 年 6 月，太原理工大学男子足球队在中国大学生校园足球联赛超级组比赛中获得全国总冠军。2018 年，晋中市经纬中学高中女队、山西大学附属中学高中男队在全国青少年校园足球联赛中双双闯入全国前 8，分获第 4 名和第 7 名。为破解学生足球运动员的培养瓶颈，我们积极探索建立教育、体育和社会相互衔接的人才输送渠道。经过 2017 年新一轮高水平运动项目的布局优化，山西省共有山西大学、太原理工大学等 6 所高校获批建设高水平足球运动队；2018 年，山西医科大学和山西大同大学积极进行了高水平足球运动队项目的申报。经山西省人民政府同意，山西省体育局和山西大学联办山西大学足球学院项目已于 2018 年 5 月正式启动。

三、下一步工作打算

接下来，我们计划从以下几个方面重点推动校园足球工作。

一是以深化足球教学改革，形成内容丰富、形式多样、因材施教的青少年校园足球教学体系为目标，持续强化校园足球专项培训，特别是要加强针对特色学校校长的培训。

二是进一步健全全省校园足球四级联赛制度，逐步探索主客场和赛会制相结合的比赛形式。

三是落实《山西省足球场地设施建设规划（2016—2020 年）》中校园足球场地建设的要求，保证每个校园足球特色学校建有 1 块以上足球场地，新建和改建中小学校必须建成 1 块以上足球场地，其他各级各类学校创造条件建设足球场地。提高学校足球场地利用率，加快形成校园场地与社会场地双向开放共享机制。

四是进一步加强校园足球文化建设工作，联合各类新媒体宣传校园足球发展理念、育人功能、校园足球文化和先进经验做法，营造关心、支持校园足球发展的良好氛围，扩大校园足球活动的社会影响力。督促足球特色学校开展校园足球文化活动，做好资料归档留存和档案建设工作。

今后我们将按照人才培养和足球发展规律，进一步理顺管理体制，完善激励机制，优化发展环境，推动校园足球活动蓬勃开展，为促进青少年身心健康、体魄强健，推动足球事业发展继续努力。

内蒙古自治区青少年校园足球
发展报告

2018年，在教育部和内蒙古自治区党委政府的科学指导和有力支持下，内蒙古自治区校园足球工作深入贯彻落实全国教育大会精神，立足推广普及，坚持全面育人，不断筑牢基础，系统推进工作，继续坚持全区整体推进，继续保持各级投入力度，在推进内蒙古校园足球高质量发展的道路上迈出了坚实的步伐。

一、统筹多部门资源，聚力校园足球深入发展

（一）党委政府和部门领导高度重视，继续加大投入

2018年7月，内蒙古自治区分管领导在调整分工后不久，迅疾组织召开了教育、体育、发改、财政、民政等近20个部门和地方参加的自治区足球运动改革与发展工作领导小组会议，重点针对校园足球工作进行了研究部署，进一步加大了2018年和今后一个阶段自治区校园足球本级经费投入力度。内蒙古自治区教育厅党组先后召开几次专题会议，系统研究部署校园足球事业的发展，集中研究专项经费、新增经费的投入和预算，专题研究和部署基地建设、冬季训练、文化宣传、联赛杯赛等具体工作。

（二）探索教体科学合作，助推校园足球发展

2018年年初，自治区校足办和内蒙古足协共同举办了2018年全区校园足球暨学校体育竞赛集中调研培训班，研讨了2018年校园足球工作要点，共同出台了2018年青少年校园足球竞赛计划，进一步规范了竞赛组织管理，启动了教体联合的竞赛体系建设。积极探索发挥各部门资源优势，

互助互补，协同推进校园足球快速发展，努力完成国家改革试验省区的任务。

（三）广泛开展调研工作，梳理和解决出现的问题

2018 年 8 月，在内蒙古青少年校园足球精英队员集训营期间，组织来自盟市、旗县、学校的有关人员，举行了校园足球阶段性集中调研会议。会议对校园足球工作出现的问题进行了集中探讨、深入分析，坚持目标导向和问题导向，针对 2018 年预算落实情况和 2019 年自治区校园足球经费预算内容进行了广泛调研，探索了集中集体预算的新方式，为精准规划内蒙古自治区校园足球发展、精准预算和精准开支自治区校园足球专项经费奠定了基础。

（四）加大两级校园足球特色学校建设，不断扩大普及面

2018 年，继续推进国家和自治区两级特色学校的建设和管理。年内完成第 4 批 240 所国家级校园足球特色学校评选推荐工作，并就特色校升降级标准进行了探索和研究。目前，内蒙古自治区"国家级"校园足球特色学校已达到 1222 所，占全区中小学校总数的 42%，已完成教育部 2018—2025 年特色学校建设任务的 86%。

二、坚持基地化模式，全国最佳阵容选拔工作成绩斐然

（一）坚决落实教育部要求，认真组织本级选训工作

按照《全国青少年校园足球工作领导小组办公室关于举办 2018 年全国青少年校园足球夏令营系列活动的通知》要求，内蒙古自治区认真组织了自治区夏令营最佳阵容选拔活动，共有来自全区 12 个盟市，近 100 所学校代表队，1500 余名运动员参加了选拔。通过个人足球技能测试、比赛中运动员数据采集、比赛实战表现综合评分和球探分析评估等 4 个方面的综合考评，经过国内外近 20 名专家通过专业测试和实战评测等 40 余项选拔数据，确定了 11 个组别，206 名各段优秀运动员组成了内蒙古自治区的最佳阵容。

（二）深入组织动员，圆满完成分区和全国最佳阵容选拔工作

全员参与了 2018 年全国青少年校园足球夏令营第三营区活动，获得
10 个组别的冠军和 1 个组别亚军。共有 127 名运动员入选全国青少年校园
足球夏令营总营，入选比例占内蒙古自治区全部参赛运动员的 65%，占 4
省区入选全国总营人数的 41%，创造了参加全国夏令营 4 年来分区赛竞赛
成绩和入选率的新纪录。内蒙古自治区入选 2018 年全国青少年校园足球
夏令营总营最佳阵容共计 29 人，占全国总营最佳阵容人数的 7%，占内蒙
古自治区派出运动员人数的 26%，远超全国平均水平。共有 25 人获批国
家一级运动员，131 人获批国家二级运动员，74 人获批国家三级运动员。

（三）积极配合教育部，圆满完成夏令营承办任务

从 2016 年开始，内蒙古师范大学和青山区校园足球基地先后承担了 1
个全国夏令营总营和 3 个分营活动。2018 年，青山基地先后接待了全国夏
令营小学和初中 2 个分营的共计 900 余名营员。同时承办了自治区最佳阵
容的选拔工作，先后接待了 1500 名营员。基地完备的生活、训练、比赛
设施和周到热情的服务得到了各地同仁、同学的一致好评，从而打造了内
蒙古自治区第 1 个具有承接全国高等级赛事活动能力的基地。

（四）进一步加大基地建设力度，组建专家委员会

2018 年，内蒙古自治区继续加大校园足球基地建设力度，先后共投入
近 3 千万元用于各地标准化赛场建设、基地食宿训的设施条件改善和海南
保亭冬训工作。整合遴选组建了由国内外和区内外专家组成的内蒙古自治
区校园足球专家委员会，并利用选拔全区最佳阵容的平台，磨炼和塑造了
队伍，为组建自治区校园足球教练员委员会奠定了基础。

（五）充分发挥基地的时空资源优势，不断加强内涵建设

2018 年年内进一步发挥 4 个试验县的基地作用，分别在 4 地组织了区
内的夏令营、选拔营，并在满洲里市和内蒙古师范大学举办了中俄蒙国际
初中段和大学段的国际足球夏令营等活动。圆满完成了海南保亭冬季学训
任务，共有来自蒙古国、朝鲜等国和长春、石家庄、海南、北京及内蒙古

自治区内共计 165 支代表队 3000 余名运动员参加了学训活动。其间举办了守门员专项、C、D 级教练员和裁判员培训，共完成 834 场教学赛。实地组织《教育部校园足球技术等级评测标准》测试，与武汉体育学院合作开发了内蒙古校园足球运动员大数据测评系统，共计完成 3000 人次，6 万余条数据的测试、统计和分析。

三、统筹四级两段两制赛制，不断完善竞赛体系建设

（一）顺利完成内蒙古自治区校园足球年度竞赛任务

2018 年，内蒙古自治区校园足球四级两段两制联赛及活动共有 12746 队次、189900 人次参加，共进行 24986 场比赛。相比 2017 年，参赛队数增长 3 倍以上，参赛人数和比赛场次增长 2 倍以上。其中，"主席杯"自治区校园足球四级联赛共有 412 队次、6400 人次参加，共进行 807 场比赛。整体上，赛事激烈程度明显提升，通过"主席杯"系列赛事的杠杆作用，极大地推进了校园足球普及水平，各地快速发展，水平不断提高、差距明显缩小，呈现齐头并进的趋势。

（二）严格风纪，规范行为，建立良好赛事秩序

2018 年，内蒙古自治区组织召开了校园足球全部赛事近百场领队、教练员、裁判员联席会。一方面宣讲政策和发展规划，另一方面严格赛风赛纪，通过严格执行《竞赛纪律处罚条例》，严抓教练员、运动员行为规范；同时提高承办服务水平和执裁能力建设，确保了全年赛事安全顺利，维护了 2018 年赛事整体文明、规范的良好秩序。

（三）持续打造四级两段两制联赛机制

2018 年，继续发展完善具有内蒙古自治区特色的"校长杯""旗县长杯""盟市长杯"和"主席杯"四级杯赛，小学、初中、高中、大学四级，中职、高职两段赛会制的联合赛事体系；继续推广 5 人制室内足球比赛和啦啦操赛事的组合赛事体系；同时，为解决低层次队伍参赛机会少等问题，建立了"分区赛＋总决赛"赛事体系。

（四）参加全国校园足球系列比赛有所斩获

2018 年，内蒙古自治区参加了全国校园足球四级联赛全部赛事。呼和浩特民族学院和内蒙古农业大学在本科校园男子组总决赛中荣获第 2 名和第 3 名的好成绩，创造了内蒙古自治区参加该组别的最好成绩。内蒙古大学进入全国大学超级男子组总决赛，实现了高水平运动员组别的突破。高中男子组年年进入总决赛，保持了一定水平。

（五）圆满完成国家竞赛承办任务，均获好评

包头市青山区校园足球基地连续两次承办全国校园足球夏令营第三营区活动，在设施设备、服务接待、竞赛选拔组织等方面在全国处于领先水平，得到全国校足办的高度赞誉。

（六）5 人制校园足球联赛实现新突破

2018 内蒙古自治区校园足球 5 人制甲级联赛暨内蒙古自治区校园足球啦啦操锦标赛覆盖了小学、初中、高中、大学全学段组别，5 人制和啦啦操参赛队数突破 100 支，共有 1000 余名学生参加赛事。通过 5 人制足球与啦啦操相融合的新颖比赛形式，多样化发展校园足球文化、有效提高关注度和参与度，利用网络媒体进行评选，参与人数达到 10 万余人。

四、立足课堂和训练，培训工作步入系统化发展轨道

（一）努力推进足球课程开设

2018 年年内继续为全区各级各类学校配发《内蒙古校园足球》系列教学图书，完成了蒙文版的翻译和配发工作。10 月份，根据首批图书使用的反馈情况，启动了新版本图书的修订和招标工作。11 月份完成了以"如何上好一节足球课"为主题的足球教师培训工作招标和培训方案研制工作。

（二）出国培训建立了遴选机制

与内蒙古小伦敦足球俱乐部合作完成了 5 期共 109 名教练员赴英培训工作，参训学员全部取得了英足总一级教练员证书。第 5 期教练员赴英培训按照教育部遴选模式，内蒙古自治区教育厅办公室邀请全国专家，对参

选人员个人运动技能和带队讲课能力进行综合评定，效果明显，得到英足总讲师的高度评价。

（三）多人获得国家出国留学项目资格

按照全国校足办的要求，内蒙古自治区经过认真遴选，共有 11 名教练员通过考核，获得英国 3 个月留学机会。

（四）完成第三批国家级特色学校全员轮训工作

内蒙古自治区教育厅办公室组织了 241 所第三批国家级特色学校校长和足球教师参加教育部组织的培训班，共计 482 人，实现了第三批特色学校自治区和国家的两轮轮训工作。

（五）建立了裁判员培训考核上岗制度

2018 年"主席杯"校园足球四级联赛实现了裁判员培训考核上岗制度，经过赛前培训考核，选定执法裁判员，通过赛中学习和比赛结束后的总结，内蒙古自治区裁判员水平明显提高。

（六）建立教练员培训新模式

在参加全国校园足球夏令营系列活动前，内蒙古自治区组织了 11 支队、206 名运动员的集训工作，并选派了近 50 名随队教练员进行培训，邀请了国家队、职业队全国知名专家进行集训指导工作。内蒙古自治区随队教练员经过实践指导，亲身带队，个人水平得到了快速提升。

五、不断加大信息化建设力度，校园足球宣传和文化传播工作成效显著

（一）内蒙古自治区校园足球管理平台已完成搭建

内蒙古自治区校园足球管理平台经过试运行测试，现全面上线。目前已完成 1650 所校园足球特色学校注册工作；完成 2018 年内蒙古自治区"主席杯"校园足球四级联赛注册、报名工作；已完成多个盟市信息系统使用培训工作。

（二）校园足球视讯系统进入验收阶段

分布于全区各地的 100 所校园足球特色学校视讯系统目前已经完成设备安装和软件调试工作。同时启动了视讯系统与校园足球信息平台的融合对接工作。对接完成后，内蒙古自治区将通过网络平台实现办公、宣传、直播、教学、管理、互动等功能一体化的网络管理平台。

（三）校园足球宣传工作步入规范化发展轨道

2018 年上半年，内蒙古自治区教育厅办公室加强校园足球、学校体育信息和新闻宣传工作，建立了各盟市及校园足球试点县（区）信息报送考核机制和通报机制，工作效果显著。截至 2018 年 8 月，内蒙古自治区青少年校园足球工作领导小组办公室共收到各盟市上报信息 800 余条，内蒙古自治区校足办编发"内蒙古校园足球风采"信息 500 余条，被自治区级媒体采纳 24 条，被国家级媒体采纳 50 条，评出优秀信息 24 条。直播录播校园足球赛事数量近 300 场。

（四）与足球频道等专业媒体的合作在规范中不断成熟

2015 年以来，我们始终坚持文化引领、氛围营造和知识传播为一体的宣传策略，先后与中国教育电视台、内蒙古电视台、内蒙古日报、足球频道等传统媒体和新华网等新兴主流媒体深入合作，通过媒体的视角宣传报道校园足球发展的动态，通过广大家庭和青少年喜闻乐见的现代手段，营造文明规范、健康向上的校园足球文化，搭建了成熟的合作机制，收到了明显的成效。

当然，在实际工作中我们也面临许多发展中的问题和困难。主要表现为校园足球发展内生动力不足，缺乏长期发展的内在需求和持续的保障机制；包括足球在内的体育学科建设内涵挖掘不够，与主流教育机制间存在着明显的脱节问题；学生运动员成长成才路径不清，社会职业的牵引力十分单薄；德智体美劳全面发展的教育理念在实际教育行为中存在着明显的均衡和不充分等问题。

下一步，内蒙古自治区校园足球工作将以习近平新时代中国特色社会主义理论为指引，以落实全国教育大会精神为主线，以促进青少年学生德智体美劳全面发展为目标，充分挖掘和发挥足球文化的魅力，充分调动社会各方力量，长远规划，持续发力，开创内蒙古自治区校园足球工作的新局面。

辽宁省青少年校园足球发展报告

2018 年，辽宁省校园足球工作以党的十九大精神和习近平新时代中国特色社会主义思想为指导，深入贯彻教育部等 6 部门《关于加快发展青少年校园足球的实施意见》，按照教育部工作部署，结合辽宁省教育厅校园足球工作安排，重点开展以下工作。

一、持续推进校园足球工作的开展

（一）成功举办了校园足球集中调研工作会议

来自全省各市教育行政部门、教研员、校长和骨干教师代表 150 余人参加会议。会议总结交流了近年辽宁省校园足球工作的经验，针对存在的问题和困难，提出了构筑辽宁省校园足球教学、训练、竞赛及保障体系一体化推进的基本设想和规划。

（二）发挥典型引领示范带动作用

经辽宁省推荐，教育部审核获批，新增 183 所全国校园足球特色学校，新增抚顺市新抚区和丹东市振兴区 2 个试点县（区），推出沈阳市法库县和大连市金普新区 2 个"满天星"训练营。截至 2018 年底，辽宁省内全国校园足球特色学校有 1035 所，校园足球试点县（区）有 6 个，"满天星"训练营有 2 个。

（三）校园足球专项经费持续得到保障

辽宁省财政继续投入校园足球专项补助资金 1111 万元，用于全国校园足球示范县（区）、全国校园足球特色校补助；开展辽宁省校园足球联赛、校园足球特色校专项培训活动等。

（四）积极落实校园足球外籍教师支持项目

辽宁省共获批足球外籍教师 6 人，其中 2 人为大连市、沈阳市"满天星"训练营高水平外籍教师，另外 4 人由沈阳海事大学、营口市、本溪市、铁岭市申报获批。

二、继续强化校园足球培训工作

（一）落实国家级校园足球培训计划

2018 年 4 月，全国青少年校园足球教练员国家级专项培训在秦皇岛市举行，辽宁省共选派中小学校足球教练员共 72 人参加了"第 7 期~第 9 期"的培训，11 月选派 96 人参加了"第 9 期~第 12 期"的培训。2018 年 11 月，中国足协 D 级教练员培训班在营口盖州市举行，辽宁省共有 21 名中小学校足球教练员参加了培训。2018 年 7—8 月，全国青少年校园足球师资国家级专项培训分别在沈阳体育学院、河北体育学院、宁波大学举行，辽宁省先后共选派了足球特色学校体育骨干教师 301 人参加培训。此外，参加卓越教师培训的有 63 人，参加管理干部（校长）培训的有 300 余人。

（二）组织省级校园足球培训

2018 年 4 月 16—26 日，我们采取送教下市的办法，组织省校园足球专项培训讲师团队 25 人，分别对辽宁省 12 个城市，共 669 名校园足球特色学校中小学骨干教师进行了为期 3 天的专项培训。

（三）组织参加赴英法培训

根据教育部《关于选拔 2018 年校园足球教师、教练员赴国外留学的通知》的要求，辽宁省共遴选推荐了骨干足球教师 5 名、足球教练员 15 名、教练员培训讲师 3 名。经过国家举行的选拔测试和考核，最终国家确认的辽宁省 5 名教师赴法国参加了为期 3 个月的培训任务，3 名教练员讲师和 5 名教练员赴英国参加了为期 3 个月的培训任务。

三、校园足球竞赛工作健康发展

积极推进校园足球竞赛体系建设，截至 2018 年底，辽宁省校园足球四级联赛竞赛体系已经基本建立，形成校内、校级、县市、区域和小学、初中、高中、大学四级双维度青少年校园足球联赛体系。2018 年共组织开展完成省级校园足球比赛 9 项，比赛场次 816 场，共有 8420 人次的大、中学生参加了省级校园足球比赛。

（一）举办省内校园足球竞赛

2018 年 3 月 29 日—4 月 3 日，分别在渤海船舶职业学院、辽宁财贸学院举办了 2017—2018 全国青少年校园足球联赛（大学男子组）辽宁选拔赛暨辽宁省第十三届运动会大学生校园足球联赛（大学男子组）。2018 年 5 月 5—10 日，在渤海船舶职业学院举办了 2018 中国大学生男子 5 人制足球联赛辽宁选拔赛暨辽宁省校园足球联赛 5 人制（大学男子组）。2018 年 6 月 10—19 日，分别在沈阳市、大连市、本溪市、营口市、阜新市和朝阳市举办 2018 年辽宁省校园足球联赛（初、高中组）分区赛。2018 年 7 月 1—9 日，在沈阳体育学院举办 2018 年辽宁省校园足球联赛（初、高中组）总决赛。

（二）组织参加全国校园足球比赛

2018 年 3—7 月，"谁是球王"——"新时代杯"全国青少年校园足球大赛分别在沈阳、三门峡、成都和北京举行。沈阳站（分区赛）：小学组有 10 人参赛，获得冠军，7 人获得最佳阵容；初中男子组有 10 人参赛，获得冠军，7 人获得最佳阵容；初中女子组有 10 人参赛，获得冠军，5 人获得最佳阵容。三门峡站（全国大区赛）：小学组有 7 人参赛，2 人获得最佳阵容；初中男子组有 7 人参赛，3 人获得最佳阵容；初中女子组有 5 人参赛，3 人获得最佳阵容。成都站（全国总决赛）：小学组有 2 人参赛，1 人获得最佳阵容，获得参加俄罗斯世界杯开幕式资格；初中男子组有 3 人参赛，1 人获得最佳阵容，获得赴英国曼城俱乐部训练的资格；初中女子组有 3 人参赛，1 人获得最佳阵容，获得赴英国曼城俱乐部训练的资格。2018年10月全国青少年校园足球挑战赛（初中男子组）总决赛在日照举行，大连市第四十四中学代表辽宁参赛获得第13名；全国青少年校园足球挑战赛（初中女子组）总决赛在武汉举行，大连市西岗区教师进修学校附属学校代表辽宁参赛获得第3名。2018年6—9月，沈阳理工大学女子足球队代表辽宁省分别在山东潍坊鲁能足校、山东青岛市、成都温江足球基地参加了全国校园足球联赛大学女子组总决赛、中国足协全国女子室内5人制足球锦标赛、全国大学生女足锦标赛，获得第3名、2个第4名的好成绩。

四、积极组织开展校园足球夏令营活动

（一）举办辽宁省校园足球夏令营

2018年6月24—29日，在丹东市示范性综合实践基地举办了辽宁省青少年校园足球夏令营（小学组），来自辽宁省内13个市的281名运动员分别参加男子甲组、女子甲组、男子乙组、女子乙组、混合组的夏令营活动，选出74人参加7月份在哈尔滨市举行的2018年全国校园足球夏令营（小学组）。2018年7月8—14日，在沈阳体育学院举办了辽宁省青少年校园足球夏令营（中学组），来自辽宁省内的64支队伍，900余人分别参加了高中男子组、高中女子组、初中男子甲组、初中女子甲组、初中男子乙组、初中女子乙组的夏令营活动和选拔，最终有6个市的117名运动员脱颖而出，分别代表辽宁省参加在唐山市和大连市举行的2018年全国校园足球夏令营（中学组）。

（二）组织参加全国青少年校园足球夏令营

2018年7月17—23日，31名教练员、74名运动员参加了在哈尔滨举行的全国校园足球夏令营（小学组）第一营区活动。2018年7月17—23日，16名教练员、63名运动员参加了在唐山举行的全国校园足球夏令营（初中组）第一营区活动。同时，5名教练员、44名运动员参加了在大连举行的全国校园足球夏令营（高中组）第一营区活动。

（三）组织参加全国青少年校园足球夏令营（总营）

2018 年 8 月 10—20 日，6 名教练员、31 名运动员参加了在秦皇岛举行的全国校园足球夏令营（小学组）总营活动。2018 年 8 月 10—20 日，5 名教练员、51 名运动员参加了在上海举行的全国校园足球夏令营（初中组）总营活动。2018 年 8 月 14—24 日，4 名教练员、30 名运动员参加了在青岛举行的全国校园足球夏令营（高中组）总营活动。最终，经过由全国校足办组织国内外专家通过训练、竞赛和品行等方面综合选拔，辽宁省共有初中组 15 名运动员、高中组 8 名运动员分别入选 2018 年全国青少年校园足球夏令营总营最佳阵容，并获批国家一级运动员。

吉林省青少年校园足球发展报告

2018年，在全国青少年校园足球工作领导小组办公室的正确指导下，吉林省委、省政府高度重视校园足球工作发展，坚持"教学是基础、竞赛是关键、体制机制是保障、育人是根本"的发展思路，深入贯彻落实《中国足球改革发展总体方案》和教育部等6部门《关于加快发展青少年校园足球的实施意见》要求，积极推进全省青少年校园足球工作，在提高普及水平、深化教学改革、完善竞赛体系、提高师资水平和营造良好氛围等方面做出一定工作。具体工作报告如下。

一、基本情况

吉林省现辖12个地市（州）、60个县（市、区），人口有2700万人。现有小学4281所、初中1172所、普通高中241所、中等职业学校277所、普通高等学校62所，学生总计约310万人，教职工总计32.8万人。2018年，吉林省立足本省实际，按照国家部署，大力推进青少年校园足球工作，取得积极成效。2018年8月，延边朝鲜族自治州入选全国青少年校园足球"满天星"训练营；50所中小学校入选国家级校园足球特色学校；长春市二道区入选全国校园足球试点县。2所高校设立足球学院，8所高校被教育部批准设立足球高水平运动队。形成校园足球改革试验区＋试点县（市、区）＋特色学校＋"满天星"训练营＋高水平运动队五位一体发展格局。

二、主要工作

（一）强化顶层设计

开展青少年校园足球工作，对于扩大全省足球人口规模、夯实足球人才根基、深化教育领域综合改革、提高学生综合素质、增强人民群众体魄、加快实现幸福吉林目标具有重要意义。吉林省教育厅多次召开会议，在吉林省青少年校园足球工作领导小组的领导下，研究部署青少年校园足球发展工作，统筹协调全省各级青少年校园足球工作的开展。按照《吉林省足球中长期发展规划（2016—2050）》《吉林省教育事业发展"十三五"规划》，积极推广和普及校园足球运动，重点支持延边朝鲜族自治州国家级校园足球改革试验区和长春市校园足球试点县（市、区）建设。2018年，延边朝鲜族自治州成功申报全国青少年校园足球"满天星"训练营，长春市二道区成功申报校园足球试点县（市、区），全省申报50所国家级校园足球特色学校，为普及推广校园足球运动起到引领示范作用，辐射、带动更多中小学积极参与校园足球。

2018年上半年，吉林省教育厅联合吉林省体育局、吉林省发改委等7部门联合研究制订《关于强化学校体育促进学生身心健康全面发展的实施意见》，进一步明确加强校园足球工作有关措施，具体包括：遴选建设600所校园足球特色学校；支持延边大学、长春师范大学等高等院校牵头组建校园足球全省教学联盟；以校园足球特色学校为引领，大力推进足球、篮球、排球等集体项目；积极打造校园足球"大学—高中—初中—小学"四级联赛、校园足球夏令营等体育品牌赛事，申办、承办全国性学生体育赛事，积极组织参加全国校园足球夏令营等全国性赛事活动，每年举办校园足球锦标赛；落实国家和省足球发展规划（2016—2050年），修缮、改造和新建校园足球场地；各级政府切实加大学校体育经费投入力度，对学校体育改革、校园足球、冰雪运动、体质健康监测、吉林省运动会和体育运动特色学校建设给予重点支持等。

（二）加强活动平台建设

按照《吉林省足球中长期发展规划（2016—2050）》《吉林省教育事业发展"十三五"规划》，吉林省教育厅积极推广普及校园足球运动，不断拓展校园足球平台、载体建设。2018年8月，延边朝鲜族自治州入选全国青少年校园足球"满天星"训练营，将获得教育部连续3年每年100万元经费支持；50 所中小学校入选国家级校园足球特色学校；长春市二道区入选全国校园足球试点县。截至 2018 年底，吉林省建有全国青少年校园足球改革试验区 1 个（延边朝鲜族自治州），占全国总数的 8.3%；全国青少年校园足球改革试点县（区）3 个（长春市净月区、汽车产业开发区、二道区），占全国总数的 2.2%；全国青少年校园足球特色学校 516 所，占全国总量的 2.1%，占全省中小学校总数的 8.6%。2018 年年初，在教育部高校高水平运动队项目建设评估中，北华大学等 4 所高校新增足球专业项目。2018 年 7 月，吉林农业大学正式成立国际足球教育学院，教育部领导参加了揭牌仪式，有关专业建设报教育部待通过备案审批后招生。2017年 12 月，教育部与延边朝鲜族自治州签署国家级校园足球改革试验区建设备忘录，对延边朝鲜族自治州每年支持校园足球经费 100 万元。延边朝鲜族自治州教育局与延边足协青训中心整合资源，采取"一套人马、两块牌子"工作模式，不断完善校园足球课余训练体系和组织体系，提高学生足球运动技能；吉林市教育、体育联合成立吉林市足球协会，为校园足球开展搭建更加有利的工作平台。

（三）加强师资队伍建设

2018 年 6 月，推荐 3 名专家成为第二届全国青少年校园足球专家委员会委员，占委员总数的 3.6%。持续扩大中小学体育教师队伍，吉林省教育厅在 2018 年"吉林省农村义务教育阶段学校教师特设岗位计划"中设置中小学体育教师岗位 265 个，占特岗计划总量的 8.8%；1051 人参加笔试，763 人参加面试，最终录取 266 名体育教师。为加强足球教师培训，2018年 6 月，吉林体育学院承办国家级校园足球教师培训任务 3 期，培训全国校园足球教师 600 余名。2018 年 4—6 月，吉林省共选派 184 名骨干教师、47 名卓越教师、84 名教练员、101 名中小学校校长参加校园足球国家级培训，选派 18 名教练员参加教育部校园足球国外留学培训，16 人取得出国深造资格，申请外籍教练计划 6 名。2018 年 11 月，委托吉林农业大学足球教育学院开展全省校园足球特色学校足球教师培训班，100 名足球教师参加培训。长春市举办首届中国娃娃足球幼儿教师（园长）培训班，220名教师、园长参加。延边朝鲜族自治州探索建立引进高素质足球教育教学和运动训练人才特殊机制。吉林市 2018 年培训足球教师 200 名，其他市州均相应开展校园足球教师、教练员培训工作。

（四）强化教育教学改革

发展新时代青少年校园足球，坚持自觉树立"四个意识"，自觉增强"四个自信"，遵循教育规律、青少年成长规律、学习规律、体育运动规律、足球发展规律，坚持育人为本、普及为基，支持学校开展以足球为特色的"一校一品""一校多品"体育教学改革。通过深化学校体育改革，不仅要传授足球技术之"器"，更要重视足球育人之"道"，教育学生遵守比赛规程，尊重裁判、尊重教练、尊重队友、尊重对手。将足球教学和学校体育课、阳光体育活动有机结合，让更多青少年学生热爱足球、享受足球，使参与足球运动成为体验、适应社会规则和道德规范的有效途径。积极推广校园足球公开示范课（幕课）活动。2018 年延边朝鲜族自治州建设"满天星"校园足球精英训练营，与延边足协青训中心有机结合，采取"一套人马、两块牌子"工作模式，整合资源，不断完善校园足球课余、周末和节假日训练体系和组织体系，提高了学生的足球运动技能，并将足球项目列入初中毕业生升学考试体育与健康科目综合素质评价考核内容，将足球基本技术、基本技能纳入初中二年级体育考试综合评价考核。辽源市以特色校为核心开展集团化办学，建立了学校特色的校本课程，开发了"小小足球操""笼式足球"等活动，发挥特色校聚合和带动作用。

（五）完善竞赛体系建设

积极申办承办全国性赛事活动。2018 年 5 月，延边大学承办全国大学生校园足球联赛超级组北方赛区比赛，全国 24 所高校代表队参赛。2018年 6 月，龙井市承办全国青少年校园足球总决赛高中男子组比赛，全国 16支代表队参赛。组队参加教育部组织的全国青少年校园足球夏令营系列活动，吉林省选派 179 名运动员、33 名领队和教练员组成 11 个组别代表队参加第一营区（辽、吉、黑、冀4省）活动，62名运动员入选第一营区最佳阵容参加全国总营活动，3名运动员入选全国总营最佳阵容（小学女子1人，初中男子2人）。2018年6月，举办全省第十八届运动会高校组足球比赛，33所高校的45支代表队、883名男女运动员分别参加甲、乙、丙组的比赛。各地各校广泛开展班际、校际足球比赛，长春市分别举办"2017—2018年长春市中小学生校园足球联赛"、中小学生"我爱足球"民间争霸赛，举办比赛800余场，代表省参加全国"我爱足球""谁是球王"争霸赛首先获得北区冠军，11月份又参加全国总决赛获得季军；举办AC米兰校园足球公益活动，中国足球著名评论员张路参加活动。延边朝鲜族自治州举办校际足球比赛300余场、县市级比赛200余场、州级比赛100余场，300多支球队4000余人次参加赛事活动。吉林市、梅河口市举办校园足球特色校班级联赛和学校邀请赛，松原市举办第四届小学生足球赛，白山市举办"竞彩杯"校园足球联赛，辽源市举办娃娃足球推广活动，推动形成了"班班有球队，周周有球课，月月有球赛"的良好局面。各地结合吉林特色，在冬季开展形式多样的雪地足球比赛活动。

（六）加大保障支持力度

2018年，吉林省财政厅继续设立校园足球专项经费，支持全省校园足球夏令营、大中小学校园足球锦标赛、校园足球教师培训。各地不断推出创新举措，推动校园足球发展。2017年12月，长春市教育局、体育局等6部门联合印发《长春市加快发展青少年校园足球行动计划》，增设校园足球专项资金每年800万，支持校园足球特色学校、试点县（区）建设。2018年，延边朝鲜族自治州投入3221.2万元，建造人造草坪运动场地24块，研究制订《延边朝鲜族自治州青少年校园足球专项资金管理暂行办法》，加强专项资金管理，提高资金使用效益；吉林市投入5000万为学校新建了4块标准足球场；四平市投入820万资金用于师资培训和足球场地改扩建。

三、当前面临问题

一是吉林省作为经济欠发达地区，受经济发展水平、教育发展水平、场地设施、师资力量、经费投入、社会和家长对校园足球的认知程度等因素影响，个别地区校园足球发展速度缓慢，存在区域发展不均衡不充分的情况。

二是受地域性气候特点影响，冬季漫长，室外气温低，校园和社会室内足球场馆设施极少，影响冬季校园足球运动开展，一些地方开展"雪地足球"项目对足球技能培养作用不强。

四、下一步工作

（一）进一步贯彻落实教育部等6部门《关于加快发展青少年校园足球的实施意见》

切实把发展校园足球作为推进素质教育、引领学校体育改革创新的重要突破口，充分发挥足球育人功能，遵循人才培养和足球发展规律，大力普及足球运动，培育健康足球文化，夯实足球人才根基，提高足球发展水平。到2020年，每年新增校园足球试点县1个、特色学校45个，使国家级校园足球试点县达到5个，特色学校达到600所。

（二）进一步深化足球教学改革

充分运用好教育部青少年校园足球教学指南、学生足球运动技能等级标准和全国青少年校园足球教学资源库等足球教学资源，规范指导校园足球教学。把足球列入体育课教学内容，积极推进足球教学模式的多样化，努力形成内容丰富、形式多样、因材施教的青少年校园足球教学体系，课程设置、教学标准、教材教法和教学资源等教学要素更加衔接配套，校园足球教学质量明显提升。统筹城乡区域布局，加大对农村学校帮扶力度，着力扩大校园足球覆盖面。积极开展青少年女子足球运动。

（三）进一步提高保障能力建设

在不断加大资金投入的同时，多渠道调动社会力量支持校园足球发展的积极性；充分发挥职业足球俱乐部、足球学校、体育运动学校在人才培养方面的积极作用；鼓励有条件的体育俱乐部、企业及其他社会组织联合开展有利于校园足球发展的公益活动；完善相关政策，引导社会资本进入校园足球领域，多渠道吸收社会资金；组织开展足球师资培养培训，扩大培训对象覆盖程度，拓宽学校配足、补齐足球教师的渠道。

（四）进一步加强宣传引导

充分利用报刊、广播、电视、互联网等媒介和手段，特别是吉林电视台、吉林教育电视台、吉林教育信息网等媒体和官网，总结和交流先进典型经验和有效做法，大力宣传青少年校园足球发展理念、育人功能，发扬校园足球文化和先进经验做法，及时报道和播出校园足球赛事，在广大青少年中掀起爱足球、看足球、踢足球的热潮，在全社会营造关心、支持校园足球发展的良好氛围。

（执笔：李崇军　胡仁友　孙大龙　刘星彤）

黑龙江省青少年校园足球发展报告

2018 年，黑龙江省认真贯彻落实全国青少年校园足球工作领导小组第三次会议和教育部部长陈宝生与会讲话精神，在具体工作中，以党的十九大精神为指导，进一步完善校园足球工作总体设计；进一步健全体制机制，下功夫解决制约校园足球发展的编制、资金、场地、竞赛体系等关键要素问题；稳步推进校园足球阵地建设，巩固好特色学校建设和教学、培训、竞赛三大体系建设；增进各方面协同支持，加强多部门合作联动，不断完善共同推动校园足球健康发展的政策体系、激励机制；培育足球文化，推进校园足球长期持续健康发展。

一年来，黑龙江省青少年校园足球运动蓬勃发展并取得了一定成果，为新时代有效促进校园足球整体水平提高奠定了基础。

一、进一步加强组织领导，完善校园足球工作总体设计

2018 年，黑龙江省认真贯彻落实《国家中长期教育改革和发展规划纲要（2010—2020 年）》《中国足球改革发展总体方案》和《黑龙江省校园足球改革和发展总体规划》，以党的十九大精神为引领，明确全省校园足球工作的指导思想、工作目标、重点任务、保障措施，落实教育立德树人根本任务，提出青少年身心健康的战略举措，以培养学生对足球的兴趣爱好、提升学生足球运动技能和体质健康水平为目标，强调"以球启智、以球育美、以球润德、以球健体"的核心育人理念，加强组织领导和顶层设计，注重内涵发展和机制创新，加强校园足球的制度建设和安全保障，建立健全评价机制和督导制度，切实保证全省校园足球教学、训练、比赛活动的顺利开展和年度工作的有效实施。

二、继续做好全国校园足球特色学校和试点县（区）布局及"满天星"训练营遴选推荐工作

根据《教育部办公厅关于做好全国青少年校园足球特色学校、试点县（区）创建（2018—2025）和2018年"满天星"训练营遴选工作的通知》（教体艺厅函〔2018〕17号）要求，按照《全国校园足球特色学校基本标准（试行）》要求，全省认真组织，广泛动员，按照高中、初中和小学的比例匹配，中小学总数的总量控制要求，2018年黑龙江省完成111所全国校园足球特色学校和齐齐哈尔龙沙区、黑河市爱辉区2个校园足球试点县，以及齐齐哈尔校园足球"满天星"训练营的遴选推荐工作，哈尔滨市被批准成为国家校园足球改革试验区。截至2018年底，全省共有国家级足球特色学校553所、5个校园足球试点县（区）、1个"满天星"训练营和1个校园足球改革试验区。形成了地市、省和国家级三级校园足球特色学校布局，打造了点、线、面立体发展的格局。

三、校园足球四级联赛的竞赛体系日趋成熟

经过近4年的发展建设，全省校园足球四级联赛经历了从无到有、从弱变强的发展道路。从最初只有少数几个城市举办，基本上未形成联赛体系，各地各校很少举办足球比赛活动；到2016年，在广泛开展校内竞赛的基础上，全省各地市大力开展校园足球校际联赛、区域选拔赛，基本形成规范有序的省、市、区县、学校四级校园足球联赛机制。再到2018年，全省四级联赛预赛参赛队伍明显增加，省级总决赛参赛运动队达70多支，运动员达1420名，参与校园足球运动的学生人数创历史新高。四级联赛竞赛体系日趋成熟和完善。作为校园足球四级联赛的有益补充，各地市还经常性开展跨省性的城际邀请赛、校际交流赛等活动。"校校参与、层层选拔、全省联赛、多赛互动"的足球竞赛格局逐步形成。

在竞赛活动开展的同时，全省注重打造风清气正的赛事环境，维护公正严明的赛风赛纪，提倡公平竞赛、安全竞赛、文明竞赛，完善裁判员公

正执法、教练员和运动员严守赛风赛纪的约束机制。规范青少年观赛行为，引导学生文明遵纪、形成"以球启智、以球育美、以球润德、以球健体"的良好的青少年校园足球竞赛风气，体现校园体育活动的文明风尚。

2018年度，按照全国校足办关于在省级校园足球四级联赛总决赛中遴选最佳阵容的相关要求，黑龙江省精心组织、认真安排、层层落实、务求公正，分场地、分组别组成专家组进行细致筛选，增加竞赛工作的公正性、严肃性和透明度，全力保证将最好的阵容推荐到国家参加上一级的遴选和认定，为黑龙江省优秀青少年足球运动员脱颖而出创造良好条件。

四、大力开展校园足球夏令营活动

根据黑龙江省教育厅等6部门《关于加强青少年校园足球工作的实施意见》要求，为深化校园足球改革，加速推进黑龙江省校园足球发展，提高学生体质健康水平和足球素养，提高青少年足球训练水平，进一步丰富黑龙江省青少年暑假课余活动。2018年，黑龙江省在哈尔滨剑桥学院开展了两期黑龙江省校园足球青少年夏令营活动。夏令营活动以小学四至六年级学生为参与主体，来自全省12个市地、黑龙江省森林工业总局和黑龙江省农垦总局的14个单位的35支代表队参加了两期夏令营活动，其中混合组14支，男子甲组5支，女子甲组5支，男子乙组6支，女子乙组5支。无论从队伍数量和参加人数上，较2017年都有明显增加，活动规模创历史新高。

在两期夏令营活动期间，根据黑龙江省森林工业总局、黑龙江省农垦总局、黑龙江省校园足球的地域特点和实际情况，参营的广大师生开展了丰富多彩的足球活动：主办方邀请了英国、西班牙、巴西等足球先进国家的教练员对学生进行技战术指导；由省内资深专家为教练员进行了集中培训，从足球技战术、足球竞赛规则、校园足球开展的关键问题等方面进行专项指导；组织师生参观中甲黑龙江火山鸣泉俱乐部的日常训练；通过对抗赛，专家组评选出了各组别的最佳阵容，并代表黑龙江参加全国校园足球夏令营系列活动。通过玩足球、看足球、讲足球、赛足球等一系列活动，让孩学生体验了足球的乐趣，融入了浓郁的足球文化氛围中。

五、继续加强校园足球专项培训工作，多举措夯实培训效果，不断提高师资队伍水平

2018 年，黑龙江省共选派 15 名校园足球教师通过了教育部国外留学考核，赴法国、英国进行 3 个月的短期留学培训，学习成效显著。这些学员回国后，充分利用所学知识和技能组织专题讲座，并与省内教师进行经验交流、心得体会分享，从而做到学以致用，起到了良好的示范引领作用。

2018 年，黑龙江省加大校园足球专项培训工作力度，在经费保障上予以重点倾斜，在学员遴选上由特色学校扩展到非特色学校，并重点加强边远地区校园足球师资的培训，培训对象涵盖裁判员初、中级，教练员、骨干教师和管理人员，培训学员达到了 5 期，共 600 余人。

为保证校园足球各项赛事工作的顺利进行，全省组织了校园足球裁判员培训两期。第 1 期以各分区赛的比赛监督、裁判长和裁判员为主，着眼总结经验、交流借鉴、相互学习、共同提高；第 2 期初级培训，以普及为主，强化入门。全程培训，严格考核、严格上岗，并按照"以老带新"的培养方式，力求从理论水平、临场实践等业务能力方面重点加强。此外，全省组织校园足球教练员、骨干教师、管理人员培训各 1 期，通过专家讲师的系统化授课，从浅入深、由易到难，并充分利用实践课展示、现场观摩、分班教学、小组讨论、理论考核等多种课堂形式，提高培训的效果和水平。

六、下一步工作思路

发展校园足球是一项系统工程，需要长期、艰苦的努力。下一步，黑龙江省将进一步加强领导，坚持改革创新，尊重教育规律和足球运动规律，不断推动校园足球又好又快发展。

（一）思想认识再提高

强调从立德树人的高度，始终把育人摆在第一位，充分发挥足球的多

元育人功能，着重培养青少年尊重规则、拼搏进取、团结协作、勇于奉献的精神，强化团队意识和集体主义观念，养成吃苦耐劳、积极乐观的精神品质和健康向上的生活方式，推动体育与德育、智育、美育紧密融合，使校园足球成为完善学校教育、促进人才全面发展、培育校园文化的重要手段，使参与足球运动成为体验、适应社会规则和道德规范的有效途径。

（二）特色学校建设再加强

全省554所全国校园足球特色学校是黑龙江省校园足球发展的排头兵和重要基地，已经在足球课堂教学、训练、比赛等方面做了表率和示范。下一步，我们要继续加强对全国校园足球特色学校的监督和管理，建设好特色学校使之名副其实，经得住审查和检验；督促特色学校在足球管理方式、教学模式、训练机制和竞赛体系等方面进行探索和创新，为全省其他市县校园足球发展探索新路径、提供新方法。

（三）四级联赛再完善

截至2018年底，黑龙江省已初步建立包括校内竞赛、校际联赛、区域选拔在内的校园足球竞赛体系，建成规范有序的省、市、县、校四级青少年校园足球联赛机制，形成"校校参与、层层选拔、全省联赛"的足球竞赛格局，黑龙江省将进一步探索校园足球竞赛机制，形成贯穿全年的竞赛体系。重点放在竞赛的后备人才培养上，要根据校园足球发展实际，逐步建立从小学、初中、高中到大学"一条龙"的足球特长生选拔培养培训机制。积极谋划协调，为足球特长生的升学深造、特长发展创造更多的政策空间。

（四）师资队伍建设再上新台阶

足球师资总量不足、结构失衡、专业化水平不高一直是制约校园足球发展的瓶颈。截至2018年底，我们主要立足于广大体育教师通过继续教育，学习足球专业知识、掌握足球专项技能，对校园足球专、兼职教师进行专项知识和技能的培训，以缓解足球师资不足的矛盾。我们鼓励高校体育教育专业学生主修、辅修足球专项，培养更多的合格足球教师，鼓励有条件的地方与高校签订定向或委托培养足球教师、教练员、裁判员等专业人才的协议。

　　总之，推进校园足球发展责任重大、任务艰巨，可以说任重道远。我们将继续按照教育部的统一部署，锐意进取，开拓创新，久久为功，驰而不息，确保校园足球工作扎实有效地推进，为全面提升学校体育工作水平，促进青少年学生身心健康、体魄强健而不懈努力。

上海市青少年校园足球发展报告

2018年以来，上海市深入学习党的十九大，十九届一中、二中、三中全会精神，以习近平新时代中国特色社会主义思想为指导，全面贯彻党中央、国务院关于校园足球工作的整体战略部署，认真落实教育部、全国青少年校园足球工作领导小组的要求，把青少年校园足球工作融入上海市深化教育综合改革全局，抓好顶层设计，强化组织领导，创新体制机制，注重内涵发展，不断提质增效，全面推进校园足球改革发展，扎实推进全国青少年校园足球改革试验区建设的各项工作，现将有关情况总结如下。

一、上海市推进校园足球改革发展的主要措施与成效

上海市校园足球工作始终坚持育人为本、尊重规律、创新引领的发展理念，各部门协同联动，多措并举，在创新激活体制机制、深化课程改革、立体推进课余训练、丰富完善竞赛体系和引领示范校园体育改革发展等方面进行了积极的探索和实践，层层推进落实各项重点任务。

（一）加强顶层设计，激发体制机制活力

在上海市青少年校园足球领导小组的统一部署下，上海市校园足球联盟、上海市大学生足球联盟、上海市青少年校园足球精英训练营办公室、上海市校园足球发展中心、上海市青少年校园足球教练员培训基地、上海市学校体育精英训练基地及上海市学生足球训练基地不断健全完善组织运行机制，结合体育课程改革试点工作进展，在课余训练、竞赛活动、师资培训等方面密切配合，合力推进校园足球工作整体发展。截至2018年底，全市已有322所中小学全国青少年校园足球特色学校，崇明、杨

浦、普陀和闵行4个全国青少年校园足球试点区，杨浦和徐汇2个全国"满天星"校园足球训练营试点区。

（二）坚持普及为先，深化足球课程改革

自2012年起，启动实施"小学兴趣化、初中多样化、高中专项化和大学个性化"学校体育课程改革。截至2018年底，全市已有22所小学、23所初中、112所高中和10所高校实施了改革试点，徐汇、闵行、宝山等3个区进行了全区整体试点，高中专项化改革将于2018年底前实现全覆盖。作为体育课程改革的重点内容，大中小学一体化的校园足球课程体系初步构建，基本实现了"校园足球特色校每周1节足球课，其他学校每周1次足球活动"的目标。学生参加校园足球等赛事情况已纳入综合素质评价体系。2018年，上海市校园足球注册学生运动员人数已增加至30000余名。

另外，上海市与北京、四川共同承担的全国中小学校园足球示范课教学视频的拍摄任务，将为进一步深化改革试验区校园足球教学改革、规范中小学足球教学提供科学的指导和依据。

（三）强化有序衔接，立体推进课余训练

为了让每一个有足球兴趣和发展潜质的学生都能有系统接受足球训练的机会，上海市全面推进校园足球课余训练体系建设。截至2018年底，校园足球联盟共发展联盟校428所，全市16个区分别组建U9、U11、U12、U13、U15、高中组6个年龄段的校园足球精英训练营，建设队伍137支，注册营员7000余人，报名参加精英赛营员3000余人。截至2018年底，具备足球项目全市招生资格的市级体育传统项目高中及二线运动队学校达到28所，市级学生足球训练基地3个，建设足球高水平运动队的高校数达到9所。

2018年，上海市已基本形成"联盟校＋特色校＋精英训练营＋传统项目学校＋校办二线队＋市级学生训练基地"六位一体的课余训练立体推进格局，构建了大中小学有序衔接的课余训练工作体系，并建立了优秀足球苗子的选拔机制，与全国校园足球"满天星"精英训练营实现有序衔接，

积极参加全国校园足球夏令营和冬令营等高水平赛事活动。2018 年，上海市选拔了各组别最佳阵容 149 名运动员参加全国校园足球夏令营分营，57人入选了全国校园足球夏令营分营最佳阵容，21 人入选了全国校园足球夏令营总营最佳阵容。

（四）完善竞赛体系，扩大赛事活动影响

以校内班级和年级竞赛的广泛深入开展为基础，科学编排赛制，建立"水平接近，对抗激烈"的竞赛机制，形成"班班参与、校校组织、区域推动、层层选拔"的校园足球竞赛格局，构建完善以草根联赛、联盟联赛、联盟杯赛、国际邀请赛为主体，小学、初中、高中、大学全覆盖的"四横四纵"立体化赛事体系。2018 年举办的市级竞赛超过 2000 场次，并成功举办了第四届"中国（上海）国际青少年校园足球邀请赛"。

（五）聚焦关键因素，健全保障机制

立足师资队伍、场地条件、创新研究、安全保障等关键因素，形成健全校园足球发展综合保障机制。一是坚持多渠道、多元化配备师资。鼓励有足球特长的学科教师兼上足球课，引导优秀的足球教练员、裁判员、退役运动员等到学校带训。培训校园足球指导员、教练员、裁判员及专项教师 2000 余名。二是探索建立多元投入机制。加强校园体育场地的开发和综合利用，试点建设"笼式足球场"、全天候智能操场等；探索学校与社会公共足球场地共享机制；推进建立区级青少年校外体育活动中心。三是大力开展体育科研项目研究。委托上海体育学院开展青少年体育素养评价及体育运动等级技能标准等研究工作，并在学校体育科研课题中增设校园足球专项。2018 年 4 月，足球等 11 个项目的等级标准向社会发布。四是在全国率先实施"学校体育运动伤害专项保障基金"。截至 2018 年底，已有近 2700 所学校自愿参加，覆盖学生 170 余万人次，有效保障和促进了校园足球运动的长远发展。

（六）传播足球文化，挖掘育人价值

为营造积极健康的校园足球文化，深化足球运动育人内涵，编制校园足球赛事礼仪规范，以强烈的仪式感增强学生的集体荣誉感；建立"阳光校园"微信平台、上海市青少年校园足球精英训练营网站等，及时推送校园足球赛事活动最新动态信息；通过赛事转播、专题节目及每日新闻等形式，传播校园足球育人正能量；成立学生记者团，为青少年学生近距离感受足球文化创造条件。

此外，2018年开展了上海市青少年校园足球人口普及推广发展项目，陆续在上海市盲童学校、幼儿园举办了"点燃星星之火"活动；继续在中职学校举行了校内联赛，并在2018年年底举办了总结表彰活动。

（七）坚持"走出去、请进来"，深化国际交流合作

选派200余名优秀教师参加国家专项培训、"学转英超"教练员培训、教育部"赴英赴法"留学项目等；加强与足球发达国家交流合作，选拔优秀球员出国交流训练，开拓视野，感受文化；推进"外教入校"，聘请知名高水平外籍教练员进校带训，担任精英训练营队伍技术总监或主教练等；依托上海市国际青少年校园足球邀请赛平台，组织开展国际青少年校园足球高峰论坛等大型交流研讨活动。

（八）推广有益经验和模式，引领校园体育改革发展

校园足球综合性强，探索形成的教学模式、训练机制、管理方式和竞赛体系等可以为校园体育改革探索新路提供经验。我们已将校园足球的制度体系、工作经验和发展模式引入到校园篮球、排球、乒乓球、羽毛球、网球等项目中，并将逐步引入到冰雪运动、田径、武术、游泳等项目中，切实发挥好校园足球改革发展先行先试的示范引领作用。

二、进一步推进全国校园足球改革试验区建设的紧迫性

在各方面的共同努力和支持下，上海市推进全国校园足球改革试验区建设，总体上有序推进，并形成了一定的发展模式。与此同时，我们深刻地意识到，进一步做好全国校园足球改革试验区建设工作仍面临着一定的压力和挑战。一方面，党的十九大对进一步做好学校体育工作，更好地满足青少年学生全面健康发展需求提出了新的更高要求，校园足球如何继续在促进学校体育工作发展、培养和提升学生综合素养中发挥示范引领作用将是未来一个时期内上海市学校体育工作者需要面对和解决的重要课题；另一方面，改革试验区承担着探索创新校园足球发展路径，为在兄弟省市推广提供可复制、可参考经验的重要任务，需要对长期以来上海市校园足球发展的场地空间受限、专业人员相对不足等瓶颈问题进行突破和解决，并在此基础上，及时总结经验，形成工作方案。

为此，我们认真总结梳理了上海市校园足球发展历程、主要成效、有益经验，聚焦所面临的突出问题、薄弱环节和关键短板，剖析原因，精准发力，重点突破，全面落实教育部与上海市政府签署的全国校园足球改革试验区备忘录精神，坚持体教融合，坚持统筹协调，努力打造人人关心校园足球、共同支持校园足球发展的工作机制，系统推进全国校园足球改革试验区建设。

三、下一阶段推进全国校园足球改革试验区建设的主要措施

（一）加强统筹领导

制订校园足球改革试验区实施方案、中长期发展规划并推进落实。推进各高校、各区成立校园足球工作领导小组，将校园足球发展纳入年度工作计划并统筹推进。推进全国校园足球试点县（区）、全国校园足球特色学校、"满天星"精英训练营及校园足球联盟建设。建立完善政府支持、市场参与、多方支持的校园足球发展投入保障机制。

（二）深入推广普及

继续做好校园足球联盟学校、全国校园足球特色学校的创建规划。努力新增 1 个全国校园足球试点县（区），力争全国校园足球特色学校增加至 400 所，上海市校园足球联盟学校增加至 600 所，建设市级学校足球社团 100 个，鼓励各区和学校组建女子足球队、市区两级足球传统项目学校达到 100 所，全国校园足球试点县（区）在 2018 年建立至少 1

个区级校园足球俱乐部，其他各区在 2020 年前至少建立 1 个。

（三）完善课程体系

落实《全国青少年校园足球教学指南》要求，推进全国校园足球试点县（区）、全国校园足球特色学校足球课程建设，切实提高足球教学质量和水平；推进特色校及联盟校每周开设不少于 1 节足球课和 1 次以足球为主要内容的课外活动，条件具备的学校每周开设 2 节足球课，鼓励有条件的学校进行以足球为特色的"一校多品"体育课程改革。完成市级校园足球精品课程及示范课程建设 30 门。实施学生足球技能等级评价标准测试工作。

（四）完善训练体系

完善以市区两级校园足球精英训练营、联盟校和特色校、传统校和校办二线队为单位的校园足球课余训练体系。进一步推动中职学校校园足球的发展。完成校园足球"一条龙"布局，构建形成高中、初中、小学各学段有机衔接的课余训练体系。加强校办"二线队"足球项目建设，推进外地优秀生源就读上海市高中机制。市区两级分期分批建立 U9~U15 全覆盖及高中组别的校园足球精英训练营。积极申报并重点扶持"满天星"训练营试点区。

（五）完善竞赛体系

统筹上海市青少年校园足球赛事并发布年度竞赛计划，进一步规范赛事活动。上海市校足办将坚决落实属地监管职责，严格各类比赛备案制度，统筹上海市青少年校园足球各类赛事。上海市各级教育行政部门及各级各类学校主办（承办、协办）上海市校园足球竞赛体系之外的赛事活动，须报上海市校足办备案方可实施。各级各类学校不得以学校的名义参加非认可的赛事。完善"四横四纵"校园足球赛事体系，力争每年组织市、区级比赛至少 2 万场。制订各年龄段市精英训练营最佳阵容评选办法，选派最佳阵容队员参加全国夏令营，并按相关规定认证等级运动员。开展优秀青少年足球运动员赴足球发达国家交流项目，完善相关教练员教师随队出访管理办法。建立青少年校园足球赛事活动报备制度，完善裁判员、教练员和运动员约束机制。

（六）完善保障体系

1. 提升师资队伍能力

加强校园足球师资队伍建设；推进兼职体育教师工作，鼓励学校聘用优秀足球教练、退役运动员等承担足球教学、训练、裁判等工作，全国校园足球特色学校至少配 2 名、上海市校园足球联盟学校至少配 1 名以上校园足球专项教师或教练员。开展校园足球运动员、教练员、裁判员注册工作，与上海市足球协会实现信息共享，共建联合培养机制。推进上海市校园足球教师及教练员培训基地建设，力争到 2020 年，培养培训校园足球教师 1200 人、校园足球教练员 1200 名、校园足球裁判员 1200 名。

2. 加大足球场地设施建设力度

每区各建立至少 1 个青少年课外体育活动中心，推进笼式足球场建设。建立公共足球设施与学校共享机制，公共体育场地设施和高校体育场地设施向青少年公益开放，为学生参加足球活动提供更多的便利条件。力争使校园足球专用场地数量达到 800 块。

3. 探索特殊人才入学升学支持政策

建立运动员注册和转会制度。完善校园足球优秀运动员升学机制，加大引进全国学生运动会精英运动员力度，并制订配套奖励制度，建立上海市校园足球运动员注册管理系统，开展校园足球运动员注册定级和转会工作，形成上海市校园足球人才梯队。打通校园足球与足球协会注册系统，共享注册信息。探索成立校园足球俱乐部。

此外，还将校园足球工作开展情况纳入督导体系，适时开展督导检查，并建立定期通报制度。

（七）加强文化宣传

大力开展足球普及教育活动，举办校园足球文化节，开展年度校园足球运动员、足球教师、足球教练员系列奖项活动。每年组织 2 万名青少年学生观摩职业足球赛事，组织中外明星运动员、教练员进校园活动；加强对各级校园足球比赛的宣传推广，提高全社会的关注度和参与度，营造浓厚的足球文化氛围。大力宣传校园足球发展理念、育人价值、文化和优秀典型等，及时报道校园足球赛事活动，鼓励影视行业出版发行有关校园足球题材的影视作品等。

　　我们将继续以改革试验区建设为契机，不断完善校园足球发展模式，深入扎实推进改革试验区各项工作取得新成效，培养懂足球、爱足球、会踢球的品学兼优的青年学生，让校园足球真正成为立德树人的有效载体，在实现全面育人目标中发挥更大的作用。

江苏省青少年校园足球发展报告

2018年，江苏省教育系统坚持把发展青少年校园足球作为落实立德树人根本任务、培育和践行社会主义核心价值观的重要举措，作为推进素质教育、引领学校体育改革创新的重要突破口。以教体融合为基础，以普及足球运动为导向，以培育青少年终身体育素养为重点，不断健全完善校园足球体系建设，探索江苏省校园足球特色发展之路。

一、推进特色幼儿园、学校和示范学校建设，夯实校园足球的推广体系

截至2018年底，江苏省有1710所学校被确定为全国青少年校园足球特色学校，南京市雨花台区等8个县（市、区）被确定为全国青少年校园足球试点县（市、区），雨花台区教育局、江阴市教育局、南通市教育局被确定为"满天星"训练营。江苏省教育厅和江苏省体育局确定了26个江苏省青少年校园足球试点县（市、区），135所幼儿园被命名为江苏省足球特色幼儿园。自2018年开始，启动江苏省足球后备人才示范学校创建工作，充分发挥示范学校在校园足球工作中的示范引领作用，促进江苏省青少年校园足球工作水平和质量全面提升。到2025年，计划建成3000所以上校园足球特色学校和100所以上足球后备人才示范学校。

每年定期举办江苏省校园足球现场推进会和"童趣足球"观摩活动，召开招收高水平运动队高中学校与高校需求对接会，探索建立从幼儿园到中小学到大学足球人才培养全过程输送通道，夯实体系人才基础。

二、加强教师队伍建设，健全校园足球教学科研体系

采取普及与提高相结合、请进来和走出去相结合的方式，分层、分类、分级开展师资培训。举办江苏省中小学校园足球特色学校师资培训班，培训普及级教师 100 名，提高级教师 80 名。与江苏省足协共同举办校园足球 E 级教练员培训班 12 期，培训教师、教练员 360 人。聘请德国足球教练团队赴江苏昆山、沭阳、无锡、宿迁等地对江苏省 300 余名教练员进行培训。同时，推荐 126 名江苏籍教师、教练员参加 2018 年全国青少年校园足球教练员国家级专项培训。组织国家级校园足球特色学校骨干教师和管理干部 1300 余人参加全国青少年校园足球师资国家级专项培训。选拔 15 名优秀教师、教练员参加教育部组织的 2018 年校园足球教师、教练员赴英国、法国留学项目。组织教师、教练员参加了全国校园足球 5 人制裁判人员、"学转英超"校园足球教练员等培训。

成立江苏省青少年校园足球专家指导委员会和校园足球研究中心，充分发挥专家学者对青少年校园足球发展的科学研究、专业咨询、业务指导等方面的作用。结合江苏省实际，在校园足球政策研究、足球人才培养、教材教法研究与创新和足球文化传播等方面开展教学科研。

三、完善四级联赛机制，做强校园足球竞赛体系

江苏省已建立"省长杯""市长杯""县长杯""校长杯"四级联赛制度。2018 年，"省长杯"大学、高中（含中等职业学校）、初中、小学校园足球联赛比赛场次达 800 场以上，参赛人数近 7000 人。江苏省大学生城市足球联赛覆盖全省 50 余所高校，采用主客场制比赛近 200 场，参赛大学生 1300 余人。举办"谁是球王"——"新时代杯"全国青少年校园足球大赛省内选拔赛、江苏省高中男子校园足球选拔赛和江苏省"冠军杯"全国青少年校园试点县（市、区）初中组足球比赛。"一带一路"和"丝绸之路"国际青少年足球邀请赛 2 项品牌赛事，截至 2018 年底已分别举办了 4 届和 7 届。同时，积极组织参加全国青少年校园足球夏令营活动，

经江苏省内选拔，江苏省共有 195 名运动员参加了 2018 年全国夏令营高中组、初中组、小学组第七营区分营活动，111 名运动员入选分营最佳阵容，并参加总营活动。最终，46 名运动员入选全国总营最佳阵容。2018 年，全省参加各级各类校园足球竞赛人数超过 100 万人次。

校园足球竞赛规模的扩大对竞赛管理工作提出更高要求，为进一步规范江苏省青少年校园足球竞赛组织管理，以及运动员、教练员和裁判员培养、选拔和管理工作，江苏省教育厅联合江苏省体育局制订了《江苏省青少年校园足球竞赛管理规定（试行）》，开展省青少年校园足球人员注册工作，建设江苏省校园足球信息管理平台，校园足球运动员、教练员、裁判员全部进行网上注册，竞赛工作通过平台系统组织开展，做到规范有序。

四、激励创新，构建校园足球荣誉体系

为打造师德高尚、业务精湛、富有创新精神和实践能力的高素质校园足球管理干部和师资队伍，江苏省每年在管理干部、校长、园长、教师、教练员、学生运动员中开展校园足球工作先进个人和最佳运动员评选，并予以表彰。表彰人员中的优秀代表选派德国、巴西、英国等国进行学习交流，极大地增强了教师、教练员、运动员的荣誉感和获得感。

五、精诚合作，合力形成校园足球推进体系

自江苏省青少年校园足球工作领导小组成立以来，江苏省教育厅与江苏省体育局等多部门协同配合，在场地建设、赛事组织、师资培训、社会支持等方面形成强劲合力。江苏省校足办每月召开主任办公会议，研讨全省校园足球工作，教育和体育两部门经费预算统筹编制、赛事计划统筹安排，各项工作分工明确、合作有力，形成了"一体化设计，一体化推进，自成体系，相互支撑"的合作格局。2018 年，江苏省教育厅、江苏省体育局、江苏省足协、苏宁体育签署备忘录，集中四方优势资源，共同推进校园足球健康发展。江苏省校足办鼓励开展民办非企业单位校园足球俱乐部建设，鼓励江苏省内国家级青少年校园足球特色学校依据《民办非企业单位登记

管理暂行条例》规定，依托本校资源，在民政管理部门登记成立以学校为主体的足球俱乐部，各级校足办对俱乐部在校园足球训练、竞赛、经费和条件保障等方面给予政策支持，进一步加强青少年校园足球组织建设，完善校园足球公共服务体系。

六、广泛发动，形成校园足球舆论和宣传体系

创建江苏省校园足球网，通过这一窗口将江苏省校园足球最新动态、扶持政策、规章制度、发展理念第一时间展示给社会各界，更加积极地引领社会各界对校园足球给予更多的关注和支持。2018 年 4 月，新华社刊发的关于南京《一位小学校长被"校园足球"之后》的报道，被全国 40 多家媒体转载，点击量突破 100 万次，向社会传递了江苏省校园足球的正能量。

经过 2018 年的努力，江苏省校园足球工作在体系建设上取得初步成效，但还存在一些困难和问题。一是区域间发展不平衡、不充分；二是资源条件仍然短缺；三是足球文件建设亟待加强。下一步，江苏省教育厅将重点在学生运动员注册制度、升学绿色通道、师资培养培训、精英训练体系、赛事管理和足球文化建设等方面下功夫。

发展校园足球，既具有基础性和长期性，又具有时代性和紧迫性。江苏省教育厅将继续贯彻落实党中央、国务院、教育部和江苏省委省政府关于发展校园足球的决策部署，开创新时代江苏校园足球高质量内涵发展之路。

浙江省青少年校园足球发展报告

加快发展青少年校园足球是贯彻党的教育方针、落实教育立德树人根本任务、促进青少年身心健康的战略举措，是深化教育改革的重要着力点，是推进素质教育的重要突破口，是夯实足球人才根基、提高足球发展水平和成就中国足球梦想的基础性工程。浙江省高度重视青少年校园足球，认真落实教育部等6部门《关于加快发展青少年校园足球的实施意见》，以培养学生对足球的兴趣爱好、提升学生足球运动技能和体质健康水平为目标，加强组织领导和顶层设计，注重内涵发展和机制创新。全省青少年校园足球运动蓬勃发展并取得阶段性成果，为在新时代有效促进校园足球整体水平提高奠定了基础。

一、主要做法

（一）完善工作机构，强化组织领导

2015年2月，由浙江省教育厅牵头调整成立全省校园足球工作领导小组，浙江省发改委、浙江省财政厅、浙江省广播电视局、浙江省体育局、团省委等成员单位共同参与。2015年12月，浙江省教育厅等6部门印发《关于加快发展青少年校园足球的实施意见》的通知，进一步加强青少年校园足球工作。2017年3月，浙江省发改委、浙江省体育局、浙江省教育厅、浙江省足球改革发展联席会议办公室联合印发《浙江省足球中长期发展规划（2016—2050年）》和《浙江省足球场地设施建设规划（2016—2020年）》，系统规划了浙江省青少年校园足球的发展路径。2017年6月，浙江省政府制定下发了《关于推进足球改革的发展意见》（浙政办发〔2017〕49号）；8月，又下发了《关于强化学校体育促进学生身心健康全面发展的实施意见》

（浙政办发〔2017〕95 号），进一步明确了浙江省校园足球发展目标、实施要求与主要措施，夯实了校园足球工作的政策基础。

（二）建设特色学校，提高普及水平

积极做好全国及省级青少年校园足球特色学校和试点县的遴选和建设工作。从 2016 年开始，每年对校园足球特色学校建设情况进行督查与复核。截至 2018 年底，浙江省省已有 666 所全国校园足球特色学校、5 个全国校园足球试点县（西湖区、义乌市、苍南县、鄞州区、柯桥区）、2 个全国青少年校园足球"满天星"训练营（西湖区、义乌市）；610 所省级青少年校园足球特色学校和 16 个省级试点县（区），已有 4 个高校建有高水平足球队。到 2020 年，争取全省建设 1000 所校园足球特色学校、8 支高校高水平学生足球队、100 个高校学生足球俱乐部，以点带面推动校园足球普及。

（三）深化教学改革，实施足球课程

各级各类学校把足球列入体育课教学内容，明确校园足球特色学校每周必须开设 1 节足球课；推进足球课程教学模式多样化，满足学生学习发展足球技能的需要。出版《浙江省义务教育体育与健康课程指导纲要》，具体明确足球教学的标准和要求。温州、舟山、台州等地还探索将足球纳入中考体育选项，激励学生参与并长期坚持足球运动。义务教育阶段，学校全面开设体艺拓展性课程，普通高中深化课程改革，校园足球进入校本教材，已经成为各校园足球特色学校建设的重要抓手。

（四）面向全体学生，开展校足联赛

积极开展全省学生校园足球联赛，已成功举办 9 届全省中小学生校园足球联赛，正逐步形成小学、初中、高中、大学的校园足球四级联赛制度，并探索开展适合幼儿特点的足球活动。校园足球每赛季省、市级联赛的比赛场次达 3000 场以上，参赛学校 500 所以上，参赛球队 500 支以上，参赛人数近 5000 人，嘉年华参与人数 2 万人以上。同时，全省各级各类学校广泛开展班级与班级、年级与年级、学校与学校、区县与区县、城市与城市的比赛，直接参与惠及学生 50 余万人，真正体现了活动面向全体学校学生。

（五）加强教体结合，畅通成长渠道

在全省设立校园足球精英训练营，聘请专业足球教练员对参训球员进行全面辅导，其中男子训练营设在杭州绿城足球俱乐部，女子训练营设在桐庐女子足球基地，截至 2018 年底，已累计培训 223 人，有 20 余名小运动员被选送到国家级的训练营重点考察，有 2 名正式入选国家少年队。积极组织参加全国校园足球比赛、训练营和培训，2018 年，浙江省组织测试遴选 206 人入选最佳阵容，同时组织参加全国青少年校园足球各组别的夏令营活动。推进高中招生改革，明确经省级教育行政部门同意，有条件的学校可跨设区市招收足球等体育特长生，搭建足球人才成长通道，2018 年已在杭州学军中学实施足球项目的试点。

（六）强化条件保障，夯实发展基础

浙江省体育局每年投入 650 万元，专项用于全省校园足球工作的开展（不包括各地足球场地的新建等）；浙江省教育厅每年安排 400 万元用于校园足球联赛。各市、县教育局和学校也分别安排资金，用于保证校园足球的正常开展。浙江省教育厅将足球场地（笼式足球场）建设纳入教育为民办实事项目，2017 年完成笼式足球场建设共 155 个，2018 年继续建设 120 个。到 2020 年，预计规划建设完成笼式足球场 500 个以上，新建、改造各类校园足球场地 830 个。加强校园足球运动伤害风险管理，制订校园足球安全防范制度，实现所有校园足球参赛人员学校保障和校园足球运动伤害保险。

（七）加强队伍建设，促进国际交流合作

加强裁判员、教练员和运动员 3 支队伍建设。每年举办有 200 人规模的全省校园足球师资培训。每年选派 300 余名特色学校校长、教师、教练员、裁判员参加全国青少年校园足球专项培训，选派 10 余名足球教师赴英国、法国留学。每年有 10 余名学生入选全国小学、初中、高中各组别的最佳阵容，并赴国外培训。进一步加强对外交流，教育部每年给浙江省中小学

校派遣 3~4 名外籍教练，杭州、宁波、温州等地多渠道与国内外俱乐部开展合作，自主聘请外籍球员教练到学校上课；义乌在区域层面建立合作体系，长期聘请外籍教练在本地学校执教，并积极筹划"一带一路"国家青少年足球邀请赛；滨江区政府与黄龙体育中心签署战略合作协议，由黄龙绿鹰足球俱乐部给区内每所校园足球定点学校统一配备 1 名外教和 1 名中教。加强与主流媒体合作，广泛宣传报道浙江校园足球的做法、经验和活动，形成全社会共同关心支持青少年校园足球的良好氛围。

二、下一步工作

当前，浙江省校园足球工作机遇与压力并存。下一步，根据教育部校园足球工作部署与要求，结合浙江省实际，主要抓好以下工作。

（一）加强对校园足球的组织领导

加大校园足球工作力度，承担全国青少年校园足球改革试验区改革试点任务，持续做好校园足球特色学校、试点县（市、区）遴选建设工作。进一步发挥全省校园足球工作领导小组办公室统筹协调职能，谋划校园足球改革发展新思路、新举措，扎实有效推动校园足球改革发展。

（二）深入实施全省足球特色学校建设项目

浙江省政府将青少年校园足球列为浙江省"十三五"重点建设项目，巩固建设 1000 余所校园足球特色学校，12 个校园足球试点县，8 支高水平学生足球队，100 个高校学生足球俱乐部，组织 100 万名学生参加省、市、县、校四级校园足球联赛，开展 1000 名足球教师专业技能培训。

（三）打牢校园足球的教学根基

继续深化学校体育改革，强化足球课程教学，通过体育课、拓展性课程、选修课、高校俱乐部制改革等构建循序渐进、科学衔接的校园足球课程体系。鼓励有条件的学校建立校园足球课外训练制度，推动建立班级、年级、校级足球队，形成校园足球教学、竞赛互促机制。建立完善校园足球安全保障机制，提升校园足球安全保障水平，解除学生、家长和学校的后顾之忧。

（四）建立校园足球"一条龙"人才培养机制

稳定联赛机制，广泛、积极地开展校园足球联赛，形成一所大学带上几所高中、一所高水平高中带动几所初中、一所高水平初中带动几所小学、一所高水平小学带动几所幼儿园的校园足球培养体系"一条龙"模式，使校园足球形成良性的训练链。此外，推进"满天星"校园足球训练基地建设，在区域内做实教学训练竞赛体系，探索开辟优秀足球竞技人才成长新通道。继续深入研究和完善小学、初中、高中和大学的招生考试政策，激励学生长期积极参加足球训练和竞赛活动。探索建立与社会相衔接的人才输送渠道，拓宽校园足球学生运动员进入省级足球后备人才梯队和足球职业俱乐部的通道。积极创造条件成立高校足球高水平运动队，吸纳足球特长生入队。

（五）大力推进校园足球队伍建设和国际合作

加快在高校培养各类足球专业人才队伍，在学校配备专业教师，探索制订鼓励退役足球运动员从事足球工作政策措施，建立一支稳定的、高素质的校园足球工作队伍，让学生真正享受到高品质的校园足球。采取走出去与引进来相结合的办法，省级每年组织足球教师、学生开展校园足球专项培训，同时聘请外籍教练到浙江省内开展校园足球培训。

（六）形成校园足球科学发展的长效机制

充分利用当前地方各级党委和政府、有关部门、相关社会组织、媒体和企业积极支持、参与校园足球发展的良好环境，进一步凝聚各方力量，整合各方面社会资源，从足球场地设施建设、人员配备、资金投入、宣传推广、安全保险等方面加大校园足球发展综合保障体系建设。着力完善校园足球工作评价机制，加大督促检查力度，浙江省校园足球工作领导小组定期对各市校园足球工作进行督查，引导各地各学校抓实抓细校园足球工作，大力提高学生体质健康水平。

今后，我们将继续深入学习贯彻落实党的十九大精神和习近平新时代中国特色社会主义思想，贯彻落实习近平总书记关于教育、体育工作，特别是校园足球改革发展的系列重要讲话和指示精神，切实增强工作紧迫感和责任感，把校园足球、学校体育作为立德树人的重要载体，充分发挥好学校体育综合育人的功能和价值，全面推动青少年校园足球，努力提升学生综合素质和体质健康水平，为"两个一百年"奋斗目标和中华民族伟大复兴中国梦培养德智体美全面发展的建设者和接班人做出更大的贡献。

安徽省青少年校园足球发展报告

2018 年，安徽省按照党和国家的决策部署，在教育部的关心指导下，加快发展校园足球，在以下几方面取得了阶段性成果。

一、制度建设再提速

在前几年制度建设的基础上，我们根据校园足球工作发展需要，研究制定了《安徽省校园足球特色学校绩效考核评价方案（试行）》，从规范化、制度化、科学化的角度对校园足球特色学校进行评价；印发了《安徽省校园足球夏令营活动方案》，使校园足球夏令营从单纯的代表队比赛，发展成为代表队比赛、爱国主义教育、教练员培训、运动员测试 4 大内容的综合性学生足球活动；出台了《安徽省校园足球最佳阵容评选办法》，率先采用量化考核的办法评选足球最佳阵容运动员，避免了主观评判可能导致的不公平、不公正问题，避免了人为干扰，为全面提高校园足球运动水平、推动校园足球健康可持续发展奠定了制度基础。

二、组织建设再完善

为紧跟国内外校园足球发展趋势，我们成立了安徽省校园足球专家委员会；进行了校园足球改革与发展、足球青训体系建设、足球人才培养规律等方面的多学科研究；召开了有国内外足球项目专家、学者参加的"一带一路"校园足球发展国际论坛，并受到广泛好评。我们还成立了有大、中、小学及企事业单位参加的安徽省校园足球协会，并将此作为承担全省校园足球发展事务性工作的平台。

三、基地建设再突破

经过不懈努力，在前几年建设 3 所足球学院、一批校园足球特色学校和校园足球试点县区建设的基础上，2018 年，安徽省又有 213 所学校被教育部命名为全国校园足球特色学校，1 个县区被教育部认定为全国校园足球试点县区。皖西学院在调研基础上，设立了皖西学院足球学院，安庆师范大学设立了校园足球发展研究中心等。截至 2018 年底，安徽省共拥有 4 所足球学院、1116 所全国校园足球特色学校、4 个全国校园足球试点县区。2018 年，安徽省合肥市、芜湖市获批建设全国校园足球"满天星"训练营，芜湖市、蚌埠市被教育部批准为全国校园足球改革试验区。安徽省各类校园足球基地建设的数量在各省市中居于领先位次。

四、训练比赛再丰富

安徽省已建成了省、市、县、学校四级联赛的校园足球竞赛体系。2018 年，全省参加各类校园足球比赛的大、中、小学生达 50 多万人次。我们还组织了中小学校园足球夏令营，1000 多名中小学师生参加营区活动。此外，各类区域性的校园足球友谊赛、邀请赛也渐成规模，如安徽省青少年城市足球联赛、合肥市经开区组织的 4 省区城市小学校园足球邀请赛、合肥地区高校组织的皖中片高校足球邀请赛、安徽师范大学组织的全省普通高校青年教师足球邀请赛，以及合肥等地开展的幼儿趣味足球比赛等，对营造校园足球发展氛围、培训校园足球人才、推动校园足球发展起到了很好的引领和示范作用。

五、教师素质再提高

2018 年，我们组织了 10 个项目的裁判员培训。其中，有 200 名裁判员参加足球项目培训；选派 1000 多名教师和 200 多名中小学校长分别参加各类校园足球骨干教师培训、教练员培训；5 名足球教师通过教育部组织的遴选到英国进行为期 3 个月的留学培训。合肥市组织外籍足球教师到各县区和中小学校巡回讲课，进行流动培训。通过教育部校园足球外籍教师支持计划，安徽省选聘了 3 名外籍足球教师，分别被安排在合肥市、铜陵市从事校园足球教学工作。安徽师范大学、淮北师范大学、合肥师范学院 3 所足球学院聘请外籍足球教练对体育教育专业的学生进行教学和培训。除了国家级、省级培训外，各地各学校组织开展了校园足球教师的专项培训。通过各种层次、各种形式的培训，安徽省足球教师的教学水平和业务素质有了一定的提高。

此外，在做好校园足球发展相关工作的同时，部分高校利用人才优势和专业优势，开展社会服务工作。安徽农业大学在社会爱心人士的帮助下，建立了由自闭症儿童组成的星之梦足球队。大学生志愿者们在教师的带领下，结对帮助这些自闭症儿童学习足球技术，组织他们训练和比赛，加快他们与社会的融合。淮北师范大学发挥人才资源优势，安排足球专项教师到宿松县曹湖初中支教，帮助该校提高足球教育教学水平，同时邀请该校的骨干教师或学校管理人员到淮北师范大学足球学院进行专业培训，并给学校捐赠了价值 1 万元的足球装备等。

虽然，安徽省校园足球工作在各方面已得到一定的发展，但仍存在着发展不平衡等问题。下一步，我们将认真学习贯彻落实全国教育大会精神，按照"抓重点、补短板、强弱项"的原则，继续在强化行政推动、完善激励机制、打造品牌赛事、营造舆论氛围等方面下功夫，为加快校园足球事业发展做出我们应有的贡献。

福建省青少年校园足球发展报告

根据教育部、国家体育总局《关于进一步加强学校体育工作，切实提高学生健康素质的意见》及教育部等 6 部门《关于加快发展青少年校园足球的实施意见》等有关精神，扎实推进福建省青少年校园足球工作全面开展，把青少年校园足球作为推进素质教育、引领学校体育改革创新的基础性工程和重要突破口，从足球教学、足球竞赛、保障体系建设 3 方面入手，加快发展青少年校园足球，努力实现培养健全人格、掌握运动技能、奠定人才基础的发展目标。

一、目前已取得的成效

根据中共中央、福建省委部署和要求，立足福建省实际情况，经过教育部门及各中小学校的共同努力，福建省青少年校园足球建设工作积极推进，取得了一些成效。

（一）稳步推进特色学校创建工作

福建省全面推进校园足球特色学校的创建。截至 2018 年底，创建厦门市全国校园足球试验区 1 个，厦门市、晋江市 2 个青少年校园足球"满天星"训练营，霞浦县、南安市、福清市和晋江市 4 个全国校园足球试点县（市、区），福州仓山区、泉州鲤城区、宁德福鼎市、三明梅列区、莆田秀屿区、龙岩新罗区 6 个省级校园足球试点县（市、区）。762 所全国校园足球特色学校，795 所省级校园足球特色学校，62 所校园足球特色学校确认为示范学校。通过校园足球特色学校和示范学校的布点和遴选带动、辐射全省中小学校校园足球的开展和普及。

（二）以四级联赛为抓手，规范赛事机制

建立小学、初中、高中、大学和校、区（县）、市、省级四级联赛体系，规范比赛模式。各地市小学阶段举办5人制比赛，初中8人制比赛、高中11人制比赛，大学生为福建省内常规联赛。形成纵向贯通、横向衔接和规范有序的四级青少年校园足球联赛机制。2018年，全省共近900支球队，10000余名运动员参加市级校园足球联赛；共有5250场比赛，其中，小学5人制比赛3290场、中学8人制比赛1482场，高中11人制比赛478场；96支球队，1634名运动员参加省级校园足球联赛，共进行186场比赛。

（三）强化师资培训，提高教学质量

继续做好全省青少年校园足球体育教师培训工作，针对2017年获得全国青少年校园足球特色学校单位组织足球教师进行专项培训。同时，在青少年校园足球省级联赛、夏令营活动期间举办足球教练员培训，强化教练业务水平。有条件的地市、学校组织相关人员参加教育部及北京体育大学、武汉体育学院等高校组织的校园足球培训班学习。

严格落实全省校园足球特色学校每周开设1节足球课、每年举办校园足球节活动，普通学校每学期开设10课时左右的足球课程。在确保开足足球课的同时，福建省教育厅组织相关专家编写《校园足球教师指导用书》（中、小学版）和《福建省校园足球特色学校培训班教案集》，使课堂教学规范化得到保证。

2018年5月，印发了《福建省义务教育"体育与健康"课程教学指导意见（试行）》，指导意见明确各水平阶段足球课学习内容及要求。改革福建省初中毕业升学体育考试，明确足球列入考试项目。

（四）改善基础设施，加强校园足球保障力度

力促省、市、县级政府加大教育投入，加大办学条件改善的力度，在建设学校教学用房的同时，同步建设学校运动场，添置大量的体育设备和器材。"青少年校园足球场地新建改扩建工程"列入2018年福建省委省

政府为民办实事项目，省级投入 1.56 亿元，计划新建改扩建青少年校园足球场地至少 219 块。

（五）"请进来、走出去"，开阔眼界朝前看

在教育部支持下，6 名足球骨干教师通过国家选拔测试获得赴英国、法国培训机会。承接亚洲大体联足球亚洲杯，共有海内外 23 支球队参赛；举办厦门国际青少年校园足球邀请赛；"人教杯"全国校园足球邀请赛。打破传统职业队、专业队参加 U 系列比赛惯例，以厦门二中为代表，以校园足球身份参加全国青超 U15、U17 赛事，实现真正意义上的"教体结合"。

（六）先行先试，推动信息化科技化

福建省教育厅与厦门简极科技公司合作，以互联网＋大数据的手段，探索建立校园足球大数据平台，对教学、训练、比赛数据进行统一管理与应用，辅助了解区域校园足球发展水平，并为未来规划提供科学的数据依据。在竞赛中，福建省青少年校园足球联赛、最佳阵容遴选均使用智能设备采集数据，力求在选拔人才方面更加科学、合理。以厦门市湖里区为例，通过足球赛事管理系统抽样采集了 2016 年区中小学足球锦标赛 94 场比赛，总共产生 141000 项数据，场均采集数据量达 1500 项，所采集的足球数据涵盖 40 多项个人数据和 60 多项球队数据，使湖里区建立了全国首个区级规模的足球苗子库，并进行多种维度的综合分析和长期跟踪。

（七）齐抓共管，多方联动促发展

省青少年校园足球工作领导小组由福建省教育厅、发改委、财政厅、体育局、新闻出版广电局、团省委 6 部门组成。6 部门通力合作，协同推进，特别是在场地规划和经费方面，发改委、财政厅给予大力支持。运动员等级制度方面，与足球协会形成共识，首次对新闻出版广电局省青少年夏令营最佳阵容运动员颁发等级证书。在宣传方面，新闻出版广电局、团省委积极响应，做了大量工作。此外，我们联合体育协会、行业组织、社会资源等共同参与推进福建省青少年校园足球工作。

二、存在的问题

福建省校园足球整体发展良好，但也存在一些问题。

（一）专项经费无法保障

2018 年，除为民办实事项目外未下拨专项资金，导致工作连续性无法保障，不能同步教育部要求。

（二）各地区发展不平衡、不充分问题突出

足球运动在学校体育项目中投资大、见效慢，导致各地校园足球发展中或多或少存在不良政绩观，部分主管未能充分认识发展校园足球的意义，造成"好的越好、差的越差"现象出现。

（三）政策红利释放不到位，督导手段缺失

2016 年，福建省政府出台《福建省人民政府办公厅关于强化学校体育促进学生身心健康全面发展的实施意见》（闽政办〔2016〕209 号），文件明确规定：体育教师开展体育教学和足球训练活动要计入工作量。保证体育教师在评优评比、工资待遇、职务评聘等方面享受同等待遇。在此方面，基层学校落实不到位。

（四）底子薄、短板多，一直在补课

福建省在全国属于足球薄弱省份，直到 2017 年才重新建立一支职业球队。在学校体育中，足球不是重点项目，多年积累下来，造成场地少、教师缺、氛围薄的情况。福建省教育厅一直在围绕这些问题着力补短板、赶差距、求发展。

在踏实开展工作的同时也收获了一定的成绩。2018 年获得"谁是球王"——"新时代杯"全国青少年校园足球大赛小学男子组、初中男子组冠军，"人教杯"全国校园足球邀请赛小学男子组、小学女子组冠军，全国青少年校园足球挑战赛初中男子组冠军、中国中学生足球锦标赛高中组亚军。

总体上，在国家利好政策支持、政府统筹、各相关厅局配合、教育部

门全力开展的局面下，福建省校园足球充满生机。特色学校布点工作稳步进行，带动全省中小学校园足球整体发展，校园足球人口大幅提升。四级联赛机制逐渐成熟，校园训练常态化，足球后备人才储备形成体系，校园足球发展条件日趋向好。

江西省青少年校园足球发展报告

2018 年，江西省教育厅坚持以习近平新时代中国特色社会主义思想和党的十九大精神为指导，认真贯彻落实全国教育大会精神，努力把教育部等 6 部门《关于加快发展青少年校园足球的实施意见》（以下简称《意见》）精神落到实处，不断巩固发展成果，创新体制机制，完善发展体系，丰富发展内涵，提升发展质量，继续扎实有效推进青少年校园足球工作，为我国新时代青少年校园足球的发展贡献力量。

一、校园足球工作开展情况

2018 年，江西省共创建全国青少年校园足球特色学校 135 所、全国试点县 1 个、"满天星"训练营 1 个、改革试验区 1 个、创建全省青少年校园足球特色学校 57 所、全省试点县 2 个。截至 2018 年底，全省共创建 784 所全国青少年校园足球特色学校、4 个全国试点县（区）和 1 个"满天星"训练营，创建 142 所全省青少年校园足球特色学校、4 个全省试点县（区）。所有特色校每个班每周至少开设 1 节足球课，每年至少举行 1 次班级联赛，全省每周开设的足球课达 2 万余节，每年校园足球比赛多达 8 万余场次，全省校园足球人口已经突破 100 万人。正如教育部陈宝生部长所说：校园足球的四梁八柱已经搭建完成，校园足球人口初具规模。

（一）加大宣传力度，增强足球意识

随着江西省校园足球工作的不断深入，在各级领导的大力推动下，积极宣传校园足球文化，广泛宣传青少年校园足球的发展理念和育人功能，吸引广大青年少学生参与到足球运动中来。我们通过电视、网络、报纸等平台对教学、训练、比赛、活动等的转播和报道，大力宣传青少年校园足

球发展理念、育人功能，使得教师、学生、家长，乃至全社会对校园足球的认识有了极大提高，足球意识正在逐渐增强。

（二）加强硬件建设，改善足球条件

江西省发改委、体育局、教育厅联合印发了《江西省足球场地设施建设规划（2016—2020 年）》（以下简称《规划》）和《关于推进全省足球场地融合建设的通知》。《规划》中提出，到 2020 年建和改扩建校园足球场地不少于 1600 块。每所足球特色学校和每所高等院校至少建有 1 块以上标准足球场地，每所乡镇以上中、小学校至少建有 1 块基本符合标准的足球场地，其他学校创造条件建设适宜的足球场地。

江西省校园足球硬件建设正在快步跟上，2016—2017 年，在全面改善贫困地区义务教育薄弱学校基本办学条件项目中，江西省用于室外运动场建设的资金为 5.7 亿元，建设室外运动场 419 万平方米；2018 年，全面改善贫困地区义务教育薄弱学校基本办学条件项目还将投入 1.2 亿元，建设 60 多万平方米室外运动场。通过新建、改建、扩建等方法对校园足球场地进行建设，多途径改善校园足球硬件条件，确保江西省青少年学生在足球运动中有"用武之地"，给江西省青少年校园足球工作的顺利推进提供坚强保障。

（三）推进软件建设，增强师资力量

江西省通过教师招聘考试、在职教师培训等办法多途径、多渠道解决足球教师不足的问题。江西省不仅积极参加教育部举办的各类足球教师、教练员和管理人员培训班，认真组织全省校园足球教师、教练员和管理人员培训班，还选拔优秀足球教练员讲师、教练员、教师和运动员出国参加培训，将外国先进技术和方法带回江西省，应用于教学、训练和比赛。与江西省体育局联合开展了 E 级教练员培训并颁发证书，此举在全国开创了省级自主培训、自主颁证、自主使用的模式，极大地解决了校园足球教练员不足的问题。2018 年，江西省参加省培和国培的足球教师和管理人员共计 1500 余人。

江西省财政划拨600万元全省青少年校园足球工作专项经费，为江西省青少年校园足球师资培训、活动开展等提供了有力的经费支持和保障。

自2016年起，江西省教育厅制订了《江西省万名乡村音体美教师培训实施方案》，规划用3年时间为全省乡村（乡镇及以下）每所小学培训合格的音乐、美术、体育教师各1名，共计1万名。其中，体育方面重点培训足球教师。

另外，为了解决师资问题，2018年6月1日，江西省人民政府办公厅印发《关于转发省教育厅等部门江西省高校音体美专业师范生实习支教工作实施方案的通知》（赣府厅字〔2018〕53号）。2018年，江西省全面实施高校音、体、美专业师范生实习支教工作，全省1370名音、体、美专业实习支教生悉数到岗任教，探索出了缓解农村小学音、体、美专职教师紧缺的"江西模式"。

（四）开展星级裁判员培训，增强规则意识，打造校园足球"江西样板"

江西省在全国率先开创性地举办青少年校园足球星级裁判员培训工作。多次组织召开会议，研究部署星级裁判员培训工作安排、教学组织、服装设计、宣誓内容等，召开了全省青少年校园足球星级裁判员培训启动仪式，组织全省足球裁判员专家赴各地市培养了600名星级裁判员讲师。2017年，共培训了3000名合格的青少年校园足球星级裁判员，并举行了江西省青少年校园足球星级裁判员证书颁发⊠宣誓⊠服装捐赠仪式。

为青少年校园足球的班级联赛、校级联赛提供了裁判保障，增强了青少年学生的规则意识和公平、公正思想。2018年，江西省继续开展青少年校园足球星级裁判员培训工作，面向2016年、2017年校园足球特色学校，有针对性地培养校园足球班级联赛的合格裁判员，确保校园足球班级联赛的顺利进行。2018年，共培训星级裁判员1380人，其中，教师裁判员500人，学生裁判员880人。

（五）体系建设日趋完善，立体模式已经呈现

足球特色学校不仅发挥足球教学作用，给青少年学生传授基本足球技术和知识，培养足球运动兴趣，通过课外体育锻炼开展校园足球的训练，还建立班级足球队伍，组织班级联赛。通过多年的努力，我们初步建成了小学、初中、高中、大学四级联赛的竞赛体系，从校级、县级、市级、省级四级分级进行，全省青少年校园足球竞赛呈现千帆竞发的景象。全省784 所全国青少年校园足球特色校和 142 所全省青少年校园足球特色校均开展了校级联赛，班级组队参赛，年级之间比赛，还有不少非特色校也组织了校内的班级和年级足球比赛。学校在校内联赛的基础上，选拔队员组成校队，参加县级、市级、省级比赛，通过体验比赛中团队的合作竞赛，以及亲身经历比赛过程中胜利和失败，锻炼团结协作的能力和顽强拼搏的意志品质。据不完全统计，全省每年举办校园足球比赛多达 8 万场次。

2018 年，经教育部批准，九江市浔阳区建设了全国校园足球"满天星"训练营，对校园足球体系中的训练环节进行强化，形成"教学—训练—比赛"一体化立体式校园足球工作模式。

通过教学、训练、比赛，江西省青少年校园足球水平在逐步提高。2018 年 8 月份结束的全国青少年校园足球联赛大学生足球赛总决赛中南昌工学院获得亚军，这也是江西省校园足球工作的最好成绩。

（六）各类活动丰富多彩，足球育人功能初显

江西省以青少年校园足球夏令营为中心，开展了一系列丰富多彩的校园足球活动，通过活动不仅提高学生的足球技能，更重要的是站在立德树人的高度，磨炼青少年学生顽强拼搏的意志品质和团结协作的能力，培养学生的爱国主义精神，彰显足球运动的育人功能。

小学营区共 550 人、初中营区 479 人、高中营区 273 人，总计 1302 人参加省级夏令营活动。活动共选拔出全省最佳阵容 199 人，全省最佳阵容全部参加了全国校足办组织的第八营区活动，最终共有 65 人入选第八营区最佳阵容，并全部参加全国总营的活动。其中，小学组 27 人，初中组 27 人，高中组 11 人。在总营活动中，共入选全国最佳阵容 14 人，其中，小学组 2 人，初中组 8 人，高中组 4 人。

此外，江西省还举办了校园足球嘉年华、追梦足球女孩、"谁是球王"等一系列丰富多彩的活动。

通过教学、训练、比赛、活动等一系列行之有效的方法，让足球运动在学校开展得有声有色，既让学生踢好球，又让学生读好书、做好人，通过足球运动有效促进体育、德育、智育和美育的全面发展。江西省九江一中的足球队队长夺得全省的理科状元并考取北京大学就是一个很好的例子。

江西省的校园足球工作在全国属于启动最早的一批省份，通过4年的努力，我们取得了一些成绩，实现了一些突破，但是，我们也清醒地看到存在的差距、困难和不足。由于江西省经济发展水平较低，办学条件不足，江西省学校体育工作特别是校园足球工作与国家的要求、群众的期盼还有差距。截至2018年底，存在一些亟待解决的困难和问题，如编制少、经费紧、场地设施不能满足需要等困难，都需要我们努力去克服和解决。

二、下一步工作打算

今后，我们将继续深入贯彻落实教育部等6部门《关于加快发展青少年校园足球的实施意见》、按照江西省教育厅等6部门《关于加快发展青少年校园足球的实施意见》，从以下几个方面继续做好全省校园足球工作。

（一）继续抓好普及，做大足球学生人口基数

根据教育部工作安排，到2025年，江西省的青少年校园足球特色学校将达到1350所。确保全国和全省青少年校园足球特色校每周至少开1节足球课，开展班级联赛，预计全年联赛将达到10余万场次，切实推动足球运动的教学、训练和竞赛，做大足球学生人口基数。

（二）继续加强保障，做足师资力量强化工作

足球师资力量是足球运动发展的关键，国家在师资培训方面的力度越来越大，我们应跟上步伐，加大足球师资培训力度，开展足球教师、教练员、裁判员和管理人员等培训工作，计划江西省2019年校园足球培训人数可达3000人次，江西省教育厅将积极对接国培，做好省培，提前计划，

周密安排，加强校园足球的师资保障，确保江西省校园足球工作顺利开展。

（三）继续加大投入，做强校园足球硬件建设

想方设法推动校园足球场地、器材、设备的配备工作，充分利用薄改等项目进行校园足球场地建设，督促地方政府加大投入新建和改造学校足球场地，添置足球器材和设备。

（四）继续保持浓厚氛围，做好足球文化深层交流

组织人员到校园足球开展较好的兄弟省市观摩学习，组织教师、教练员观摩外籍教师教学，学习外省、外国的先进经验。积极推进足球文化交流，加大宣传力度，使足球运动人人皆知，深入人心。

（五）继续完善制度，做优校园足球体制机制

深入开展调研，结合江西省实际，建立青少年足球特色学校足球教学制度，完善足球教师教学和训练激励机制、青少年校园足球人才培养和升学制度、校园足球联赛制度等，从制度机制上保障江西省青少年校园足球工作。

（六）继续做好星级裁判员培训工作

2019 年，江西省将继续做好青少年校园足球星级裁判员的培训工作。将由各设区市和校园足球试点县（区）对 2018 年的全国青少年校园足球特色学校的师生进行培训，计划培训人数为 1350 人。今后每年的校园足球特色学校，我们都将开展星级裁判员的培训，让星级裁判员培训的工作推动校园足球的开展，让规则意识在青少年学生的心中扎根。

山东省青少年校园足球发展报告

近年来，山东省委省政府高度重视青少年校园足球工作，认真贯彻落实习近平总书记关于中国足球改革发展的重要指示精神，完善体制，加大投入，多措并举，积极推动全省青少年校园足球运动健康发展。

一、健全管理体制

经报山东省政府批准，2015年底，由山东省教育厅牵头成立山东省青少年校园足球工作领导小组，由山东省教育厅主要负责人担任领导小组组长，成员包括教育、体育、发改、财政、宣传、共青团等各部门分管领导，统一组织领导全省青少年校园足球工作，履行校园足球工作的宏观指导、统筹协调、综合管理等职责。制定下发了《山东省青少年校园足球工作领导小组工作职责及议事规则》，逐步形成齐抓共管、各司其职、密切协助的工作格局。领导小组下设办公室，与体卫艺处合署办公，统筹管理全省校园足球工作。依托山东体育学院成立山东省校园足球发展研究中心，负责全省校园足球教练员培训工作。依托山东省学校体育协会和山东省足球运动管理中心，每年举办1届"体彩杯"全省大中小学足球联赛。依托齐鲁工业大学成立山东省校园足球协会，协助做好全省校园足球夏令营活动开展和全国校园足球夏令营入营队员选拔工作。

二、明确目标任务

山东省政府办公厅印发《山东省足球改革发展实施方案》，确定了山东省校园足球改革发展的近、中、远3期目标任务。一是努力完善学校足球场地设施，加强足球师资队伍建设，着力扩大校园足球覆盖面，增加学校足球人口。二是各级各类学校要把足球列入体育课教学内容,积极推进足球教学模式多样化。鼓励有条件的学校开展以足球为特色的"一校一品"体育教学改革。三是到 2020 年,在全省高校、高中、初中、小学中分别重点打造 20 所、100 所、400 所、1000 所足球特色项目学校,经常参加足球活动的学生达到 230 万人以上。四是发挥高校对校园足球的辐射和引领作用,加强高校足球运动队建设,逐步增加高校高水平足球运动队数量,适度扩大招生规模。到 2020 年,所有省属高等学校都要成立足球队。

三、建立经费保障机制

山东省财政设立山东省校园足球发展专项资金,每年安排专项经费 2000 万元,支持全省校园足球训练、比赛和培训活动。截至 2018 年底,已累计安排校园足球发展专项经费 6000 万元。各市将校园足球活动经费列入年度预算,支持校园足球运动健康发展。

四、夯实发展基础

(一)积极推进足球场地建设

近年来,山东省抓住农村义务教育阶段薄弱学校改造和解决城镇中小学"大班额"问题的历史机遇,积极推进中小学足球运动场地和配套设施建设进度。截至 2018 年底,全省建设 5 人制足球场地 3917 块、7 人制足球场地 3784 块、11 人制足球场地 1971 块。

(二)加强足球师资队伍建设

2018 年,全省中小学新增足球教师 500 余人,培训"学转英超"足球教练员和中国足协 D 级教练员 304 人。

(三)扩大校园足球人口基数

2018 年,新增全国青少年校园足球特色学校 327 所,全国青少年校园足球特色学校达到 1318 所。全省新增校园足球改革试验区 1 个,全国校园足球改革试验区达到 3 个。全省各级学校足球队运动员达 61.47 万人,其中,大学 3723 人、中学 21.64 万人、小学 39.46 万人。

五、强化足球教学

改革大中小学体育教学，打破行政班级，实行走班上课，开展运动项目教学，为喜欢足球运动的青少年提供更多的踢球机会。严格全国青少年校园足球特色学校考核，确保全体学生每周至少上 1 次足球课，至少参加 1 次班级足球比赛。开展国际合作，与意大利对华友好协会联合开展启动"共享足球教练员"项目，引入意大利足球外教来山东省短期执教。

六、构建青训体系

为改善全省校园足球训练条件，提高训练质量，自 2016 年起，山东省教育厅在全省 17 个市设立 18 个市级训练营和 2 个省级训练营，利用寒暑假和节假日集中开展青少年足球训练、比赛和师资培训。各市训练营按照参训学生比例选拔优秀运动员参加省级训练营集训和比赛。全省每年有 6000 余名学生、300 余名教师在各训练营接受训练和培训。

七、完善竞赛体系

在继续办好"体彩杯"校、县、市、省四级联赛的基础上，构建足球精英人才选拔与培养体系。2018 年，新增山东省全国青少年校园足球特色学校足球联赛，为优秀足球运动员颁发国家二级运动员等级证书。全省每年参与足球比赛的学生总数达 140 万人次。

各市、县（市、区）结合本地实际，均定期举办包括"校长杯""县长杯""市长杯"和"谁是球王""我爱足球"等丰富多样的青少年足球赛事活动。

八、畅通人才成长通道

（一）支持重点高中学校招收足球运动尖子学生

青岛、枣庄、莱芜等市出台校园足球后备人才招生办法，支持全国青少年校园足球特色学校每年拿出一定比例的招生计划专门招收足球运动特长学生。

（二）为具有足球运动天赋的学生提供顺利升入大学的机会

山东体育学院建立国家足球学院，每年面向全国招收足球专业学生。在山东大学等 10 所高校设立足球高水平运动队，面向全省招收高水平足球运动员。每年有 7 所普通高校招收足球教育专业学生。2018 年，全省高校招收足球专业学生 1136 人，选修足球专业学生 16.71 万人。

九、构建长效机制

改革体育中考办法，把运动特长测试计入中考体育成绩，用考试的指挥棒引导更多的学生踢足球；要求具有高水平运动队和体育单独招生资格的高校全部组建高水平足球运动队，进行常年专业运动训练，参加全省高校足球联赛；建立体育传统项目学校、全国青少年校园足球特色学校和高水平运动队，建设高校淘汰机制，倒逼校园足球运动持续健康发展。

经过各级党委政府和各级各类学校的共同努力，山东省校园足球工作取得了较好成绩。在 2018 年中国中学生足球协会杯比赛中，郯城一中女子足球队获高中女子组冠军，淄博十七中男子足球队获高中男子组第 4 名，淄博实验中学男子足球队获得高中男子组比赛第 8 名。郯城一中女子足球队获得 2018 年全国青少年校园足球联赛总决赛高中女子组冠军。有 150 名中小学生入选全国校园足球夏令营，有 37 名中小学生入选全国最佳阵容。

2019 年，山东省在继续做好上述工作的基础上，将重点探索建立校园足球精英人才培养体系，推动全省 17 个市依托具有良好社会声誉的省级规范化全日制寄宿制普通高中，建立 1~2 所足球中学，面向全市招收具有足球运动特长的学生，通过文化课学习与足球运动的紧密融合，培养既具有较高文化素养又具有较高足球技术水平的足球精英人才。

河南省青少年校园足球发展报告

2014 年 11 月 26 日，国家教育体制改革领导小组在北京召开全国青少年校园足球工作电视电话会议，标志着校园足球进入了一个新的发展阶段。之后，《中国足球改革发展总体方案》、教育部等 6 部门《关于加快发展青少年校园足球的实施意见》及 4 部门制定的《中国足球中长期发展规划》相继出台，这些都为校园足球工作指明了方向，校园足球进入了快速发展通道。4 年来，河南省积极行动，认真谋划，多措并举，强力推进，校园足球工作开展得扎实有效，取得了明显进展与成效。教育部体卫艺司司长、全国校园足球办公室主任王登峰在督察河南省校园足球工作时给予了高度评价，指出河南省校园足球工作走在了全国前列。

一、工作开展情况

（一）领导高度重视，部门积极联动

校园足球工作启动以来，河南省委、省政府以及相关部门高度重视。2018 年 4 月 11 日，河南省霍金花副省长在召开校园足球专题会上，充分肯定了河南省校园足球工作几年来取得的成效，并明确要求，一要在做大做强青少年校园足球人口上下功夫，继续努力扎实开展校园足球工作；二要与体育部门做好配合，在全省足球事业中统筹规划好校园足球工作。2018 年 11 月 9 日，在郑州市金水区召开了全省校园足球工作推进会，进一步加大全省校园足球工作力度。河南省教育、发展改革、财政、体育、新闻广电、团省委等部门加强合作、密切配合，推动河南省校园足球工作健康持续发展。

（二）健全领导体制，理顺运行机制

按照国家统一部署，2015年4月2日河南省成立了6部门共同参加的河南省青少年校园足球工作领导小组。河南省教育厅厅长担任组长，各部门分管领导担任副组长。设立了领导小组办公室，河南省教育厅体卫艺处处长担任办公室主任。同时，组建了河南省校园足球专家指导委员会，负责全省校园足球业务工作的指导。制定印发了《河南省校园足球管理机构和职责任务及议事规则》。河南省校足办设在黄河科技学院，负责全省校园足球工作的日常运转。河南省校足办设置了培训、教研、竞赛、宣传、外联、综合等6个部门，部门间分工合作，完成领导小组确定的工作计划及任务。河南省校足办建立了每月1次的办公会议制度，对校园足球各项工作进行专题研究、安排和组织实施。

全省各地按照统一要求，建立了校园足球领导小组及其办公室，基本建立起省、市、县（区）上下衔接的组织管理体系，确保校园足球工作推进顺畅。

（三）构建管理规范，形成管理体系

2015年3月24日，河南省教育厅正式下发了《河南省校园足球行动计划》，紧接着召开了全省校园足球推进会，标志着河南省校园足球正式启动。之后相继出台了6部门《关于加快发展河南省校园足球的实施办法》《河南省校园足球特色学校基本要求》《河南省校园足球特色学校专项检查办法》《河南省校园足球竞赛管理办法》等文件，使校园足球工作有了基本管理规范。截至2018年底，河南省教育厅共印、转发了160余个校园足球相关文件。

（四）突出育人为本，明确发展理念

2013年是校园足球实验阶段，河南省根据教育发展、体育发展和校园足球发展规律，研究提出了"育人为本、重在普及，面向全体、人人参与，夯实基础、逐步提升"的校园足球发展理念。指导、引领全省各地教育部门和学校要充分发挥校园足球的育人功能，即强身健体、掌握技能、塑造

品格，使校园足球在青少年学生成长过程中发挥出切实有效的作用。同时，明确搞好校园足球必须沉下心来，踏踏实实搞普及，认认真真抓落实，以久久为功、功成不必在我的决心，长期坚持。这样不仅能抓好校园足球普及、扩大足球人口，也必将为提升我国足球竞技水平、实现中国足球梦想做出不可替代的贡献。

（五）强化各类培训，提升管理水平

开展校园足球工作，一是要使所有参与校园足球工作的管理者、执行者树立正确的理念，掌握科学合理的方法才能事半功倍。为此，河南省率先成立了讲师培训团，建立了1支专业化教师培训团队，承担起全省校园足球培训任务。二是构建切合实际的培训课程内容，有针对性地解决校长的理念问题和指导教师的专业能力缺失问题。三是充分发挥师范院校的带动作用，在全省建立东、西、南、北、中5个培训基地，构建起覆盖全省的校园足球培训网络。2015年以来，河南省完成了近万人的教育行政管理、校长、教研员、指导教师和裁判员的省级培训，为校园足球有效推进打下了人力基础。

（六）搭建竞赛平台，完善竞赛体系

作为全国最早开展校园足球四级联赛的省份之一，河南省已建立起小学、初中、高中、大学及"校长杯""区（县）长杯""市长杯""省长杯"2个层面的四级联赛。校园足球特色学校逐步形成了班班有球队、校校有联赛、人人都参与的校园足球氛围。2018年7月举办的第四届河南省"省长杯"校园足球暨河南省传统体育足球锦标赛来自18个省辖市和省直管县的128支中小学代表队和30多支大学生代表队，近3000人参赛，是河南省校园足球历史上规模最大、参与面最广的足球盛会。继2017年全国中学生足协杯比赛河南省实验中学获得高中组和初中组双冠军；2018年初，河南省实验中学蝉联高中组冠军，郑州九中获得高中组第4名，郑州二中获得初中组亚军；2018年10月，在郑州举办的中国高中足球锦标赛，河南省实验中学获得亚军、郑州二中获得第4名、郑州九中获得第5名，为河南省校园足球乃至全省教育系统争得了荣誉。

2018年，在省级夏令营活动基础上，选拔各组别共11支队伍参加全国夏令营活动，在全国夏令营组织的比赛中获得7个组别的第1名，123名学生入选分区最佳阵容，33名学生入选全国最佳阵容。

（七）加大宣传力度，营造良好氛围

为了发挥校园足球的育人功能，推进校园足球的普及，宣传"阳光体育、快乐足球"理念，传播校园足球文化，吸引更多学生广泛参与足球活动。2015年7月起，河南省连续4年举办校园足球夏令营，宣传展示校园足球文化、搭建学习交流平台，培养青少年学生喜爱足球、参与足球的兴趣，此举取得了很好的成效。同时，启动了"校园足球文化大篷车公益巡展活动"，开设了河南省校园足球官方网站及官方微信公共平台，交流宣传全省各地开展的校园足球活动。与《河南日报》签订协议，开设《校园足球之窗》专栏。与河南省影视集团合作拍摄6集校园足球科教片。连续3年举办了"河南省校园足球高峰论坛和颁奖盛典"。通过开展丰富多彩的活动，在全省中小学校园掀起爱足球、踢足球、看足球的校园足球活动热潮。

（八）创建特色学校，夯实发展基础

2018年，全省有1739所中小学被列入全国校园足球特色学校，数量名列全国第1。郑州金水区、新密市，洛阳市涧西区、瀍河区、新安县和漯河市临颍县6个县（区）入围了校园足球特色试点县（区）；郑州市金水区、洛阳市涧西区被教育部认定为2018年校园足球"满天星"训练营；郑州市被命名为全国校园足球改革发展综合试验区。

从2017年，在河南省实验中学、郑州九中、郑州二中设立校园足球实验班，面向全省招收优秀足球后备人才。同年，根据教育部普通高校高水平运动队建设的调整，郑州大学、河南大学、河南理工大学、河南师范大学、河南财经政法大学增设足球招生项目；同时，我们要求具备招生资格的高校体育学院（系）在招生时设置足球专项招生，增大足球专项选修人数，畅通了优秀足球后备人才的升学渠道，解除学生和家长的后顾之忧。

二、校园足球发展中的问题与不足

（一）认识水平仍需提高

长期以来，人们对学校体育的地位和足球运动健身育人价值的认识比较肤浅，尽管中央及有关部门要求加快校园足球发展步伐，但河南省仍有一些地区教育部门和学校领导对加快发展校园足球的意义认识不到位，行动不迅速，投入不充分，在一定程度上影响了校园足球的整体发展进程。

（二）发展不够平衡

由于河南省各地经济发展水平、历史文化积淀等方面的差异，校园足球的发展在河南省区域、城乡、学校、学段之间存在较大差异。整体上看，经济发达地区好于欠发达地区，城市学校好于农村学校。例如，在校园足球发展专项投入方面，郑州市每年投入专项资金几千万元，有的省辖市基本没有专项经费。多数校园足球特色学校的足球场地面积、质量、设施、器材等基本条件有待改善提高。

（三）足球人力资源短缺

截至 2018 年底，全省中小学体育教师队伍中足球专业的教师人数较少，外聘足球教师工作受各种因素制约而进展缓慢。

（四）竞赛活动存在短板

足球竞赛是激励校园足球快速发展的动力，也是检验校园足球发展水平的重要标准之一。从河南省校园足球竞赛的整体情况看，作为最基础层面的学校班级联赛还不够普及，个别地区还存在不经选拔而指派学校参加省级比赛的现象。

三、进一步推动校园足球发展的思路及建议

2018 年初，国务院足球改革发展部际联席会议对过去几年中国足球发展进行了认真梳理和总结，其中要求大力发展青少年足球，明确做大做强足球人口是青少年足球的主责主业。结合河南省校园足球近几年的发展要求，建议做好以下几个方面的工作。

（一）认真学习、深刻领会、坚决贯彻习近平总书记关于校园足球的重要批示精神

从实现"两个一百年"奋斗目标和中华民族伟大复兴中国梦的高度，认识青少年校园足球的重要意义和战略地位，强化问题意识，突出问题导向，对准校园足球发展中的薄弱环节和主要短板，精心筹划有效措施，真抓实干破解矛盾，杜绝校园足球发展过程中的形式主义倾向，推动校园足球实实在在地快速发展。

（二）加强足球特色学校的建设和管理

根据教育部创建校园足球特色学校的工作部署和具体任务，进一步加强河南省校园足球特色学校的创建工作和现有校园足球特色学校的动态管理。指导全国校园足球改革发展综合试验区郑州市、6个国家级校园足球试点县（区）及2个"满天星"训练营落实各项工作要求，不断提升工作成效与水平。

（三）努力提高校园足球教学训练基础能力

把提高校园足球教学训练基础能力作为推动校园足球发展的基础性工程，继续加强校园足球培训工作，完善校园足球培训体系。2019年乃至今后几年，要对各地校足办负责人、校园足球特色学校校长、培训讲师、指导教师、裁判员等各类人员进行不同层次、不同类型的专题培训，不断丰富培训内容，改进培训方法，提高培训质量。

（四）改进完善校园足球四级联赛体系，办好"省长杯"校园足球比赛活动

探索建立以省辖市为单位组队参加"省长杯"比赛的制度，加强对"市长杯"校园足球比赛的督促检查力度，探索建立以互联网为依托的校园足球特色学校班级联赛展示平台。办好校园足球夏令营，选拔优秀足球特长生参加全国夏令营，争取更多队员入选全国最佳阵容。

（五）优化传播平台，加大宣传力度

采用走出去、引进来的办法，积极与《中国教育报》、全国《校园足球》杂志及其他相关媒体加强联系，加大对河南省校园足球的宣传报道力度，营造良好的校园足球舆论氛围。优化河南省校足办官网栏目，设置《权威发布》《政策解读》《专题报道》《师资培训》《人物访谈》《前沿动态》《舆情聚焦》《教学园地》《交流学习》《足球逸事》等栏目，全方位宣传报道河南省校园足球发展态势，吸引社会关注校园足球发展。

（六）建议实施校园足球场地建设工程，为校园足球开展提供基础保障

根据国家发展改革委提出的足球场地的建设目标要求，到 2020 年全国足球场地数量要超过 7 万块，平均每万人拥有场地达到 0.5 块以上，有条件的地区达到 0.7 块以上。据 2015 年末统计，河南省总人口共 10722 万人。结合河南省发展和改革委员会、河南省教育厅、河南省体育局制定的《河南省足球场地设施建设规划（2016—2020 年）》（豫发改社会〔2016〕1378 号），按照每万人拥有足球场 0.5 块以上的总体要求，河南省应拥有足球场地数约为 5500 块。根据国家建设任务要求，全国建设足球场地约 6 万块，修缮改造校园足球场地 4 万块，即修缮改造校园足球场地数量占总足球场地数量的 2/3。按此比例，河南省应修缮改造校园足球场地为 3600 块左右，按 5 人制、7 人制和标准 11 人制足球场地各占 1/3 计算，5 人制：33.5 米 ×20 米 ×1200 块 =80.4 万平方米；7 人制：67.5 米 ×42 米 ×1200 块 =340.2 万平方米；11 人制：105 米 ×67.5 米 ×1200 块 =850.5 万平方米。总计 1271.1 万平方米，按照每平方米 150 元（只做草坪）或 200 元（连基础加草坪）计算，共需资金约 19.0665（或 25.4220）亿元。

（七）建议进一步加大校园足球省级专项经费投入，确保全省校园活动正常开展

截至 2018 年，河南省已提前完成到 2020 年创建 1500 所国家级校园足球特色学校的任务。河南省政府设立的 1000 万元校园足球专项资金主要用于举办省级培训、"省长杯"比赛、夏令营选拔赛等项工作。

4 年来，总结走过的路让我们信心倍增，展望未来，校园足球发展任重而道远。我们将遵循习近平总书记对校园足球的嘱托和期望，充分发挥校园足球的育人功能，坚持育人为本、重在普及的发展理念不动摇；继续加快发展校园足球，为中国足球崛起夯实基础，为建设健康中国、体育强国、教育强国，实现"两个一百年"奋斗目标和中华民族伟大复兴中国梦而不懈努力。

湖北省青少年校园足球发展报告

在教育部的领导下，2018 年湖北省校园足球工作全面贯彻习近平新时代中国特色社会主义思想和党的十九大精神，着力完善体制、创新发展模式、健全竞赛体系、强化条件保障，取得了阶段性成果。1 名学生入选了"谁是球王"——"新时代杯"全国校园足球总决赛最佳阵容，在世界杯期间赴俄罗斯交流，受到孙春兰副总理的亲切接见。

一、加强规范管理，构建督导体系

（一）加强部门联动

湖北省政府领导高度重视青少年校园足球工作，先后多次强调，湖北省体育局和湖北省教育厅等部门要按照强强联合、优势互补的原则，探索建立体育＋的发展模式、创新融合发展的机制体制。2018 年 7 月，湖北省政府办公厅印发《关于开展全省足球改革情况督查的通知》，将校园足球纳入督查重点内容。在各市州对照《湖北省足球改革量化评分表》自查的基础上，湖北省教育厅、湖北省体育局等部门联合组成督查组，随机抽查咸宁等市实地督查政府履行足球改革发展的职责，进行量化评价。

（二）明确建设要求

印发 2018 年全省校园足球工作要点，重点强调特色学校、试点县、"满天星"训练营遴选布局和调研检查，要求各地按照以点带面、点面结合、整体推进的发展思路，遵循教育和足球运动的规律，布局校园足球特色学校。按照学校申报、市县初审、省级复核的程序，部署省级特色学校 160 所，全国特色学校 143 所。充分考虑了地域差异，科学部署武汉市江汉区、荆州市沙市区 2 个训练营和荆州市 1 个综合改革实验区，引领带动校园足球工作整体提升。

（三）强化专项督导

印发《省教育厅关于做好青少年校园足球特色学校复核的通知》，对全省 934 所全国特色学校随机抽查复核，要求各地以此次复核工作为契机，全面总结成果、深化改革创新，真正树立一批校园足球教育教学工作典型，使之在加快推进校园足球的改革发展中切实发挥示范引领作用。在市县复核的基础上，组织专家赴 17 个市州 52 个县（区）随机抽查近 100 所特色学校，对督查发现的问题，列出清单，逐一整改，确保特色学校高质量发展。

二、注重统筹协调，完善竞赛体系

（一）推动融合发展

领导小组各成员单位紧紧围绕履行发展校园足球的职责，支持校园足球普及发展和全面提高。联合湖北省发改委、湖北省体育局印发《关于填报湖北省开展足球规划落实情况有关数据的通知》。从各地报送数据情况来看，全省校园足球发展和场地建设有序推进，学校足球场达近 6000 块；会同湖北省体育局、团省委等部门举办 2018 年校园足球联赛系列活动，累计近 2000 人参与省级活动。湖北省财政厅将校园足球纳入财政预算，落实推动校园足球工作的相关支持政策，安排校园足球省级专项资金 5000 万元；湖北省新闻出版广电局加大校园足球的宣传力度，营造良好的社会舆论氛围，增加校园足球的影响力。

（二）突出以体育人

为充分发挥校园足球竞赛的综合育人功能，探索建立"1+N"（竞赛、教练培训、交流讨论、爱国主义教育等）的新模式。在校级、县级、市级联赛基础上，举办 2018 年省级初中高中联赛。联赛以小组单循环、同名次循环等方式，决出参加队伍全部名次，检验各地和学校推进校园足球工作成效。在联赛期间，组织 6 次教练员的培训交流，结合竞赛讲解教练案例，听取教练员意见和建议；协调 20 间教室，比赛之余和晚上安排教师辅导学生学习；安排实地参观三峡大坝，实地感受社会主义改革开放成果，凝聚爱国主义和集体主义精神，得到参赛师生的一致认可。联赛管理到位，实现"比赛是人人的比赛，场下场上都是主角、人人都是自己的主角"的办赛目标，学生寝室干净整洁，赛场组织有序，教室肃静无声，实践受益颇多。据统计，参加联赛学生数逐年明显增长，2017—2018年增幅达到30%，参加四级联赛的学生近5万人次。

（三）强化选拔机制

坚持教学、训练、竞赛、培训、实践"五位一体"的思路，先后3次召集市州教育部门、高校足球专家及武汉体育学院有关部门负责人，研究制定《湖北省青少年校园足球夏令营实施方案》，明确工作目标、具体任务、主要内容、保障措施，以及专家选聘办法和量化评分标准，为训练营顺利进行奠定基础。举办2018年湖北省青少年校园足球训练营，累计近千人参加，遴选144人参加全国夏令营活动。活动实现"五位一体"的训练目标，最佳阵容的遴选无投诉无举报，得到广大学校和学生认可。

三、着力持续发展，健全保障体系

（一）落实师资保障

为解决发展校园足球师资短缺的瓶颈问题，分期分批组织开展校长、骨干教师、教练员和裁判员4个层面的系列培训。骨干教师培训一般安排7~9天时间，校长培训一般安排3~4天时间，D级教练员培训安排7天时间。培训坚持目标管理、科学设置培训内容，安排了国外的先进理念与训练、青少年足球发展政策、校园足球推进与思考等专题，以及安全防控与急救等内容。根据学生身心发展的规律，将骨干教师培训分为小学组、初中组和高中组3大组别，按20人1组进行编班分组教学，每天安排2个单元4小时的技术实践。加强培训过程管理，在培训期间，每期组织召开动员教育会、小结推进会、总结讲评会，加强培训期间的过程管理。在培训结束时，对全体培训学员进行统一考核评比，颁发结业证书和优秀学员证书，计入教师继续教育学时。2018年累计培训近500人次，组织800余名校长和教师参加全国培训，16人出国培训。通过培训开阔了基层体育教师和校长的视野，提高了其足球专项技能和管理水平。

（二）落实经费保障

省财政落实校园足球专项经费，累计统筹校园足球专项资金，主要用于足球联赛、师资培训、训练营，以及支持特色学校足球教学与科研、组织竞赛、购买足球器材、开展培训、聘请足球教练等项目。研究制定了《湖北省青少年校园足球经费专项管理办法》，明确了管理职责和办法，定期开展项目资金的绩效评估工作，确保校园足球专项资金发挥最大效率。加快校园足球场地建设，3年累计投入23亿建设足球场地和配备体育器材，基本满足校园足球竞赛和活动的需求。积极推进学校足球场地在课余时间向学生开放，有条件的向社会开放。积极争取社会足球场地向学校开放，推动教育与体育、学校与社区、学区与社区共建共享足球场地设施。

（三）落实政策保障

坚持问题导向，以校园足球"学"与"训"的矛盾作为突破口，全方位保障足球特长生的学习与训练，为有潜质、愿意踢球的学生提供接受良好文化教育的机会，支持特色学校按规定招收足球特长生，指导特色学校统筹安排特长生的文化学习与课余训练，支持武汉大学等8所高校申办足球高水平运动队，畅通优秀足球人才成长通道。探索将校园足球纳入体育中考科目，引导学生积极参加校园足球运动。鼓励和提倡学生家长或监护人为学生办理意外伤害保险，让学生尽情地享受足球运动的快乐。

2018年，湖北省校园足球正在发生着深刻变化，教学课时逐步落实，课余训练形成规模，竞赛制度基本建立，师资、场地、投入等保障水平不断提升，校园足球作为引领推动学校体育改革发展的内生动力逐步显现。2019年工作中，湖北省教育厅继续按照全国青少年足球工作领导小组的要求，创新方法、完善措施、改进作风，以持而不息的精神，努力开创推进校园足球发展的新局面，为促进学生身心健康、体魄强健、全面发展做出积极努力。

湖南省青少年校园足球发展报告

在全国青少年校园足球领导小组的关心指导下，湖南省牢固树立"立德树人、健康第一"的教育理念，认真落实党和国家大力发展校园足球的决策部署，扎实推进校园足球发展。截至 2018 年底，湖南省已有全国青少年校园足球改革试验区 1 个、"满天星"训练营 1 个、试点县区 4 个、校园足球特色学校 1110 所、教育部高水平足球运动队 9 个、湖南省青少年校园足球试点县市区 13 个、高校高水平足球建设基地 8 个、高中较高水平足球建设基地 15 个。

一、2018 年工作基本情况

（一）各级领导高度重视，投入持续加大

按照 2015 年湖南省人民政府校园足球专题会议精神，湖南省 2018 年校园足球省级经费年度预算持续增加。2018 年省级财政经费达 5000 万元。按照《湖南省青少年校园足球发展项目管理办法》管理使用经费，每个全国和省级试点县市区奖补经费达 50 万元，每所全国校园足球特色学校奖补经费平均达 3.5 万元。湖南省体育局从体育彩票公益金中提取 5% 用于发展校园足球。从 2016 年开始，湖南省发改委每年投入 3000 万元，对湖南省部分校园足球特色学校足球场地进行改造。3 年来，全省新建和修缮校园足球场地 900 余块，各级资金投入达 3 亿元。

（二）政策有效落实，考核扎实推进

按照《湖南省青少年校园足球工作绩效考核办法（试行）》，2018 年，湖南省继续委托各市州对 2015—2017 年授牌的 930 所全国足球特色学校进行考核，考核结果作为省级奖补经费分配依据。2018 年 6 月，湖南省校足办组织专家对部分全国校园足球特色学校、省级试点县市区进行重点督

导和目标考核，全面客观了解校园足球开展情况。

（三）试点创建成效显著，发展基础进一步夯实

经市州推荐、省级评审、教育部审定，2018 年湖南省长沙市被认定为全国青少年校园足球改革试验区，常德市武陵区被认定为全国校园足球试点县区，长沙市雨花区被认定为全国校园足球"满天星"训练营项目单位，180 所中小学校被认定为全国校园足球特色学校。同时，长沙市天心区等 5 个县区被认定为湖南省校园足球试点县市区。2018 年 7 月，长沙市望城区承办了 2018 全国幼儿足球交流大会，为下一阶段校园足球特色幼儿园创建工作打下基础。各校园足球特色学校在经费投入、场地设施保障、足球师资队伍建设等方面进一步增强。认真做好校园足球"三开"（开课、开训、开赛），确保体育活动时间和质量，每周不少于 1 节足球课，建立班级、年级和学校三级代表队，定期开展足球活动。在建设校园足球特色学校的同时，湖南省充分发挥校园足球育人作用，注重足球运动在校园的普及开展，将其作为学校体育教学改革的重要内容，让更多学生认识足球，学习足球，参与足球。据统计，截至 2018 年底，湖南省中小学生经常参加足球运动人数已超过 100 万人。

（四）竞训平台不断完善，竞技水平稳步提升

1. 为优秀校园足球苗子提供平台

对在四级联赛中涌现出来的优秀苗子集中举办了冬令营和夏令营，并积极组队参加全国夏令营。2018 年湖南省共派出 11 支球队（小学 5 队、初中 4 队、高中 2 队）参加全国夏令营分营活动和总营活动，有 7 人入选全国"最佳阵营"（小学 1 人、初中 4 人、高中 2 人）。2018 年 2 月，在长沙市周南梅溪湖中学举办湖南省校园足球冬令营，全省近 300 余名初中学生和教练员参加，李春满、邓世俊等知名专家到营指导。2018 年 7 月，在长郡月亮岛学校举办了湖南省校园足球冬令营，全省 300 余名小学生参加。冬、夏令营期间，还分别组织营员到刘少奇纪念馆、雷锋纪念馆参观学习，接受爱国主义教育。

2. 积极承办全国校园足球竞赛活动

长沙市南雅中学、湖南商学院分别承办了全国青少年校园足球高中女子组南方赛区、大学校园组西南赛区的比赛。第十一届"德馨杯"、第三届"红卫杯"等品牌青少年足球赛事成功举办，多支国外、省外队伍来湖南省参赛交流。各项活动均组织有序，反响良好。

3. 全省四级联赛如火如荼开展

我们坚持走内涵式发展道路，不断优化完善赛制。例如，湖南省初中联赛，竞赛权重成绩占总的 70%，身体素质和基本技能测试成绩占总的 30%，引导各队加强基本身体素质和技能训练，同时按水平分甲、乙组并采取升降级制，让水平相近的队伍同组竞赛，激烈程度和组赛效率得到进一步提升。湖南省校足办与湖南省足协紧密配合，将高中联赛纳入运动员等级证书办理目录。据统计，2018 年全省参加四级联赛的队伍达到 3300 多队次，参加比赛的运动员近 5 万人。其中，省级比赛共 242 场，参赛运动员达 2100 余人。

（五）交流培训常态开展，师资队伍持续提质

发展校园足球，师资队伍建设是关键。2018 年，湖南省继续分类、分层、分期培训校长、体育教师、教练员、裁判员 1100 余人。特别是培训了中学生足球裁判员 970 人，这部分学生裁判员成为各校开展班级、年级比赛的业务骨干，是湖南省校园足球工作的一大特色。湖南省选派 740 名学员（其中，骨干教师 321 人、卓越教师 98 人、校长 321 人）参加国家级专项培训；选派了 18 名优秀足球教练员和体育教师分别赴英国和法国留学；协调安排了 3 名来自阿根廷、塞尔维亚的足球外籍教师来湖南省执教；建立了湖南省青少年校园足球专家库。

二、困难与问题

湖南省校园足球面临的困难和问题突出表现在以下 3 个方面。

（一）区域发展不均衡、不充分

尽管校园足球已在全省广泛开展，但受经济发展水平、运动场地设施、

师资力量及社会对校园足球关注度的影响，全省整体发展水平还亟待进一步提高。

（二）保障条件有待加强

具有足球专项教学技能的教师缺乏，高水平教练员数量不足，足球活动的场地设施条件不能满足校园足球发展的需要。

（三）政策措施有待完善

鼓励社会优质足球专业人员从教、引导学生参与、支持学生特长发展的政策体系不健全，运动伤害保险和救助的机制尚不完善。

三、2019 年工作思路

（一）进一步提高思想认识

深入学习、全面贯彻落实习近平总书记关于校园足球重要批示指示精神、在全国教育大会上的重要讲话精神，认真研究新时代学校体育工作新形势、新任务。举办行政管理人员、足球教师、裁判员等专项培训，进一步提高发展校园足球的思想认识，明确目标任务，压实工作责任，提升业务素养，积极探索具有湖南特色的校园足球和学校体育发展路子。

（二）夯实多部门齐抓共管的工作机制

进一步理顺各级校园足球工作领导小组职能关系，完善办事程序，提升工作效能。推动各成员单位将有关任务纳入相应工作规划和计划，形成工作职责明确、通力协作、配合密切、运行良好、成效显著的工作机制。

（三）坚持科学发展

进一步深化体育教育教学改革，充分发挥足球育人功能。打牢校园足球腾飞根基，力争 2019 年全省经常参加足球运动中小学生人数达到 120 万人以上。

（四）持续提升基础能力

扎实推进校园足球"八大体系"建设。通过培养、培训和拓宽师资来源渠道，充实和提高足球师资队伍；通过新建、扩建、改善和共享等措施，加大场地设施建设力度。优化校园足球投入结构，建立政府支持、市场参与、多方筹措支持的经费投入机制。

广东省青少年校园足球发展报告

2018 年，广东省委省政府各相关部门、各级教育行政部门、各级各类学校始终以《中国足球改革发展总体方案》和教育部等 6 部门《关于加快发展青少年校园足球的实施意见》的工作部署和要求为统揽，以《广东省关于推进青少年校园足球发展的实施意见》为行动指引，扎实推进青少年校园足球工作，全省大中小学校足球氛围进一步浓厚，校园足球工作取得较好实效。现将相关工作总结如下。

一、主要做法及成效

足球运动是学校体育的重要项目，深受广大学生的喜爱。党的十八大以来，广东省认真贯彻党中央、国务院关于加快足球改革发展的工作部署，把大力发展校园足球作为推进学校体育改革发展、提高学生体质健康的重要任务摆上日程，取得了较好成效。2018 年 10 月中旬，教育部体卫艺司王登峰司长到广东省调研校园足球工作，评价广东校园足球工作有 6 个好：管得好、教得好、练得好、赛得好、融合得好、办得好，走在全国前列。

（一）加强组织领导

根据工作实际和需要，适时调整广东省青少年校园足球工作领导小组成员名单，各成员单位群策群力、协同配合，形成并不断加大推动全省校园足球发展的合力，为广东省校园足球发展提供了强有力的工作机制保障。广东省教育厅、广东省体育局、广东省足球协会等相关部门的沟通协调进一步加强，校园足球改革发展的目标任务和工作措施进一步明确，教育部门推进校园足球工作的主体责任进一步体现。

广东省教育厅始终把贯彻落实《中国足球改革发展总体方案》及教育

部、广东省关于推进校园足球发展的有关要求作为工作重点。重点突出青少年校园足球的普及性，强调面向全体学生、全体学校。要求各地市教育部门及各级各类学校重视校园足球工作，制订校园足球开展工作计划，抓好校园足球各项活动开展。要求各地市将校园足球工作开展情况纳入推进教育现代化工作，同步推进，同步考核。

（二）夯实普及基础

注重校园足球的育人功能，推动足球教学纳入体育教学内容，让更多的学生了解足球、参与足球、热爱足球、享受足球，同时以点带面，夯实普及基础。截至 2018 年底，全省共有全国校园足球改革试验区 3 个、试点县区 5 个、"满天星"训练营 1 个、省级试点县区 41 个。全国校园足球特色学校 1263 所，省级推广学校 100 所，市级特色学校 1000 多所，各级特色校或推广校数占全省中小学校数量（总数 15445 所）的比例超过25%。部分地方和学校编印了校园足球教学指导资料、校本教材，全省开展足球教学的学校数、参与足球运动的学生和教师明显增多，校园足球普及程度明显提高。

（三）完善竞赛体系

基本建立了校、县、市、省校园足球四级联赛体系。近年来，广东省教育厅、广东省体育局连续举办了青少年校园足球联赛（大学组，高中、中职组）全省总决赛。在"省长杯"示范带动下，各地普遍举办了"市长杯""县长杯""校长杯"等学生足球联赛，成效非常显著，参赛队伍、人数逐年增加，影响力逐年扩大，社会各界和媒体关注度逐年提高。参赛队由 2015 年的 104 支（大学 72 支、中学 32 支），增加到 2018 年的 172支（大学 106 支、中学 66 支），2017 年起增设了高中女子组。各特色校或推广校建立了班级、校级足球联赛，梅州市梅江区等地每所学校均成立足球队，做到"班班有球队，周周有比赛"。全省大中小学相衔接的青少年校园足球四级联赛体系已初步形成。

（四）加强教师队伍建设

一是加强培训。近年来，省级校园足球专项培训班共培训体育教师、管理人员、教研员等5600余人。每年选派教师参加教育部专项培训，2018年共选派428名教师和312名管理人员参加国家级培训。二是聘请兼职足球教师。聘请退役足球运动员、教练员到学校辅导学生训练，广州、深圳、中山、佛山等地还通过引进外籍足球教师来补充足球教师。三是加强培养。广州体育学院、嘉应学院先后成立了足球学院，逐步解决足球教师来源不足问题。

（五）逐步扩大成长通道

一是始终坚持以课堂为主阵地，切实将工作重心下沉到课程设计、教学实施、教学评价、教研科研的各个环节，开发教学教材资源，开展宣讲和送教下基层活动，搭建教学经验交流平台，做好校园足球基础工作。二是扩大招收高水平运动队足球专业高校数，截至2018年底有6所。三是开展足球夏令营。2018年，在惠州、清远市分别举行了省级校园足球高中、初中、小学组夏令营，共计1248名学生参加。其中，206人入选广东省最佳阵容；101人入选全国分营最佳阵容；28人入选全国最佳阵容，占全国最佳阵容总人数的6.8%。

（六）积极营造良好氛围

1. 积极改善硬件条件

把场地建设纳入教育现代化验收指标，督促各地加大投入，改善条件。2016—2018年广东省财政每年安排1.5亿元用于校园足球，包括补助场地建设，一次性奖励特色学校、推广学校、试点县，举办省、市联赛等。各市县也相应地增加了青少年校园足球经费投入。

2. 加强宣传

通过举办校园足球工作推进会、研讨活动，摄影、微电影大赛，官微等多种形式进行宣传，积极营造校园足球良好氛围。

二、主要问题及困难

虽然广东省青少年校园足球开展取得了一定的成绩，但一些问题也不容忽视，其主要体现在以下几个方面。

（一）思想认识有待提高

部分地方和学校领导对校园足球的重要性和意义认识不足、不准、不深，缺乏主动性，投入不足。政府、社会、家庭、学校、学生之间和部门之间未形成合力。

（二）师资力量有待加强

随着近年来校园足球的快速发展和水平的不断提高，足球教师数量不足的问题日益明显。不少地方由于缺乏师资尤其是高水平教练，导致训练缺乏有效指导，训练不系统。

（三）竞赛和训练体系有待完善

由于多数地方女子足球起步较晚，加上部分家长对女子足球运动的认识存在偏差，不鼓励女孩子踢足球，导致部分学校和市、县区未建立完善的足球竞赛体系。

（四）区域发展不均衡

由于区域经济发展水平和资源配置不平衡，粤东、西、北与珠三角之间存在较明显的地区差异，少数地市存有依赖思想，缺乏因地制宜、因陋就简、就地取材开展活动的思维和理念。

（五）条件保障有待增强

各地经费投入普遍不足，多数地方没有专项经费，足球场地建设滞后，全省还缺 1000 多块场地。

三、下一步工作思路

广东省校园足球工作将深入贯彻习近平总书记在全国教育大会上的重要讲话精神和习近平总书记视察广东重要讲话精神，达到习近平总书记对学校体育提出的"四位一体"（享受乐趣、增强体质、健全人格、锤炼意志）目标。下一步，将着重抓好以下几项重点工作。

（一）强化制度建设，完善体制机制

强化省、市、县三级校园足球工作组织机构建设，进一步建立健全校园足球教学、训练、注册、竞赛、评价工作体系和工作机制。广东省教育厅将成立青少年校园足球专家委员会。

（二）坚持目标统揽，推动"一体化"工作

进一步完善与足协、体育部门的会商联动机制，在教学、训练、竞赛方面推动"一体化设计，一体化推进"及"资源条件和发展通道全方位对接"的发展格局。推动职业俱乐部与广东省高校共建合作。

（三）加大培训力度，充实师资力量

加大各级各类学校体育师资，特别是足球师资配齐配强和培训力度，为校园足球提供良好师资保障。

（四）建立合作机制，畅通成长通道

与广东省足协合作，进一步抓好青少年校园足球联赛工作，并对优秀校园足球运动员实施等级认定制度。指导具有高水平球队的高校成立校园足球俱乐部，参加中冠、中乙联赛，打通成才渠道。

（五）凝聚多方合力，优化发展环境

进一步整合各方社会资源，从校园足球场地设施建设、资金投入、宣传舆论（电视专栏）、运动员意外伤害保险等方面加大综合保障体系建设，引导并形成正确的校园足球发展文化，保证校园足球活动广泛、深入、健康开展，确保工作取得实效。

广西壮族自治区青少年校园足球发展报告

2018 年，广西壮族自治区以习近平新时代中国特色社会主义思想为指导，认真贯彻落实党的十九大和全国教育大会精神，各级党委、人民政府高度重视校园足球工作，坚持"健康第一"理念，按照习近平总书记提出的"帮助学生在体育锻炼中享受乐趣、增强体质、健全人格、锤炼意志"的总体要求，深化学校体育改革，多措并举，全面落实教育部等 6 部门《关于加快发展青少年校园足球的实施意见》工作部署，按照《广西壮族自治区青少年校园足球工作实施方案》制定的时间表、路线图，以"抓普及，强体魄"为目标，以强化课内教学和课外竞赛为抓手，以丰富足球校园文化为手段，坚持培养兴趣促普及，突出特色树典型，提升师资抓规范，加强场地建设补短板，开展活动促提高，推广四级联赛有引领，扎实推进广西校园足球工作持续健康发展。

一、2018 年工作总结

（一）抓质量，加强校园足球特色学校过程管理

2018 年初，自治区教育厅及时转发教育部办公厅《关于加强全国青少年校园足球特色学校建设质量管理与考核的通知》，进一步明确责任主体，加强日常管理和质量考核、监督，要求校园足球特色学校校长要在教育教学、训练竞赛、师资配备、场地建设、经费投入和安全管理等方面认真扎实地开展工作。抓好教学常规管理，要求各市校园足球特色学校、试点县（区）启用全国校园足球资源库，加强足球文化建设，广泛报道足球活动，彰显学校特色，促进校园足球普及。

（二）促普及，扩大校园足球特色发展基数

一是根据教育部的工作部署，积极组织申报 2018 年度全国青少年校园足球特色学校及试点县（区）、"满天星"训练营，足额向教育部推荐校园足球特色学校 104 所，推荐崇左市龙州县申报校园足球试点县（区），推荐北海市海城区申报"满天星"训练营，申报完成率 100%。经评审，新增全国青少年校园足球特色学校 94 所，通过率为 86.5%，龙州县和海城区顺利通过评审。截至 2018 年底，广西被命名为全国青少年校园足球特色学校总计 581 所，北海市海城区、柳州市城中区、崇左市龙州县入选全国青少年校园足球试点县（区），北海市海城区列入全国校园足球"满天星"训练营，北海市列入全国校园足球改革试验区。

二是在创建全国校园足球特色学校的基础上，继续评选第三批广西青少年校园足球特色示范学校共 28 所，至此广西共评出校园足球特色示范学校 120 所。2018 年，自治区本级财政安排专项经费 1200 万元，支持特色示范学校开展教学、训练竞赛、科研及开发校本课程。

三是改善特色学校足球场地设施。2018 年，自治区投入专项经费 1640 万元，支持各设区市修建校园足球场地 25 块（含 11 人制、7 人制、5 人制足球场地）。

（三）强师资，提高校园足球教师教学水平

一是举办广西中小学体育教师足球专项培训班。自治区教育厅分别于 1 月、7 月在广西师范大学举办了 2 期足球教师培训班，培训学校专兼职足球教师 440 名，培训内容有足球运动基本理论、基本技术与战术、课堂教学、课外训练及赛事组织与裁判法等。通过培训，提升校园足球特色学校每周 1 节足球课的教学质量。

二是积极选派人员参加校园足球国家级培训班。先后推荐 544 位中小学足球教师参加 2018 年全国青少年校园足球教练员国家级专项培训班。

三是积极配合教育部做好校园足球教师（教练员）出国留学项目。2018 年广西共有 10 名教师（教练员）分别赴英国、法国留学参加校园足

球教学、训练培训。

四是落实全国青少年校园足球外籍教师支持项目。2018年广西共获得3名校园足球外籍教师支持名额，分别安排在南宁市、北海市的相关学校开展校园足球教学、训练工作。

（四）搭平台，组织开展各级校园足球联赛

一是发挥足球竞赛的引领作用，把校园足球比赛作为校园足球工作的推动力，促进校园足球活动广泛开展。广西要求各地各校广泛开展多层次、多形式、多样化的足球竞赛活动，建成大学、高中、初中、小学四级青少年校园足球联赛机制。要求"全国青少年校园足球特色学校"和"自治区级青少年校园足球特色示范学校"定期组织开展班级、年级足球比赛。大学每年要组织一次校内足球比赛；各县（市、区）每年至少组织一次辖区内小学比赛和初中预选赛；各市每年至少组织一次初中选拔赛和高中预选赛，同时鼓励有条件的市积极建立省际、国际足球交流渠道和机制并开展交流。

二是举办广西第四届"千里杯"校园足球联赛（中学组）。联赛在延续设置高中男子、高中女子两个组别比赛的基础上，增设了"校园足球特色示范学校"的初中男子组比赛。各地学校层层开展本级联赛选拔，全区14个所设区市共选派42支参赛队共1000余名师生代表参加了自治区级的比赛，参赛队数及运动员人数创历届广西"千里杯"校园足球联赛（中学组）的新高。从6天90场自治区级竞赛中看出，联赛参赛运动员的技术、战术水平较往届有了很大的提升，比赛的专业水平和激烈程度更高。

三是参加2017—2018全国青少年校园足球联赛并取得了好成绩。自治区积极选派校园足球队参加了"谁是球王"——"新时代杯"全国青少年校园足球大赛和2017—2018全国青少年校园足球联赛，分别推荐广西大学、广西师范大学、南宁学院、广西电力职业技术学院、广西体育高等专科学校及南宁市、柳州市、北海市教育局组队参加了各相关组别的比赛。最终，广西电力职业技术学院代表队闯入了全国八强总决赛，创造了广西壮族自治区参加全国校园足球联赛的历史最好成绩。

四是制定《广西校园足球夏令营最佳阵容选拔方案》，组织开展自治区、市两级校园足球夏令营最佳阵容的选拔。推荐 199 名学生运动员、54 名教练员参加了 2018 年全国青少年校园足球夏令营系列活动，共有 72 名运动员入围了夏令营总营的活动，17 名运动员入选了全国校园足球最佳阵容。

（五）设目标，加强校园足球顶层规划

根据全国青少年校园足球工作领导小组办公室《关于做好校园足球中长期规划工作的通知》要求，全面总结广西校园足球工作，加强顶层规划设计，强化制度机制建设，制订《广西壮族自治区青少年校园足球工作中长期发展规划（2018—2025 年）》，印发全区各市教育局、各高等学校实施，明确目标，制定具体措施。

二、2019 年校园足球工作计划

（一）指导思想

深入贯彻落实《中国足球改革发展总体方案》、全国青少年校园足球工作会议、教育部等 6 部门《关于加快发展青少年校园足球的实施意见》《国务院办公厅关于强化学校体育促进学生身心健康全面发展的意见》（国办发〔2016〕27 号）等文件和会议精神，按照《广西壮族自治区人民政府办公厅关于强化学校体育促进学生身心健康全面发展的实施意见》《广西壮族自治区青少年校园足球工作实施方案》《广西青少年校园足球工作领导小组工作职责及议事规则》的安排，努力作为，推动更多符合条件的学校开展校园足球，支持更多的学生参加足球运动，促进学生身心健康、全面发展，营造积极健康的校园足球发展氛围，培养更多全面发展的足球后备人才。

（二）工作目标

遵循体育运动人才培养的客观规律，进一步普及校园足球知识和技能，继续创建申报全国校园足球特色学校，加强校园足球特色学校的质量管理

（三）加强师资建设，提高工作水平

一是按照"总量控制、城乡统筹、结构调整"的原则，在编制部门核定的教师总编制内，合理配置体育教师。2018年，全省新增足球教师共152人，优先满足校园足球特色学校的需要。二是加强校园足球师资综合素质提高工作。通过聘请外教、参加国家级培训班、举办省级培训班等形式不断提高校园足球师资的综合素质。2018年，共聘用2名外籍足球教师，选派7名足球教师（教练员）出国留学深造，推荐200多名校园足球教师及管理人员参加国家级培训，组织中小学足球裁判员、教练员和校长（管理人员）共350人进行省级校园足球培训。

（四）实施足球进课堂，普及推广校园足球活动

推动校园足球特色学校把足球列入体育课教学内容，推进足球教学模式的多样化，强化足球教学。要求每周至少安排1节足球课；以足球为核心，在体育课、大课间体育活动、课外体育锻炼、课余训练中纳入足球内容。9年义务教育阶段的校园足球特色学校每周至少安排1节以足球为主要内容的体育课，每周至少开展3次足球大课间或课外活动；高中阶段学校要根据学生运动能力和技术水平开设不同种类的足球选修课；普通高校要开足足球专项课。

（五）统筹学校布局，搭建校园足球竞赛机制

1. 推动校园足球特色学校遴选工作

2018年，遴选30所国家级、48所省级青少年校园足球特色学校和1个全国青少年校园足球"满天星"训练营地。

2. 推动校内比赛常态化

各地各校组织班级联赛，年级联赛，院系联赛，趣味赛、对抗赛、单项技巧赛等丰富多彩的校内比赛，开展8000多场次比赛，校内足球比赛常态化。

3. 完善校园足球竞赛体系建设

建立小学、初中、高中、大学四级校园足球竞赛机制。2018年，全省

举办初中男子、高中男子、大学男子和中学女子校园足球联赛等比赛，参赛人数达 3000 多人。各市县举办小学足球联赛参加人数达 8000 多人。

（六）以点带面，拉动校园足球运动的发展

近几年来，海南省着力打造琼中女足，以点带面，拉动校园足球运动的健康持续发展。

1. 整合资源，提供有利条件

海南省教育厅、海南省文体厅和琼中县政府、县教育局为琼中女足的建设和发展创造有利条件。海南省文体厅和琼中县教育局全方位协调提供训练场地，琼中县政府专门划出 1571 亩土地规划建设足球小镇，划拨 120 亩土地，投资 900 万元规划建设"满天星"全国校园足球训练营，为琼中女足训练提供优越的条件。海南省教育厅利用教育部校园足球外籍教师支持项目，2018 年聘请巴西足球教师支持琼中女足训练工作。海南省文体厅将琼中女足纳入中国足球（南方）训练基地训练、比赛项目。

2. 多方联动，提供经费保障

近几年来，琼中县政府每年从财政预算中安排 200 多万元用于球队日常生活经费，并根据实际每年安排 300 多万元分别用于工作开展和比赛奖励资金。海南省教育厅促成海南省校园足球基金会每年安排专项经费 100 万元，并争取全国校园足球"满天星"训练营专项经费每年 100 万元支持琼中女足的发展。海南省文体厅每年安排 30 万元经费供琼中女足用于足球训练，并不定期从其他经费中拿出部分资金支持琼中女足。

3. 强化内部管理，促进改革发展

一是注重队员选拔。面向全省各乡镇中小学，通过身高、体重、立定跳远、30 米跑等体能测试项目精挑细选适龄的黎族、苗族女学生。二是注重梯队建设。根据不同年龄层次的学生，建立了小学、初中、高中女足梯队，并根据各梯队的队员足球基本功训练情况，对队员实行动态管理，不断在同年龄层次的条件下遴选新队员，以保证琼中女足队伍健康、良性、可持续发展。三是坚持集中学习训练。强化训练，细化管理，为每个训练队员建立个人档案，制订专门训练计划，确保每周训练 3 次以上，有效提高了训练的针对性和实效性。截至 2018 年底，琼中女足队员 12 分钟耐力跑达到了中超队员的水平。同时，坚持边练边学的原则，对女足队员实行免费就读，女足的文化课教学安排在各年级，同等对待。四是积极参加各项比赛。近几年来，参加地区、省级、全国分区和世界（"哥德堡杯"）青少年足球赛，荣获国际、国内和省级重大体育奖项 90 多项。2015—2018 年，蝉联"哥德堡杯"世界青少年足球赛冠军；2017 年荣获第十三届全国运动会笼式 5 人制足球赛冠军和第十三届全国学生运动会中学女子足球赛亚军。为国家、省和地区赢得荣誉，博得一次又一次的掌声。

（七）积极开展对外交流，学习先进经验

自 2005 年以来，我省与韩国济州道签订协议《海南省中学生足球赛冠军队和韩国济州道白虎旗大赛获一等奖的高中学生球队进行互访交流协议》，每年相互往来开展中学生足球交流活动，至今已有效开展 13 年。我省校园足球特色学校海南中学、海南省国兴中学、海口市灵山中学、琼海市嘉积第二中学等分别与韩国济州道中学生足球冠军队开展足球友谊赛，相互交流，有效提高足球综合水平。

（八）有效开展夏令营、冬令营和"满天星"训练营活动

根据全国校足办关于开展校园足球夏令营和"满天星"训练营的要求，结合海南省实际，印发了《2018 年海南省青少年校园足球夏令营选拔赛实施方案》等，积极开展校园足球夏令营、冬令营和"满天星"训练营活动。2018 年，全省校园足球夏令营参加人数约 600 多人，冬令营约 200 多人，"满天星"训练营 300 多人，进一步推动了海南省青少年校园足球活动的开展。

二、存在的主要问题

（一）经费投入不能满足校园足球工作的需要

足球专项经费主要靠政府拨款，其他渠道投入少，不能满足校园足球活动的需要。

（二）场地设施缺乏，发展条件较差

截至 2018 年底，只有部分学校有草坪足球场地，相当多的学校没有足球场，正规场地更缺乏，能达到国内大型足球赛事举办的场地几乎没有。学校场地设施不足，减弱了学生参与足球运动的积极性，也减少了家长及社会的关注和投入，极大地影响了海南省校园足球的发展和提高。

（三）师资队伍数量不足，专业素质有待提高

全省大部分学校缺乏教练员、裁判员，现有的教练员、裁判员接受专业培训学习较少，专业素质有待提高。

（四）工作机制有待完善

校园足球工作各项管理制度，如竞赛、安全教师培训、经费投入等不够健全，影响校园足球工作的开展。

三、下一步工作打算

（一）加大足球场地设施的建设力度

除确保政府计划投资外，积极争取其他渠道多方投入，按要求加快完善全省学校足球场地设施，力争 3 年内使全省 90% 以上的学校分别有 1 个足球场，基本满足校园足球活动的需要。

（二）有序开展足球培训工作

建立校园足球教师培训长效机制，定期举办足球教师培训班，建立健全等级教练员、裁判员的培训、上岗制度，提高教师的综合素质。

（三）加强校园足球特色学校和试点县（区）建设

根据全省学校足球基础和开展足球活动情况，有计划设定足球定点单位和学校，结合实际在相关政策、资金（主要是器材、设备）等方面予以扶持。

（四）出台相关政策，打通足球特长生升学通道

出台小学升初中、初中升高中、高中升大学等有关优惠政策，吸引更多学生积极参加校园足球活动。

（五）加大校园足球宣传力度，开发符合海南足球体育产业发展道路

加强与社会媒体及各行各业人士的沟通和联系，逐步以社会化、市场化运作方式来开展校园足球工作，不断拓展经费来源渠道，摆脱单纯政府拨款开展足球活动的困难局面，进一步推动足球活动的发展。

重庆市青少年校园足球发展报告

一、主要工作与成效

2018 年，重庆市校园足球按照"做大分母、做强分子、健全体制、强化保障"的工作要求，坚持把发展校园足球作为促进青少年身心健康、体魄强健、全面发展的重要抓手，充分发挥主管部门的统筹协调作用，引领带动全市学校体育的改革发展，初步形成"领导重视、部门协作、上下一心、齐抓共管"的工作格局，取得长足发展。

一是市级校园足球特色学校由 2017 年的 460 余所增至 500 所，经常参加校园足球活动的学生由 2017 年的 40 万人增至 50 余万人，提前实现市委、市政府提出的目标要求。二是建成全国校园足球工作试点区县 3 个、试验区 1 个，市级试点区县 5 个，引领带动了全市校园足球工作的生动发展。三是新建校园足球场 45 块，改扩建校园足球场 60 块，维护修缮校园足球场 60 块，基本满足了全市 50 余万爱好足球运动的学生有地方踢球。四是通过"国培""市培""县培"计划和"送培到校""送教下乡"等活动，培训校园足球教师、教练员、裁判员 1000 余人次，出国培训 20 余人次，引进外籍优秀足球教师 5 人次，保证了每所特色学校至少有 1 名经过专业培训的足球教师或教练员。五是全市建成班队 2 万余支、级队 5000 余支、校队 800 余支（其中女队近 300 支），开展校内联赛近 5 万场次、校际联赛 1 万余场次、区域选拔赛 300 余场次、市级联赛 1500 余场次，丰富了校园文化生活，带给了学生参与足球运动的快乐。六是组队参加全国校园足球联赛，获冠军 2 个、亚军 4 个、4~8 名 6 个，128 人入选全国最佳阵容（名列全国前列，高出全国平均水平 12.6 个百分点），20 余人获批国家一级运动员，200余人获批国家二级运动员。七是校园足球的蓬勃发展，有力地带动了全市校园篮球、排球、乒乓球、羽毛球、网球等多项运动的生动发展，"一校一品""一校多品"的喜人局面初步形成，全年举办校园篮球、排球、乒乓球、田径、武术等市级比赛36个大项，150余个小项，参赛运动员达3.5万余人次。八是学生热爱足球运动、家长支持足球运动、社会认同足球运动的热情不断增长，氛围日益浓厚。市财政拨付校园足球专项经费830余万元，区县财政拨付校园足球专项经费3000余万元，学校自筹校园足球专项经费5000余万元，吸纳社会支持校园足球资金100余万元。九是学生身体素质明显增强，健康水平明显提升，中小学生平均身高增长1.86厘米。社会对学校体育事业的认可度、参与度明显提高。十是重庆经验、重庆典型、重庆案例不断涌现，受到《中国教育报》、新发网等多家媒体的热捧，得到教育部、中央电视台新闻频道的高度赞扬。

二、主要问题

一是校园足球特色学校添置器材设施、维修场地、开展师资培训、组织课外训练、组队参加各类竞赛交流活动未完全纳入各级预算，部分区县全靠学校运转经费支撑，增添了特色学校的经费压力，影响了特色学校开展校园足球工作的积极性。

二是一些区县和学校有"重创建、轻建设"的现象，缺乏"持续用力、久久为功"的思想，不细致、不到位、不精准、不落实的情况在一些区县和学校还客观存在。在2018年的复核验收中就有4个区县15所学校被亮了"黄牌儿"。

三是学训矛盾突出，运动风险防范机制和人才成长机制还不够健全，致使一些学生家长不理解、不支持，给学校发展校园足球带来了一定阻力。

三、下一步工作打算

一是严格按照教育部的要求，编制好重庆市校园足球中长期发展规划，完善重庆市未来一个时期校园足球工作的施工图、路线图和时间表，切实把党的十九大精神和习近平总书记关于校园足球工作的批示精神落实到位、贯彻到重庆市校园足球工作的各个方面和各个环节。

　　二是按照教育部、财政部出台的校园足球经费投入保障性文件要求，将校园足球特色学校添置器材设施、维修场地、开展师资培训、组织课外训练、组队参加各类竞赛交流活动等纳入预算，并借鉴兄弟省市做法设立校园足球特色学校保障基金，专门用于补助校园足球特色学校建设。同时，引导各地设立校园足球发展基金，吸纳社会资源更好地支持校园足球发展，啃下足球资金短缺这块"硬骨头"。

　　三是按照国家发改委、财政部、教育部制发的场地设施建设规划要求，加快重庆市校园足球场地建设步伐，确保到2020年如期完成改造、维修或新建校园足球场地1400块的目标任务，啃下足球场地不足这块"硬骨头"。

　　四是要出台引领性文件，规范校园足球的教学、训练和竞赛工作，使校园足球工作的教学实起来、训练干起来、竞赛火起来，守住校园足球的主阵地，唱好校园足球的主旋律。

　　五是要建立健全运动风险防范机制和人才成长机制，保证有足球运动天赋的青少年学生得到更好发展，免除学生家长和学校的后顾之忧。

四川省青少年校园足球发展报告

　　2018 年，四川省青少年校园足球牢牢把握立德树人根本任务，完善体制机制，坚持推广普及，坚持文化建设，坚持规范办赛，不断改善校园足球条件，校园足球总体上驶入良性发展的快车道。截至 2018 年，四川省已有国家级校园足球试验区 2 个、试点县 5 个、特色学校 1405 所、足球社团 1.6 万余个，经常参加足球运动的学生超过 300 万人。2018 年遴选省级最佳阵容 206 人，140 名队员入围全国夏令营，35 名队员入选全国最佳阵容（总量居全国第 2 位）。22 名运动员获批国家一级运动员，110 名运动员获批国家二级运动员，74 名运动员获批国家三级运动员。4 名同学赴英国、法国集训，12 名优秀教练员赴法国留学。

一、主要举措与成效

（一）完善机制体制，汇聚青少年校园足球工作合力

　　认真落实贯彻党的十九大会议精神和教育部关于校园足球工作的新要求，印发《四川省教育厅关于进一步推进我省校园足球加快发展的实施意见》（川教〔2018〕9 号），省、市、县、特色学校四级青少年校园足球工作领导小组已全部建成，教育局局长、学校校长是第一责任人。各级足协增补进入领导小组名单，发改、财政、体育、团省委、广电等部门紧密配合，助力提升足球专业化水平。四川省学生体育艺术协会协助开展校园足球中学组联赛；四川省校园足球协会自发组织开展冬夏令营活动；四川省校园足球研究与指导中心积极开展青少年校园足球教学、训练、竞赛等体系研究，指导特色学校、文化建设、技能等级测试和学生综合素质评价等相关工作。

（二）持续专项投入，不断提升青少年校园足球保障水平

四川省委省政府大力支持青少年校园足球工作。2018年，安排青少年校园足球专项扶持资金5000万元，累计投入已达到1.26亿元。省级专项扶持资金效益发挥明显，撬动各级财政和学校总投入超过20亿元，为教学、活动、训练和比赛提供了强力保障。印发《四川省扶持青少年校园足球发展专项资金管理办法》《参加全国青少年校园足球竞赛经费补助办法》等，专项资金使用阳光规范。加强师资队伍建设，推荐120名教练员参加国家级培训。省级培训146名新评校园足球特色学校教练员、133名特色学校管理干部、205名市县教育行政部门干部和205名市县裁判员。

（三）开展分级评估，强力推进校园足球特色学校建设

1405个校园足球特色学校统筹布局，覆盖四川省全域183个县区，城市与农村学校同步推进同步发展，汉族、藏族、苗族、彝族、羌族等各民族学生共享足球快乐。细化《四川省青少年校园足球特色学校建设与评估细则》，制订"10个有"和"5个一票否决"标准，市州对450所学校进行自查自评，10个省级专家评委组先后进行现场评估和随机抽查，评出校园足球"示范学校"103所，示范（特色）学校辐射引领作用进一步加强。评估组严守工作纪律，接受师生监督，如实缴纳餐费，受到基层学校一致好评。

（四）加强试点指导，发挥校园足球试点县示范引领

每年开展校园足球试点县现场交流活动，2018年确定交流主题为"让每一个农村孩子学会踢球"。通川区科学规划，整体推进，探索构建校园足球"全员化普及、专业化培养、信息化支撑、国际化交流、制度化保障"的"五化"区域改革新模式，全力打造"阳光体育、快乐足球"通川教育新名片。特别是其秉承"小足球、大教育"理念，按照"155"发展路径，坚持以集团化办学为依托、以农村学校为重点、以兴趣培养为先导、以品牌赛事为平台，扎实开展校园足球"四大行动"，着力为每一个农村孩子点燃绿茵梦想，努力探索"学生因足球而阳光，校园因足球而精彩，足球因改革而长远"的发展之路，有力促进了义务教育均衡发展、优质发展。

（五）高校龙头引领，探索大中小学校园足球体系建设

新评9支省级高校高水平足球运动队，武警警官学院、西南医科大学等校地共建，支持地方校园足球发展。四川师范大学、成都大学、成都体育学院分别承办小、初、高、省级最佳阵容遴选和训练，成都东软学院开发赛事管理系统，高质量完成数据采集、实况转播等工作任务，为全省校园足球取得优异成绩做出了卓越贡献。鼓励和支持各市州建立足球基地学校，允许足球特长生跨区域合理流动。截至2018年底，已基本形成中小学足球基地校、专科学校足球单招、体育学院足球专项、高校高水平足球运动队相互衔接的培养格局。

（六）不断推进信息化管理，校园足球科研初见成效

四川省青少年校园足球信息化管理系统正式投入使用，学籍库自动判别学生参赛信息是否真实有效，参赛资格网络实时公开、赛场全程公示、比赛结果全程录像，确保了赛事公平、公正，实现省级最佳阵容遴选"零违纪、零事故、零投诉"，获得教育部高度评价。四川省校园足球研究与指导中心精心设计最佳阵容遴选方案，大胆引入穿戴式设备，探索设置省内外裁判员及人机评分比例，保证了四川省遴选工作圆满完成，该项方案还被7个兄弟省份借鉴。

二、校园足球工作中存在的主要问题

（一）校园足球特长生成长成才的通道还不够通畅

专科单招生情况较好，高水平运动队招生"吃不饱"现象严重，省级高水平运动队还不能定向、定额招收足球专项学生。

（二）部分市（州）对青少年校园足球的投入不足

个别市（州）、县（市区）没有校园足球专项经费预算，正常的训练和比赛得不到保障，场地和器材还不能完全满足教学与活动需要。

（三）校园足球师资配备和整体素质还有待提升

全省专职体育教师缺额大，兼职体育教师数量多，特别是民族地区、

边远地区、农村学校尤为严重。获得亚足联证书的中小学教练员不足 500
人，中小学专职足球教师仅 1500 余人，制约四川省校园足球专业提升。

三、下一步工作打算

（一）以全国教育大会精神指导校园足球工作

认真学习领会习近平总书记在全国教育大会上的重要讲话精神，树
立"健康第一"的教育理念，解决思想认识、顶层设计的问题。扎实开
齐开足体育课，解决学习运动技能、公平底线的问题。切实帮助学生在
锻炼中感受快乐，让学生热爱体育、持续参加运动，并在竞赛中培养规
则意识、团队精神、公平竞争等优秀的意志品质，养成终生运动的良好
习惯。从实现每一位学生个体的身心健康做起，推进全民健康和提升国
民素质。以校园足球为突破口，把握所有的体育运动、所有的教育工作，
最重要的是让学生享受乐趣的真谛，促进学生在体育运动中增强体质、
健全人格、磨炼意志。

（二）进一步畅通校园足球特长生成长成才通道

以突破性改革、创新性举措推动校园足球发展，着力解决高职单独招
生、本科专项招生和高水平运动队招收足球特长生的瓶颈。拟以四川省高
校高水平足球运动队为依托，争取教育部支持，有序调整招生政策，支持
高校自主、定额招收足球专项考生，进一步畅通足球特长生成长成才通道，
让学校、家长、学生看到希望，在体制机制方面引导校园足球健康发展。

（三）强化竞赛改革赛制，探索开展主客场和分区赛

对接四川省委"一干多支五区协同"的总体布局，探索开展区域联赛、
邀请赛等活动。在各级各类学校大力开展班级赛、年级赛、片区赛、联盟
赛、集团赛的基础上，按照教育部规定的分组办法，认真组织以学校组队
的普及性联赛，公平、公正地开展以学校联合组队的最佳阵容选拔性竞赛，
同等力度开展各组别女子队伍竞赛。探索开展主客场制，制订赛事育人、
规范办赛、观众人数、文明程度等指标，评选和奖励优秀主场。

（四）进一步加强校园足球专业指导和宣传推广

加强与体育主管部门协同，有效利用好俱乐部、足球学校等社会资源，聘请退役运动员、校外专业运动员担任专、兼职教练员，探索完善俱乐部＋学校、高校＋中小学校的支持模式，加强校内外足球专业师资队伍建设。加大赛事宣传、培养足球人口，扭转场上队员比场下观众多、校园足球自娱自乐的尴尬局面。创新宣传方式，充分发挥APP、微信等新媒体的宣传作用，引导各类媒体宣传报道校园足球活动，积极做好校园足球赛事和文化的宣传推广，扩大校园足球的社会影响，营造校园足球健康发展的良好氛围。

贵州省青少年校园足球发展报告

2018 年，贵州省按照"教学是基础、竞赛是关键、体制机制是保障、育人是根本"的校园足球发展思路，加强校园足球特色学校质量建设，加大师资培训力度，广泛开展校园足球竞赛活动，推动全省校园足球健康发展。

一、加强校园足球特色学校质量建设

2018 年 3 月，贵州省教育厅制发《关于进一步做好全省青少年校园足球工作的通知》（黔教办体〔2018〕45 号），对 2018 年全省青少年校园足球工作提出了 9 个方面的具体要求，努力推动贵州省校园足球实现高质量发展。2018 年 11 月，贵州省教育厅组织 5 个专家组分赴全省 9 个市（州）对 2017 年教育部认定命名的第 3 批 188 所特色学校开展现场调研检查，并对全国校足办限期整改的 15 所学校进行重点检查，进一步掌握全省校园足球特色学校在组织领导、教育教学、条件保障、训练竞赛和后备人才培养等方面基本情况和存在的问题，为推进特色学校质量建设奠定坚实基础。截至 2018 年，全省共创建全国青少年校园足球特色学校 617 所、县（区）级精英训练营 1 个、试点县（区）3 个和 7 个省级试点县（区）。

二、加大校园足球师资培训力度

近年来，贵州省采取多种方式配足补齐中小学体育教师，制订并落实配齐专职体育教师计划，完善农村学校教师特岗计划，补充体育教师的机制，多渠道地配备好中小学体育教师。截至 2018 年底，全省共有中小学体育教师 20597 人；与 2012 年相比，新增中小学体育教师 6177 人。贵州省教育厅按照吸收引进和培养培训 2 条路径，强化校园足球师资队伍建设。

2018 年，继续将校园足球师资培训纳入"国培计划"项目，共培训校园足球指导员 400 人。举办全省校园足球教练员（初级）培训班（3 期）、2017—2018 赛季全省校园足球联赛优秀裁判员培训班，并在中国大学生体育协会大力支持下，承办了 1 期中国足协 D 级教练员培训班，共培训校园足球教练员、裁判员 264 人。此外，还选派 576 名中小学校长及骨干体育教师参加教育部组织的国家级专项培训，遴选 17 名体育教师参加教育部组织的赴英国、法国校园足球短期培训。

三、广泛开展校园足球赛事活动

2018 年，贵州省教育厅联合贵州省体育局举办 2018 年全省校园足球四级联赛初中、高中总决赛，第四届全省大学生运动会足球比赛，2018 年全国校园足球夏令营贵州营区选拔活动，全省校园足球试点县（区）女子足球联赛，高校女子足球周末联赛，组队参加全国校园足球夏令营分营、总营活动和全国青少年校园足球各学段学生系列竞赛。贵阳等市（州）和云岩区等县（区、市）实施贯穿全年的校园足球周末联赛。据统计，2018 年全省参加足球竞赛活动学生总人数超过 65 万人次，县级以上比赛场次超过 1.3 万场，参加县级以上校园足球竞赛的学生人数超过 10 万人次。其中，省级比赛近 500 场，参赛学生人数 4000 余人次。

四、疏通足球特长生升学渠道

2018 年，贵州省教育厅批复同意贵阳市观山湖区外国语实验中学、观山湖区第一高级中学在全省范围招收足球特长生，贵阳十六中、贵阳实验三中等一批初、高中学校在本市（州）范围招收足球特长生。贵州大学、贵州师范大学 2 所获批建设高水平足球运动队的高校继续招收足球特长生，贵州师范大学足球学院开始招收足球特长生。各地、学校陆续出台足球特长生成长的升学政策，初步形成逐学段对接的校园足球区域发展格局。从 2019 年起，贵州省教育厅将建立省内专科院校招收优秀足球后备人才的工作机制，为足球特长生畅通升学渠道、拓宽成才路径。

五、积极参加全国校园足球竞赛活动

2018 年 7 月，贵州省组织 11 支足球队赴湖北省荆州市、宜昌市参加全国校园足球夏令营第六营区（湖北、湖南、广西、贵州）活动，77 名中小学生入选第六营区最佳阵容（小学组 32 人、初中组 28 人、高中组 17 人），高中代表队被第六营区组委会评为"最佳管理团队"，6 名中小学生入选全国总营最佳阵容。7 名中小学生入选 2018 年"谁是球王"——"新时代杯"全国青少年校园足球比赛第六赛区最佳阵容，获得参加南区半决赛资格。2 名学生入选全国最佳阵容（全国共 10 人），并代表中国少年队于世界杯足球赛期间赴俄罗斯参加中俄青少年足球友谊赛，受到国务院副总理孙春兰同志亲切接见。4 名入选 2017 年全国校园足球夏令营总营初中男子组最佳阵容（全国共 28 人）的学生，于 2018 年 5 月赴德国参加 2018 年校园足球欧洲训练营暨 2018 年德国拜仁慕尼黑青年杯活动。5 名入选 2018 年全国校园足球夏令营总营小学组最佳阵容的学生将随教育部团组赴法国参加训练营。观山湖区外国语实验中学获得 2017—2018 全国青少年校园足球挑战赛（初中男子组）总决赛第 11 名。

六、主要存在的问题

（一）足球专项课教师缺口较大，校园足球经费投入不足

足球场地设施数量不够、质量不高，难以满足广泛开展校园足球活动的实际需求。贵州省教育厅已连续 5 年提请贵州省财政厅在安排相关资金时，对校园足球工作给予必要的倾斜，但是贵州省"十三五"期间重点工作是"脱贫攻坚"，省级财政建立校园足球专项资金难度较大。

（二）特色学校发展不均衡

城市学校在资金投入、师资力量等方面优于农村学校，但城市学校受空间制约，运动场地设施无法扩展，开展足球运动受限。农村学校足球师资力量薄弱，足球专项课教师数量远远满足不了进行教学、训练的需求。

（三）特色学校普遍存在重申报、轻建设的情况

部分学校领导对校园足球教育意义认识不足，高中阶段足球特色学校功利思想严重。受地方经济条件和政府教育质量考核等多因素的影响，普遍存在重申报、轻建设的现象。

七、下一步工作打算

2019 年拟从以下几个方面推进全省校园足球工作。

一是加强统筹推进普及、扶持特色引领普及，启动省、市、县三级精英训练营创建工作，形成普及与提高相结合的校园足球发展格局。

二是完善校园足球竞赛体系，通过丰富的赛事、稳定的赛制和严明的赛纪，推进校园足球竞赛有序开展。

三是提升校园足球条件保障水平，加大经费投入、加强师资建设、改善场地设施、完善安全保险机制。

云南省青少年校园足球发展报告

2017年底,云南省被教育部确立为"全国青少年校园足球改革试验区"。2018年以来,云南省校园足球工作深入贯彻落实习近平总书记关于足球工作重要讲话和指示精神,把发展校园足球作为立德树人工程和全面推进学校体育综合改革的探路工程,把校园足球工作纳入全省教育工作全局和全省教育体制改革重点任务进行谋划和推进。现将2018年的工作总结如下。

一、2018年工作总结

（一）全省学校体育政策体系和制度保障初步形成

近年来,云南省教育厅围绕学生的体质健康监测、体育办学条件、体育课程标准、校园体育活动、中小学体育工作评估和年度报告办法、高校体育工作基本标准等若干政策性文件相继出台,学校体育政策制度框架基本建成。云南省教育厅先后制定出台《云南省教育厅关于强化体育课和课外锻炼的意见》（云教体〔2015〕34号）、《云南省关于全面加强学校运动会改革的意见》和《关于强化学校体育促进学生身心健康全面发展的实施意见》。在全国范围内率先提出:体育教师的劳保费,按照每年不低于1500元的配备标准,明确提出在各项安全措施和应急预案都到位的情况下,出现学校体育意外伤害事故,学校不得认定为教学事故,不得追究体育教师和相关组织者的责任,不得影响相关人员的评优评先和职称晋升。上级教育行政部门不得追究学校和校长的责任,不得影响学校的评优评先工作。这极大地激发了体育教师的积极性,为校长在校园体育安全方面松绑解套。通过在全省各级各类学校开展跳绳、引体向上、俯卧撑、爬杆等若干个体育标兵项目的评选工作,让男生、女生、残疾学生都有机会参加符合自己身体特点的体育项目，让学校运动会的开展不受场地、器材、师资、项目的限制，推动学校运动会的改革，切实提高学生体质健康水平。明确到2020年，全省学校体育办学条件总体达到国家标准，政府主导、部门协作、社会参与的学校体育推进机制进一步完善。学校体育工作投入保障有力，管理机构健全，管理能力和水平登上新台阶。

（二）以点带面，推动学校体育全面发展

为激活云南校园足球发展动力，依托名校建设"精英训练营"、依托高校建设"足球学院"。2017年从全省优质高中中遴选9所学校建设青少年校园足球精英训练营，在高校建设4所足球学院。依托全省优质基础教育资源，试点开展校园足球高水平运动员招生，共招收初一、高一的足球高水平运动员110名。升学渠道的打通，极大地激发了学校、学生参与校园足球的积极性，在云南省"踢足球、上名校"已蔚然成风。从2016年开始，云南省教育厅每年定期举行高等学校校园篮球、足球、排球周末联赛，以此来有效推动学校体育工作的开展。还参照校园足球的模式，在全省遴选了598所校园篮球、排球、田径、武术、网球等项目的体育特色学校，并举办校园篮球、排球四级联赛，网球、羽毛球、乒乓球分站赛。在2017年全国学校体育工作座谈会上受到时任国务院副总理刘延东同志的点名表扬。

二、下一步工作打算

（一）找准结合点，准确把握云南省校园足球工作发展思路

1. 发展校园足球与实现教育立德树人相结合

体育是教育不可分割的组成部分，体育除了教人学会运动技能、提高健康水平以外，还能促进学生智力发育，帮助学生养成团队合作、遵守规则、尊重对手、尊重裁判、坚强意志、永不言败的精神。所以，体育在学生培养中起着基础性的不可替代的作用。而足球作为体育的重要项目，它的功能跟其他项目相比更具有代表性，因为它是集体项目，而且在全世界普及度较高。学校体育是素质教育的突破口和切入点，发展校园足球既是学校体育的突破口，也是落实立德树人的教育使命之所在。

2. 发展校园足球与学校体育补短板相结合

当前学校体育仍然是整个教育工作的短板，学校体育工作管理机构不健全、经费投入不足、体育课和课外活动时间不能保证、专业体育教师短缺、体育场地设施缺乏、高等学校体育专业人才培养质量不高等问题依然突出，由学生身心健康所引发的一系列的社会问题正逐步凸显。加快发展青少年校园足球，要突出解决管理机构不健全、经费不足、师资不强、场地匮乏、竞赛平台不稳和课外活动时间不足等问题，以校园足球为突破口，尽快补齐制约学校体育工作健康发展的短板问题。

3. 发展校园足球与实现体育强国梦相结合

习近平总书记提出"三大球"要搞上去，这是一个体育强国的标志。振兴足球是中国梦的组成部分，改善中国足球的现状是学校体育的重要职责。近年来，云南省校园足球工作取得积极进展，越来越多的学生享受到足球运动的快乐，但仍需加大力度，努力推进。坚持育人为本，注重技术能力和意志品质培养，切实提高校园足球水平。完善培养和竞赛机制，形成大中小学有机衔接的训练和联赛体系，打通人才持续成长的通道，培养高水平足球人才。拓宽渠道，加大教师培养培训力度，建设一支能力强、作风好的师资队伍。因地制宜加强场地建设，强化运动安全防范，推动校园足球广泛深入持续开展。树立科学发展理念，加强基础条件和基础工程建设，完善相关政策，把校园足球作为一项长期工作做下去，把发展校园足球确立为成就中国足球梦想、建设体育强国的基础工程，抓好、抓实。

（二）突破关键点，全面夯实云南校园足球工作发展基础

1. 注重校园足球的普及水平

将校园足球列入学校体育课程教学体系和阳光体育运动内容，在广泛开展校园足球的基础上，支持和加强校园足球特色学校和试点县建设，发挥其在发展云南省青少年校园足球中的骨干、示范和带动作用，以点带面推动校园足球普及。加大对农村学校帮扶力度，着力扩大校园足球覆盖面。鼓励支持各年龄段学生广泛参与，积极开展青少年女子足球运动，让更多青少年体验足球生活、热爱足球运动、享受足球快乐。以普及校园足球示范带动校园田径、篮球、排球、武术等其他体育运动项目发展。

2. 深化校园足球教学改革

完善校园足球课程体系建设，形成小学、初中多样化，高中专项化和高校专业化校园足球课程体系。全省各级各类学校把足球列入体育课教学内容，积极推进足球教学模式的多样化。鼓励有条件的学校开展以足球为特色的"一校一品"体育教学改革。足球特色学校可适当加大学时比重，每周至少安排1节足球课，不断提高教学质量。科学统筹足球教学与其他学科教学，在课时分配、教师配备、教学管理、绩效评价等方面为足球教学改革创造良好条件。鼓励各地各校因地制宜采取多种方式开发共享高质量的足球教学资源，逐步实现优质足球教学资源全覆盖。

3. 夯实校园足球发展基础

规划到2020年新建和改建校园足球场地3000块，力争实现全省初中及以上学校每校都有1块校园足球场地，切实解决校园足球场地不足问题。同步推进学校足球场地向社会开放和社会体育场地设施向学生开放，形成教育与体育、学校与社会共建共享场地设施的有效机制。加强校园足球师资培养力度，鼓励专业能力强、思想作风好的足球教师、裁判员，有足球特长的其他学科教师和志愿人员任兼职足球教师。完善政策措施，创新用人机制，为退役足球运动员转岗成为足球教师或兼职足球教练创造条件。

4. 完善校园足球竞赛体系

构建学校、县（区）、市（州）、省四级纵向递进，小学、初中、高中（中职）、大学四级横向竞争的四级联赛体系，分别按省、市、县、学校举行总决赛、选拔赛、预选赛和校内联赛。明确从小学3年级以上到初、高中学校，要组织班级、年级联赛，开展校际邀请赛、对抗赛、周末联赛等竞赛交流活动。加强与国际组织和专业机构的交流合作，组织或参与国际青少年足球赛事活动。完善竞赛监督制度，使校园足球成为学生体验、适应社会规则和道德规范的有效途径。完善裁判员公正执法，教练员和运动员严守赛风赛纪的约束机制。规范学生文明观赛、遵纪守法，形成良好的校园足球竞赛风气，营造风清气正的学校体育竞赛氛围。

5. 畅通足球人才成长通道

完善校园足球高水平运动员考试招生政策，激励学生长期积极参加足球学习和训练，允许足球高水运动员升学录取时在一定范围内合理流动。鼓励建立文化教育与足球运动紧密融合的足球学校。扩大高校高水平足球运动员招生规模，在云南大学、云南师范大学、云南师范大学商学院、丽江师范高等专科学校设立足球学院，依托基础教育优质教育资源建设校园足球精英训练营。建立教育与体育相互衔接的人才输送渠道，支持校园足球运动员进入省级、国家级足球后备人才梯队，拓宽进入国内外足球职业俱乐部的通道。

（三）接长加力杆，全面提升云南省校园足球发展动力

1. 完善校园足球机构设置

成立青少年校园足球工作领导小组，并设立办公室在教育厅体卫艺处，明确专人负责校园足球工作，各州市教育局参照省级模式成立校园足球工作领导小组。定期召开校园足球工作协调会议，研究解决全省青少年校园足球发展过程中存在的困难和问题。

2. 加大校园足球财政投入

加大对青少年校园足球的投入，统筹相关渠道经费对校园足球改革给予倾斜。调整细化生均公用经费使用范围，确保一定比例的资金用于学校体育活动的开展。每年从云南省体育彩票公益金中安排一定的资金，专项用于支持校园足球场地建设、师资培训、竞赛管理、试点县和特色学校建设、教学科研等。2018年，云南省投入校园足球专项资金1320万元。

3. 完善校园足球保险制度

加强校园足球运动安全教育，推动中小学生和家长树立安全风险意识

和法治意识，建立政府、学校和家庭三方安全防范和风险共担机制。探索试验在校方责任险的基础上为参加校园足球运动的学生购买足球运动意外伤害保险。加强政府统筹和部门联动，完善足球运动意外伤害处理流程，做好校园足球风险防范和矛盾化解工作。到2018年低，实现校园足球保险全覆盖，解除学生、家长和学校的后顾之忧。

4.加强校园足球专项督导

成立云南省校园足球专家委员会，依托专家委员会定期开展校园足球专项督导工作，把校园足球保障条件和竞赛开展情况纳入教育督导指标体系，定期开展督导和评估检查。按照有关规定对工作成绩突出的学校、单位和个人进行表彰奖励，对组织不得力、措施不到位的学校，对主要负责人实行诫勉谈话。把高等学校开展校园足球活动情况和竞赛成绩列入高等学校体育办学基本标准评估指标体系。

5.完善校园足球交流机制

积极推动云南省校园足球参与国内、国际青少年校园足球文化交流和足球赛事，增进交流，提高水平。积极承办全国青少年校园足球赛事，开展与南亚、东南亚国家学校之间的学生足球赛事交流。结合云南省学校实际，组织优秀足球教师、教练员、裁判员、运动员和管理人员到足球发达省区和国外参加专业培训和交流活动。

西藏自治区青少年校园足球发展报告

加快发展青少年校园足球是贯彻党的教育方针、促进青少年身心健康的重要举措，是夯实足球人才根基、提高足球发展水平和成就中国足球梦想的基础工程。西藏自治区教育厅认真贯彻落实《中国足球改革发展总体方案》和教育部等 6 部门《关于加快发展青少年校园足球的实施意见》等文件精神，大力开展青少年校园足球工作，现将 2018 年工作开展情况总结如下。

一、强化组织领导

以教育部等 6 部门《关于加快发展青少年校园足球的实施意见》为指导，健全校园足球发展体制、机制，明确工作职责和任务分工，统筹管理各级校园足球工作的开展。2018 年 5 月，西藏自治区组织区财政厅、发改委、体育局、新闻广电出版局、团区委召开了 2018 年西藏自治区校园足球领导小组第二次会议，传达和学习全国青少年校园足球工作领导小组第三次会议精神，总结通报 2017 年全区校园足球工作开展情况，安排部署 2018 年全区校园足球工作。

二、加强场地建设

统筹推进体育场地设施资源的投入、建设、管理和使用工作，将校园足球活动场地建设纳入城镇化建设和全民健身场地建设的总体规划，加强中小学足球场地设施建设，按照因地制宜、逐步改善的原则，建设青少年足球场地。依托学区建立青少年足球活动中心，建设小型多样化的足球场地设施。2018 年，教育厅共投入资金 4110 余万元用于 34 所中小学校园足球场地的新建和改造。

三、开展督查考核

西藏自治区共有89所"全国校园足球示范学校"和3个"校园足球特色试点县"。2018年10月，教育厅下发了《关于开展全区青少年校园足球试点县和特色学校督导检查工作的通知》，对全区校园足球工作进行一次全面的大督查，查找突出问题，提出整改措施，全面加强开展校园足球工作的正规化。

四、各类活动开展情况

（一）组织开展丰富的校园足球联赛活动

2018年元月，区教育厅联合体育局、拉萨市教育局组队参加了在哈尔滨举办的全国青少年"未来之星"冬季阳光体育大会，取得了初中组冠军、高中组亚军的优异成绩。选派那曲市校园足球队参加了在西安举行的全国校园足球高中（男子组）联赛，组织西藏民族大学足球队参加了在青海举行的全国校园足球大学（男子组）联赛，选派拉萨市一中代表西藏自治区参加了全国校园足球夏令营活动。组织江苏中学校园足球队参加了在贵州举行的"谁是球王"西南赛区联赛，获得了亚军，其中3名学生入选了西南赛区最佳阵容，并参加了由全国校足办和中央电视台联合在成都举办的全国大区赛，获得冠军。

（二）积极开展校园足球裁判员、教练员师资培训

组织全区20多名教师参加了全国校园足球教师赴欧洲留学的选拔考核培训班，遴选出日喀则市南木林县第一中学达瓦旺堆和西藏大学巴桑老师分别到英国和法国参加了为期3个月的校园足球教练员培训。同时，与区体育局联合举办了全区2018年中国足协D级教练员培训班，参训学员25人。2018年，全区共有43名校园足球教练员参加了"全国青少年校园足球师资国家级专项培训"。

（三）启动自治区校园足球"满天星"训练营，完善竞赛体系

根据《教育部关于公示2018年全国青少年校园足球特色学校、试点

县（区）和"满天星"训练营遴选结果名单的通知》，拉萨市教育局挂牌"全国青少年校园足球'满天星'训练营"。2018年9月4日，拉萨市校园足球"满天星"训练营正式启动，完善竞赛体制，将校园足球四级联赛融入全区大型体育活动，举办了2018年西藏自治区阳光体育大会暨校园足球四级联赛，全区各级各类学校踊跃报名参赛，校园足球联赛开展得如火如荼。

五、工作中存在的问题和困难

（一）开课率不足

有些学校没有按照国家和自治区的标准开齐、开足、开好体育课，有些校园足球特色学校达不到每周开展1节足球课的标准，挤兑、占用体育课的现象仍存在。

（二）家长对学生参加校园足球活动的认识不够

有些家长对学生参加校园足球活动的支持力度不够，思想认识不到位，觉得学生参加体育运动是在浪费学习时间。

（三）标准化场地建设是短板

除了高校和部分中学建有400米标准田径场地外，大多数中小学在标准化场地这一指标上存在一定的差距。

（四）旅游旺季参加全国性活动和比赛难度较大

按照规定学生只能坐火车，寒暑假等旅游旺季期间，购买进出西藏的火车票难度较大。若买不到票，学生的交通安全会存在一定的隐患；若领导批准学生运动员坐飞机参赛，又存在经费超预算的问题。

六、下一步工作计划

一是将校园足球竞赛与禁毒防艾、学生军训、健康教育及新生入学教育等相关处室的业务工作紧密结合，通过组织开展"禁毒杯""新生杯""健康杯"等形式多样的校园足球联赛，既宣传了相关知识，又丰富了校园文化生活，完成了足球竞赛和训练。

二是制定全区校园足球特色学校督导和评定标准，对特色学校加强管理，认真开展全区校园足球特色学校评审、复核工作，对评审不合格的学校进行撤牌处理并通报批评。

三是继续举办全区校园足球教练员培训班。认真组织教学、训练，以《全国青少年校园足球教学指南（试行）》和《学生足球运动技能等级评定标准（试行）》为纲，普及校园足球运动训练，全面提高校园足球特色学校的教学训练水平和运动员的竞技水平。

四是加强各成员单位之间的沟通和协作，定期召开青少年校园足球领导小组会议，厘清发展思路，明确发展方向，研究制定开展全区校园足球工作的相关保障措施，加大资金投入，加快推进校园足球标准化场地的建设，确保全区校园足球事业稳步发展。

陕西省青少年校园足球发展报告

　　校园足球是足球事业的重要组成部分，大力发展校园足球是成就中国足球梦想的基础工程。近年来，在陕西省委、省政府的正确领导下，全省青少年校园足球工作以校园足球特色学校为抓手，以四级联赛（小学、初中、高中、大学）为平台，全面深化体育教育教学改革，加大宣传推广普及力度，扎实推动青少年校园足球活动广泛、深入、健康开展。截至 2018 年底，校园足球基本得到普及，活动开展良好，校园足球设施条件得到显著改善，学生体育锻炼意识不断加强，青少年健康水平稳步提高。现将陕西省 2018 年校园足球工作总结如下。

一、基本情况

　　截至 2018 年底，全省共有中小学校 8348 所，有足球场地 6238 块，其中，5 人制足球场 3810 块，7 人制足球场 1680 块，11 人制足球场 748 块。2018 年，陕西省创建全国校园足球特色学校 86 所、改革试验区 2 个（西安市、延安市）、校园足球试点县（区）1 个（安康旬阳县）、"满天星"训练营 1 个（宝鸡市金台区）。2018 年，陕西省举办校园足球四级联赛 50787 场（其中，省级 361 场、市级 1447 场、县级 8799 场、校级 1004 场、班级 39176 场），参与学生达 51.93 万人，占我省学生总数的 6.84%。

二、主要做法

（一）深化足球教学改革

　　陕西省试点县（区）和 812 所校园足球特色学校，已把足球课列入日常教学计划，并将足球学习情况作为学生综合素质评价的重要参考内容，在升学录取时允许足球特长生合理流动，推进了学校足球教学改革。同时，改革初中毕业生升学体育考试工作，为提高校园足球普及水平，将足球项目纳入考试内容。宝鸡市根据《全国青少年校园足球教学指南（试行）》和《学生足球运动技能等级评定标准（试行）》，积极开展教研活动，加大校本课程研究，不断提高校园足球特色校学生足球运动技能。加强校园足球的大课间、课外锻炼的常态化锻炼机制建设，开展丰富多彩的以足球为主题的阳光体育活动。逐步形成内容丰富、形式多样、因材施教、各学段相互衔接的青少年校园足球教学体系和活动体系。

（二）健全联赛体系

陕西省积极建设常态化校园足球四级联赛体系，小学、初中、高中、大学联赛体系日渐完善。针对不同学校类别和学生竞赛特点，陕西省积极推出了3对3、5人制、7人制、8人制、11人制赛制比赛，极大地丰富了联赛体系，同时开展了足球专家（运动员）校园行等专项校园足球活动，充分发挥联赛带动作用，扩大校园足球影响力和参与面，以点带面推动校园足球推广普及。2018年，陕西省成立了"陕西省校园足球训练中心"，依托西安体育学院师资力量和教练员队伍，从陕西省校园足球夏令营和联赛中选拔优秀队员，积极建设初中、高中校园足球省级最佳阵容。汉中市留坝县除了定期举行班、校、镇、县四级联赛之外，还经常性开展控球、运球、传球、颠球、射门等丰富多彩的足球技巧比赛。同时，开展大多数学生都能参加的足球啦啦操、足球绘画、征文、摄影、小工艺制作、队徽、吉祥物设计、海报设计等活动。让每名学生都参与其中，体会足球带来的快乐，也使学校的特色得以彰显。近年来，汉中市留坝县先后为国家青年队输送了3名优秀队员，为陕西省青少队输送了近20名优秀队员，近200名学生先后获批国家一、二级运动员，多名学生通过足球单招考试进入高校学习。

（三）加强队伍建设

一是鼓励体育教师、有足球特长的其他学科教师、足球教练员、优秀足球退役运动员及有足球专长的志愿人员，兼职从事校园足球教学、训练和竞赛活动。

二是依托"陕西省青少年校园足球研究与发展中心"，开展青少年校园足球教学、训练和培训等相关领域的科学研究，为校园足球科学发展提供智力和人才支持。

三是加大对现任体育教师足球专项培训力度。2018 年，陕西省共有4844 名中小学校园足球教师（教练员）参加了各级专项培训。其中，国家级 498 名（含夏令营）、省级 439 名、市级 1149 名、县（区）级培训2758 名。并通过国家留学项目，选派 3 名足球教师赴法国留学，聘请 2 外籍专家到学校任教。

截至 2018 年 11 月底，陕西省现有中小学专职足球教师（教练员）1242 名、兼职足球教师（教练员）3930 名。其中，D 级教练员有 409 名，C 级教练员有 109 名，B 级教练员有 32 名。

（四）加快校园足球信息平台建设

建设"陕西省校园足球工作信息平台"，通过这个平台对中小学校校园足球课程建设、体育场地建设和管理、校园足球教师（教练员）队伍建设和培训、校园足球特色学校管理、阳光体育活动开展和学生体质健康水平分析等工作进行有效管理，该平台截至 2018 年底已基本建成，陕西省教育厅将组织专家组对平台进行验收。

（五）强化校园足球安全保险制度

为切实提高校园足球安全意识和防范能力，2018 年，陕西省印发了《关于做好 2018—2019 学年校方责任险工作的通知》，制定安全防范规章制度、应急预案，加强安全检查和管理。在全面实施校方责任险的基础上，增加校园足球保险，建立学生运动伤害事故第三方调解机制，进一步提升校园足球安全保障水平，解决学校、学生和家长的后顾之忧。

（六）加大校园足球工作督导检查力度

陕西省将校园足球纳入教育督导指标体系，制订校园足球督导考核办法，定期开展专项督导。2017—2018年，陕西省连续2年组织专家对校园足球特色学校、试点县（区）开展复核工作。截至2018年底，已经完成了对92个县（区）的校园足球特色学校和3个试点县（区）复核工作，以促进校园足球运动的健康顺利开展。

陕西省青少年校园足球工作虽然取得了一定的成绩，但与全国总体要求和兄弟省份发展情况相比，仍存在一些薄弱环节和发展不平衡的问题，主要表现为：一是认识不足。一些地方和学校存在片面追求升学率的倾向，应付挤占、停上体育课的现象比较普遍。不少家长因为担心孩子踢球受伤影响学习而排斥足球，致使各地校园足球发展不平衡，学校和学生的总体参与度还比较低。二是条件不足。最突出的问题就是教师和场地数量不足、竞赛体系不健全、竞技水平较低，校园足球与青训体系的衔接不够。三是资金不足。主要是校园足球工作经费很难满足工作需要，制约了校园足球工作深入开展。

三、下一步打算

（一）健全校园足球工作机制

发挥校园足球工作领导小组及其办公室的职能作用，加强工作机构和人员配备，完善工作机制。陕西省拟成立"陕西省校园足球协会"，各项筹备工作正在有序进行。同时，加强与体育、财政等部门的协调配合，及时发现问题，总结推广经验，完善政策措施，合力推进全省校园足球工作健康持续发展。

（二）强化校园足球教学工作

以校园足球网为平台，积极遴选推广校园足球公开示范课（微课、慕课），使更多的学生尤其是农村偏远地区学生通过网络学习到高水平的足球技能。继续开展"足球专家校园行"活动，深化足球教学训练指导和辅导、送足球文化进基层等活动。

（三）加大工作保障力度

推动设立校园足球工作专项经费。把校园足球场地建设列入各地城镇化发展和公共体育设施规划。积极联合体育等部门，鼓励高校和城区中学，在保证学校教育教学需要和校园安全的情况下，在节假日将学校体育场地设施对外开放，满足学生和广大群众参加体育锻炼的需要。陕西省教育厅将加强陕西省校足办机构的建设力度，采用借调和聘用等办法，充实工作人员，为完成国家对校园足球各项要求提供人员保障。

（四）进一步完善足球竞赛体系

在继续做好四级联赛工作的基础上，依托即将成立的校园足球协会和省足球协会，打造陕西省青少年校园足球精品赛事，带动更多的学生参与到足球活动中。推动建立陕西省大学生联赛升降级机制，形成常态化大学生甲级和乙级联赛。

（五）加大督导检查力度

定期开展专项督导，继续开展校园足球特色学校和试点县（区）复核工作，并将结果向社会公告，接受社会和舆论监督。

甘肃省青少年校园足球发展报告

自 2016 年《甘肃省足球中长期发展规划（2016—2050 年）》《甘肃省足球场地建设规划（2016—2020 年）》印发以来，甘肃省校园足球改革发展迎来了前所未有的大好机遇。为此，甘肃省教育厅立足实际，积极创新，大胆实践，采取完善机制、规范管理、优化队伍、强化活动、培育特色、夯实基础等一系列举措，使校园足球工作得到了全面、协调、可持续发展。

一、主要工作

（一）认真落实文件精神，成立组织机构

为深入贯彻落实《中国足球改革发展总体方案》和《关于加快发展校园足球的实施意见》，甘肃省政府办公厅和省教育厅等 6 部门先后印发了《甘肃省足球改革发展实施方案》和教育部等 6 部门《关于加快发展青少年校园足球的实施意见》，并成立了甘肃省青少年校园足球工作领导小组；同时，依托西北师范大学成立了甘肃省青少年校园足球发展服务中心，下设兰州城市学院、天水师范学院、甘肃民族师范学院、陇东学院、河西学院 5 个分中心。2016 年始，省财政厅每年投入 1000 万元，用于支持校园足球教学训练改革与课程体系建设、校园足球四级联赛、国内外足球人才聘用与技术引进、校园足球师资队伍建设、校园足球宣传与文化建设、经验交流和集中调研等方面；组建了甘肃省校园足球专家委员会委员，聘请原国家体育总局足球运动管理中心党组书记、中国足球协会副主席、国家校园足球办公室主任魏吉祥为甘肃省校园足球专家委员顾问，这为有效开展校园足球教学、训练与竞赛，为全面提高甘肃省校园足球水平提供了政策指导、经费支持和智库保障。

（二）布局重点单位，普及校园足球活动

通过自主申报、组织审核和推荐上报等程序，经教育部确定，兰州市为"全国校园足球改革试验区"，兰州市七里河区、张掖市甘州区、白银市靖远县为"全国校园足球试点县（区）"及"全国校园足球特色学校"695所；同时，甘肃省教育厅通过遴选认定兰州新区为"甘肃省校园足球试点县（区）"及"甘肃省校园足球特色学校"800所（含全国校园足球特色学校）。为发挥特色学校的示范引领作用，甘肃省教育厅指导各市（州）教育局开展以校园足球特色学校为主的"校园足球传统学校"创建活动暨"星级"锦标赛活动，并给予每所"星级"学校2.5万元的奖励补助经费，校园足球已成为学校教育工作中一道靓丽的风景线。大力扶持西北师范大学、西北民族大学、兰州大学、甘肃政法学院建设高水平足球运动队。同时，甘肃省教育厅向教育部体卫艺司汇报、衔接和支持兰州交通大学申报2018年建设高水平足球运动队项目。2016年，甘肃省教育厅启动了甘肃省校园足球从小学至大学的衔接实验项目，积极探索一套从小学、初中、高中到大学的"一条龙"代表队训练、比赛、运动队员输送衔接的新模式，兰州市和酒泉市已在畅通足球特长生升学机制上进行了有益探索。

（三）加强专项培训，提升管理、教学、竞赛水平

通过"走出去""请进来"加强校园足球教师培训。甘肃省教育厅先后选派25名教师赴法国、英国等地进行校园足球交流学习，组织70余名校园足球管理人员、140余名教练员和裁判员先后前往广州恒大足球学校、成都体育学院参加校园足球高端研训。将校园足球培训项目纳入教育部门、财政部门实施的教师"国培计划"和"省培计划"之中，对甘肃省的527名全国校园足球特色学校校长和527名校园足球骨干教师进行集中培训，并在兰州财经大学、西北师范大学、七里河小学分别举办了2017年甘肃省校园足球裁判员、教练员、小学足球教师培训班（"国培计划"项目），培训裁判员90名、教练员100名、小学教师100名。以国家教育部和外国专家局实施的"校园足球外籍教师支持项目"为契机，先后聘请了17

人次外国高水平足球教师来甘肃省进行为期一年的教学指导，从而有效地提升了广大管理人员和教师的专项技能和教学、训练及竞赛的实战能力。

（四）积极开展竞赛，完善竞赛体系

甘肃省连续 7 年举办了小学、初中、高中、大学校园足球系列联赛及总决赛，初步建立了校园足球四级联赛管理体制和机制。特别是 2018 年甘肃省中小学生校园足球联赛，根据全国校足办做好最佳阵容选拔工作的要求，2018 年赛事发生了重大变化，其中参赛队涉及甘肃省所有市（州），组别多达 7 个（小学混合组、小学男子组、小学女子组、初中男子组、初中女子组、高中男子组、高中男子组），仅运动员、教练员、领队人数就多达 1600 余人，共计比赛 200 多场次，抽调裁判员、最佳阵容选拔组专家近百人，赛期 8 天，遴选并推荐 11 个组别最佳阵容共计 206 名队员。2017 年大学生足球联赛也有来自 24 所高校的 29 支代表队参加了超级组、校园组、高职组等组别的比赛，参赛队伍、院校参加情况均超过往届比赛。此外，根据全国校足办《关于举办 2018 年全国青少年校园足球夏令营活动的通知》精神，结合 2017 年甘肃省青少年校园足球联赛成绩，安排有关市（州）教育局组队参加各组别分营活动。随着全国校足办的校园足球夏令营训练选拔模式的完善，通过举办首届甘肃省青少年校园足球冬令营（初中班）活动，进行全国夏令营参训队员的前期选拔和人选储备。

（五）积极修缮改造校园足球场地

甘肃省教育厅根据学校体育工作的实际需要和校园足球的开展情况，在体育场馆建设、体育设施配备方面，以校园足球场地建设为契机，对中小学体育场地集中进行了新建、改扩建和维修。截至 2018 年底，85% 的中小学有体育场地，66% 的学校体育设施基本能够满足体育教学的需求，80% 的中小学有《国家学生体质健康标准》测试仪器，改善了学校体育教学和学生体育锻炼的条件。各级政府部门也将学校体育经费纳入年度教育经费预算内，以确保学校体育经费能够落实。

校园足球场建设情况（2016 年 1 月—2018 年 8 月）

年份	新建足球场（块）	改扩建足球场（块）	修缮足球场（块）	11 人制标准场地（块）	非标准场地（块）
2016	172	128	135	75	360
2017	262	134	78	73	401
2018	155	118	84	78	279

（六）开展督导复核，强化考核评价

一是 2017 年首次开展青少年校园足球工作专项督查调研，委托甘肃省青少年校园足球发展服务中心及分中心选派专家组成督查调研组，采用查资料、看现场、走访抽查、问卷调查等方式，对全省青少年校园足球工作开展情况进行督导调研，并根据《教育部办公厅关于做好全国青少年校园足球特色学校复核的通知》要求，通过转发《教育部办公厅关于做好全国青少年校园足球特色学校复核的通知》和印发《甘肃省教育厅关于组织开展全国青少年校园足球特色学校复核的通知》，分层次由市（州）教育局组织专家和省教育厅组织高校足球教授组成 7 个专家组，开展全覆盖复核和二次抽查复核工作，以确保复核结果的真实有效，并对复核中总结的经验进行推广，发现的不足以问题为导向，及时要求学校限时整改，逐一落实。

二是强力推行体育中考工作。甘肃省把强化学校体育工作的突破口放在了导向力最强的考试上面，由省政府办公厅发文，明确规定从 2015 年起，把体育学科纳入中考范围，总分 50 分，以实际考试成绩计入中考总成绩并作为录取依据。甘肃省教育厅按照《国家学生体质健康标准》和体育与健康课程标准，针对学生基本体能和足球运动技能的不足，规定将足球运球作为必考项目。全省 14 个市（州）教育局均已全面贯彻落实，并逐步引进智能仪器和检测设备，通过两年的体育中考实施改革，甘肃义务教育阶段学校体育正在发生着以下变化：初中阶段校长、老师、学生和家长对体育工作的空前重视，学生锻炼的主动性和自觉性明显增强，每天 1 小时校园阳光体育运动广泛开展，体育教师的责任心明显提高。

（七）强化宣传教育，用好各项载体

2017 年 1 月 25 日，时任甘肃省教育厅厅长的王嘉毅召开新闻发布会，介绍《关于全面加强和改进学校美育工作实施方案的通知》（甘政办发〔2016〕14 号）和《关于强化学校体育促进学生身心健康全面发展实施方案的通知》（甘政办发〔2016〕185 号）的相关情况，并回答了媒体记者的提问。同时，借助国家和省市新闻媒体、省市区政府网站、学校的校园足球网站，以及多次召开全省校园足球推进会等途径，向社会、教育、体育行政部门和学校管理者、教师及家长进行校园足球工作的宣传，并通过首次印发《绿茵竞秀——2016 甘肃省青少年校园足球概览》画册和举办甘肃省校园足球摄影比赛等活动，培育"树品牌、抓特色"的良好意识和"喜爱足球、崇尚运动"的工作氛围，为推进校园足球工作提供宣传保障。特别是兰州市与市电视台密切合作，每年对校园足球联赛进行现场直播，受到社会的广泛关注。除此之外，在课外锻炼活动和学校文化建设中全面渗透校园足球，将足球项目融入到学校大课间、课外活动以及各方面活动之中，通过成立教师足球队、家长足球队开展师生足球对抗赛、亲子足球对抗赛、班级约战赛等一系列家校足球活动，举办"我与足球的故事"征文、足球主题队会、足球手抄报、摄影、手工制作评比等足球教育活动，使原来单一的足球活动变得更加丰富多彩，从而激发了学生的热情，得到了家长的支持，取得了良好的效果，使校园足球工作在学校文化建设中得到进一步提升。

二、存在的问题

（一）建立和强化学校体育工作机制方面

部分学校存在体制机制不健全、落实不到位等情况，开展校园足球的措施、方法和手段还不够，高中阶段学校领导的责任意识还不强。

（二）学校办学条件建设方面

农村部分学校体育师资尚缺乏，校园足球经费投入不足；城区个别中小学体育场地还不足，空间狭小。

（三）学校教师队伍建设方面

学校体育教师配备不足，特别是专职足球教师缺乏，足球教师的教学训练能力有待进一步提升。

（四）学校校园足球活动开展方面

活动的组织及形式有待改善，活动内容的选取与设计尚欠科学、合理。

（五）学生体育安全风险防范机制建设方面

部分学校体育安全风险防范认识不清、措施不到位。

三、下一步工作

教育厅将继续认真贯彻和落实《甘肃省足球中长期发展规划（2016—2050 年）》《甘肃省足球场地建设规划（2016—2020 年）》的精神，按照教育部、国家发改委、国家体育总局开展校园足球工作的一系列政策要求及安排，把狠抓落实作为推进校园足球工作的重点，引导广大师生及家长共同为改革想招、一起为改革发力，坚定校园足球改革和发展的信心，更加自觉地运用法治思维和法治方式推进改革。在继续鼓励基层群众解放思想、积极探索基础上，推动改革顶层设计与基层实践互动，调动和依托可以利用的资源和力量，推进校园足球改革工作健康、有力、有序、有效开展，积极提高全省青少年学生的体质健康水平，为培养社会主义的合格建设者和接班人而不懈努力。

青海省青少年校园足球发展报告

"十三五"以来，青海省校园足球工作在教育部、省委、省政府的亲切关怀下，在省体育局等相关单位的支持下，已进入快步、稳定的发展轨道。青海省教育厅紧紧抓住普及青少年校园足球这个关键环节不放松，加强教体结合的力度，增加经费投入，为青海省校园足球事业的发展和后备人才培养工作创造优良的环境，不断推动青海省青少年足球事业全面、稳定、健康、持续发展。现将 2018 年青海省青少年校园足球工作开展情况总结如下。

一、校园足球工作开展情况

（一）强化机制保障，加大投入力度

2015 年，青海省教育厅联合财政厅、发改委、体育局等 7 部门及时出台了《关于加快发展青少年校园足球的实施方案》，成立了校园足球工作领导小组，对全省校园足球工作进行了部署，明确了工作目标、重点任务和基本保障。省教育厅会同财政厅、发改委等部门，进一步完善保障学校体育发展的机制，在新建和改扩建的学校中，因地制宜修建了足球场等基础设施，并添置体育器材，使中小学的体育基础设施有了较大改善。青海省教育厅按照小学 5 人制、初中 7 人制、高中（含高职）和大学 11 人制足球场的要求规划建设足球场地，有条件的高等院校建有 1 块以上标准足球场地和 7 人制或笼式足球场地，其他学校创造条件规划建设适宜的足球场地，配齐、配足校园足球设施和器材。截至 2018 年底，全省 60% 以上的学校体育场地基本符合条件，基本能满足中小学体育课和"阳光体育运动"的需要，校园足球特色学校足球场实现了全覆盖。

各级各类学校也普遍把改善体育教学及活动条件纳入了学校预算，并将体育经费用在体育教学及开展体育活动上，发挥经费的最大效益，保障体育教学和学生体育活动的开展。同时，还广泛动员、积极吸纳更多的社会力量投入学校体育事业。

（二）成立青海省校园足球运动协会

为了更好地调动高校力量，经多方研究，青海省教育厅委托青海民族大学体育学院与青海师范大学体育学院，成立了青海省校园足球运动协会，协助青海省教育厅更好地开展青海省青少年校园足球各项活动。

（三）狠抓体育师资队伍建设，努力提高体育教学质量

不断加大校园足球教练员、裁判员的培训力度。截至 2018 年底，青海省有体育教师担任的教练员 156 人，有足球裁判员 256 人，其中国家级裁判员 4 人，国家一级裁判员 52 人，国家二级裁判员 200 人。2018 年，省教育厅选派了 9 名优秀足球专业教师赴英国、法国参加校园足球教练员培训；6 月、10 月分别选拔 72 名、48 名中小学体育教师参加了教育部在秦皇岛足球 D 级班的培训；积极举办全省校园足球体育教师、教练员、裁判员培训班，有 216 名足球教练员、120 名裁判员参加了培训。

鼓励专业能力强、思想作风好的足球教练员、裁判员、有足球特长的其他学科教师担任兼职足球教师。通过考试，优先录用足球专业体育人才到学校任教，吸纳优秀足球退役运动员和足球专业毕业生到学校支教或任教。建立教师长期从事足球教学的激励机制，保障足球教师在职称评聘、福利待遇、评优评先等方面与其他学科教师同等待遇。教师组织课外足球活动、足球训练和竞赛，计入相应的教学工作量。

（四）构建竞赛体系，积极组织学校体育竞赛活动

1. 举办青海省 2017—2018 年大学生校园足球联赛

2018 年 4 月，青海省教育厅举办了 2017—2018 年全省大学生足球联赛暨中国大学生校园足球联赛（青海赛区）选拔赛。10 所高校的 18 支运动队 300 多名运动员，参加了超级组、校园组、高职组和女子组 4 个组别

的角逐，最终决出的冠军队青海师范大学、青海民族大学、青海畜牧兽医职业技术学院分别代表青海省参加了分区赛及总决赛。

2. 成立了青海省校园足球专家委员会

建设专家团队，制定科学、系统、适合不同年龄阶段学生的选材标准，加大对学生运动员的指导，规范青海省足球教学训练过程，建立健全校园足球管理体制，选拔各个级别的学生运动员，为提高青海省学校足球训练水平提供科学的理论依据。

3. 组织参加2018年全国青少年校园足球夏令营系列活动

遴选和组织各组最佳阵容的129名运动员、领队及教练员于2018年7月14—20日赴甘肃省兰州市新城区参加全国校园足球夏令营（第四营区）小学、初中组的活动，最终选拔出14名初中组、32名小学组最佳阵容运动员于2018年8月10日分别赴上海市、河北省秦皇岛市参加全国青少年校园足球夏令营总营活动。

4. 组织筹办2018年全国青少年校园足球夏令营高中组（第四营区）分营活动

2018年7月21—28日，2018年全国青少年校园足球夏令营分营（高中组）第四营区活动在西宁城市职业技术学院举行，共有来自青海省、甘肃省、新疆维吾尔自治区、新疆生产建设兵团的8支代表队176名运动员参加了夏令营分营活动，青海省最终选拔出6名高中组最佳阵容运动员于2018年8月14日赴山东省青岛市参加了全国青少年校园足球夏令营总营活动。

5. 指导青海师范大学举办中国大学生足球联赛西北赛区比赛

鼓励青海师范大学积极申办全国比赛，调动多方力量，精心打造，成功圆满地举办了2017—2018年中国大学生足球联赛西北赛区的比赛。

（五）加强省际联系，共同建立西部八省足球联盟

2018年，青海省教育厅应邀参加了四川省教育厅组织的西部八省足球大联盟的组建会议，共同建立了西部八省足球联盟，积极构建西部八省共同发展校园足球的整体规划和发展模式。

（六）创建典型，推动校园足球特色学校建设

为普及校园足球，扩大青少年参加足球活动的人数，发挥校园足球特色校的引领作用，青海省教育厅积极推动校园足球特色学校建设。2018年，选拔推荐了13所全国青少年校园足球特色学校和1个全国青少年校园足球试点县（区），同时创建了1个"满天星"校园足球训练营。截至2018年底，青海省共有110所中小学校被教育部评为"国家级校园足球特色学校"，4个区（县）被评为"国家级校园足球试点县（区）"，创建了1个"满天星"校园足球训练营，72所中小学被命名为"省级校园足球特色学校"。

（七）接轨教育部"满天星"训练营落户青海，进一步推动青少年足球训练

2018年初，教育部推出第二批"满天星"训练营计划，青海省教育厅组织力量成功申请"满天星"计划落户青海，以"满天星"训练营为新起点，以促进区域校园足球工作快速发展和培养大批青少年足球后备人才为目标导向，积极探索，先行先试，强化顶层设计，构建先进、科学的优秀青少年足球运动员培养机制，建立系统、高效的青少年校园足球教学训练和竞赛体系，建设完善的人才孵化和成长基地。在新的历史机遇期，把握校园足球良好的发展态势，力争把训练营建设成为青海省最具影响力的足球模范营，为青海省青少年校园足球事业的发展提供可借鉴的、有鲜明特色的样板，为各级梯队输送合格的足球人才，为青海省足球事业向全国看齐并蓬勃发展贡献力量。

（八）积极支持学生和教师参与足球活动

通过开展多种形式的集训、比赛和交流活动，注重发现、选拔和重点培养学生足球运动的好苗子。体育和教育部门联合创建青少年足球训练中心，为提高学生足球运动水平提供综合服务。足球运动员规模不断扩大，现有足球学校青少年运动员44人，大学校队足球运动员396人，中学校队足球运动员9020人，小学校队足球运动员11370人。

会同体育部门制订青少年足球俱乐部和社团管理办法，积极鼓励校园

足球特色学校依法创建或引进青少年足球俱乐部或社团，做好足球后备人才梯队的衔接，拓宽优秀学生运动员进入高一层次人才训练机构的通道。截至2018年底，青海省高校中体育院系均设置了足球专业，2018年招收足球专项学生10人，其他专业学生选修足球方向的32人。

认真执行教育部《学校体育运动风险防控暂行办法》，在全面实施校方责任险的基础上，为参加校园足球竞赛活动的学生购买相应险种，充分发挥保险在化解校园足球矛盾纠纷方面的积极作用。加强足球场地、设施的维护管理，及时消除安全隐患，进一步提升校园安全保障水平，解除师生、学校和家长的后顾之忧。

二、存在的问题

虽然青海省青少年校园足球取得了一些成绩，但青海省校园足球活动开展的水平和质量、广度和深度等方面，都与国家的要求和先进地区有较大差距。主要表现在：区域分布不平衡，农牧区及偏远地区足球场地设施仍存在不足；缺乏青少年校园足球工作经费，制约了青少年校园足球工作的开展；专业足球教师的数量和业务水平远远不能适应开展青少年校园足球活动的需要。

三、下一步计划

1.加快推进体育课程改革

在足球教学上，把足球基本知识、基本技能纳入中小学体育课程必修内容，在校园足球特色学校开设足球课。同时，加大对校园足球的宣传力度，将足球操纳入大课间活动内容，普及足球教学，培养学生足球兴趣，健全校园足球活动风险防控机制，解除学校、学生和家长的后顾之忧。吸引青少年学生参加各级各类校园足球培训和竞赛活动，使校园足球的发展普及成为全省校园体育运动的新常态。

2. 加强足球教师队伍建设

多渠道、多形式配备学校足球教师，采用"转、培、聘、兼"等多种形式，鼓励专业能力强、思想作风好的足球教练员、裁判员、有足球特长的其他学科教师担任兼职足球教师。进一步加大师资培训力度，增强足球教学训练师资力量，缓解足球专业教师缺乏状况，确保学校能够开设足球课。

宁夏回族自治区青少年校园足球
发展报告

2018 年，宁夏认真贯彻《国务院办公厅关于强化学校体育促进学生身心健康全面发展的意见》和教育部等 6 部门《关于加快发展青少年校园足球的实施意见》，紧密结合全区学校实际，大力加强青少年校园足球工作，带动学校体育教育教学改革不断深入，促进青少年学生健康成长，为培养德智体美劳全面发展人才贡献力量。

一、努力建设长效体制机制，为校园足球发展提供制度保障

2018 年，自治区青少年校园足球工作领导小组办公室分阶段 4 次组织各市、县（区）教育行政部门分管领导、体育专干和部分学校教师代表召开全区校园足球工作推进会，安排部署工作任务，集中分析制约校园足球工作发展的瓶颈矛盾，研究制订针对性解决问题的办法措施。积极推进校园足球特色学校、试点县（区）、"满天星"训练营建设，组织创建全国青少年校园足球特色学校 37 所，争取了国家级改革试验区和"满天星"训练营 1 个、试点县（区）1 个，构建形成特色学校、试点县（区）、改革试验区和"满天星"训练营四类推进校园足球普及的长效体系，并提出到 2020 年建设全国和自治区校园足球特色学校 300 所以上，校园足球特色高职学院 2 ～ 3 所，建设校园足球特色县区 8 个左右，建设高校足球高水平运动队 3 ～ 5 支。自治区教育厅还专门制定了《全区青少年校园足球竞赛体系实施方案》，确保了小学、初中、高中、大学四级联赛体系的全面形成。各市、县（区）教育行政部门结合实际细化出台具体实施方案，建立了推进校园足球的工作机制。

二、大力加强教学训练，助推校园足球普及目标实现

将足球课教学作为普及和提升校园足球发展的基本前提和重要基础，要求各特色学校在保证开齐开足体育课的基础上落实每班每周 1 节足球课，充分借鉴运用《全国青少年校园足球教学指南（试行）》和《365 集足球运动技能教学示范片》，针对不同学段不同年龄不同技术层次学生科学制订教学方案和计划，适时组织开展足球课教学学习交流和竞赛评选等活动，激发体育教师探索新的教学理念、研究好的教学方法、追求好的教学效果，逐步形成内容丰富、形式多样、因材施教的青少年校园足球教学体系。进一步加强课余训练，明确各特色学校要充分利用大课间、课外活动及其他课外时间，将学生对足球的兴趣培养、学生意志品质锤炼和足球运动技能形成等融为一体，逐步扩大训练参与面，有效组织实施，同时，积极开展训练营活动，完善校园足球高水平学生运动员课余训练体系，利用训练营组织区域内有潜质的校园足球学生运动员在课余、周末和节假日进行高水平的足球训练，提升足球运动和竞技水平。今年自治区教育厅重点推进全国训练营 1 个、自治区训练营 5 个、县区训练营 7 个、片区训练营 8 个、学校训练营 17 个，补助支持经费 320 万元。

三、广泛组织竞赛活动，夯实校园足球人才基础

将学校联赛和校内竞赛作为推进校园足球普及的重要引领，全区校园足球特色学校普遍开展班级、年级足球比赛，校内足球竞赛机制已经形成，校、县（区）、地（市）、自治区四级联赛有序开展，规模逐渐扩大，女子队伍发展迅速，2018 年全区各特色学校校内比赛达 15 万余场次，自治区校园足球联赛参赛人数达 1193 人次创历年之最。部分城市积极承办中国青少年足球超级联赛西部大区（U 系列）、主动对接东部发达地区专业足球俱乐部开展梯队间竞赛，活跃了校园竞赛氛围，提高了技战术水平。大力推进选拔性竞赛活动，举办自治区夏令营最佳阵容选拔，全区 147 所校园足球特色学校 465 名运动员参加了选拔，自治区校足办专门聘请陕西、

甘肃、内蒙 3 省专家与宁夏本区专家组成专家委员会进行公开公平遴选，最终确定 74 名小学、68 名初中、33 名高中运动员入选 2018 年宁夏校园足球夏令营最佳阵容，选派 482 名中小学生参加全国校园足球夏令营片区活动、51 名中小学生入选全国校园足球夏令营总营。

四、加强校园足球文化建设，着力营造发展的浓厚氛围

深化巩固 2017 年校园足球文化建设成果，有针对性设计 2018 年校园足球文化建设内容，指导各级教育行政部门和特色学校积极开展校园足球文化月、足球文化周、嘉年华、绘画摄影征文等活动，把校园足球与学校文化建设、办学育人方向有机结合起来，营造校园足球发展的浓厚氛围。今年自治区紧紧抓住校园足球普及的目标、育人的核心，坚持全员参与、自下而上，在全国创新性地举办省级校园足球节，全年统筹开展全区校园足球月、师资培训、"梦想从足球起航"知名书画家创作笔会、宁夏校园足球联赛等系列活动，推动了宁夏校园足球工作整体发展。举办校园足球教学训练竞赛和文化艺术集中交流展示，组织全区校园足球工作者、特色学校校长、体育和美术教师代表参加并学习观摩。通过举办足球节，各特色学校找到了抓校园足球好的方法和具体推动措施，引导了社会力量的参与，扩大了发展校园足球的影响力。

五、加强师资队伍建设，打牢校园足球发展根基

坚持把加强校园足球特色学校师资力量、不断提高校园足球师资水平作为校园足球发展的根基，通过特岗教师计划和事业单位招聘、乡村教师计划（含免费师范生）等途径，逐步解决足球专业或专项体育教师缺的现实问题。要求各市、县（区）加强本辖区足球专业或专项体育教师的统筹，重点满足校园足球特色学校校园足球教学、训练和开展竞赛活动等工作的需要。采取引进来教、送出去学的办法，从足球发达国家聘请 4 名外籍教练到自治区中小学校开展教学和训练工作，选派 11 名足球教师赴英法学习提高。同时，采取以地级市为单位集中轮训的方法，由全区 34 名赴英

国法国培训的讲师团巡回授课，完成了 2018 年全区校园足球师资培训，这是自 2015 年宁夏将首批赴英法足球教师作为骨干专门成立讲师团以来，每年组织对区内足球教师进行的专项师资培训，4 年来讲师团规模逐步扩大，累计授课 430 余场，培训足球教师 1280 余人次，为保证一节足球课提供了足够的师资力量。

六、强化条件保障，着力提高校园足球发展后劲

加大经费投入，争取自治区财政专项经费，每年投入 1000 万元，4 年来累计创建各级各类训练营 37 个、为 34 所学校配备专业训练辅助器材、连续 4 年开展自治区联赛等，保证了校园足球工作稳步发展。加强场地保障，专门新建运动场 40 余个、足球灯光球场 10 余个，争取自治区专项经费 2600 余万元，实现 492 所学校 584 块体育场地设施向周边学生免费开放，为满足校园足球运动需求提供了场地保障。

七、加强督查考核，促进形成新形象新作风

组织了覆盖全部特色学校和所在市、县（区）教育局的校园足球督查考核评价工作，将督查结果在全区范围内进行通报，明确了甲级、乙级、丙级校园足球特色学校和限期整改学校名单，并建立了甲、乙、丙级动态升降机制，制定了重点扶持、经费支持、师资培训等政策。举办了 2015 — 2018 年创建的 237 所全国青少年校园足球特色学校校长培训班，一对一反馈了各特色学校督查评价结果和评价等级，激发了各级教育行政部门和特色学校抓校园足球的责任和动力，促进形成了扎扎实实抓工作的新形象新作风。

通过 4 年来的常抓不懈，自治区校园足球工作加快推进，呈现出良好的发展势头，取得了一些可喜的变化：一是思想认识上的变化。全区各级教育行政部门和特色学校通过开展校园足球，学生、老师、学校、家长、社会普遍认可校园足球在培养学生集体主义、爱国主义精神和顽强拼搏意

志品质，促进体质健康和养成终身运动习惯等方面的综合育人功能，关心关注校园足球发展的群体逐步扩大，为引领带动学校体育教育教学改革提供了宝贵经验。二是重视程度上的变化。今年我们先后组织开展了校园足球节、校长培训班、校园足球工作督查评价等形式多样、全员参与的活动，强化了各级教育行政部门和特色学校抓校园足球工作的责任和动力。部分县（区）和学校随即组织召开推进会、研讨活动和嘉年华，掀起了当前校园足球运动的新高潮。三是普及面上的变化。全区 237 所校园足球特色学校基本保证了每周每班 1 节足球课，大课间足球趣味性活动普遍开展，课余训练由班级、年级和校队转变为全校学生共同参与的集体活动，各类竞赛活动广泛开展，参赛队数量、男女比例均有较大幅度增长，部分县（区）将校园足球趣味活动延伸到幼儿教育当中，形成了从幼儿园到高校衔接发展的生动局面。四是发展环境上的变化。全区形成了各方关注校园足球、共同促进学校体育发展的良好态势，自治区校足办主动与宁夏足协建立沟通协作机制、举办宁夏知名书画家笔会创作活动、引导社会资源参与校园足球，扩大校园足球宣传，营造了社会各方面关心关注校园足球发展的浓厚氛围。

新疆维吾尔自治区青少年校园足球
发展报告

全国青少年校园足球活动启动以来，新疆维吾尔自治区青少年校园足球工作坚持以习近平新时代中国特色社会主义思想为指导，深入贯彻落实党的十九大和十九届二中、三中全会精神，全面贯彻习近平总书记关于新疆工作的重要讲话和重要指示精神，贯彻落实党中央治疆方略，特别是社会稳定和长治久安总目标，贯彻落实《中国足球改革发展总体方案》、教育部等6部门《关于加快发展青少年校园足球的实施意见》精神，坚持"政府主导、科学规划、积极发展、稳步提高"的工作思路，以扎实推进校园足球普及工作为抓手，加强教体结合，夯实工作基础，营造推进青少年校园足球工作的良好氛围。

一、工作开展情况

（一）高度重视，积极推动

为贯彻落实《中国足球改革发展总体方案》、教育部等6部门《关于加快发展青少年校园足球的实施意见》精神，贯彻落实习近平总书记全国教育大会精神，按照新疆维吾尔自治区青少年校园足球工作实际，体卫艺处积极组织新疆维吾尔自治区青少年校园足球专家，认真学习全国校足办关于青少年校园足球有关文件，确定贯彻落实工作思路。

（二）迅速落实，夯实基础

为促进新疆维吾尔自治区青少年校园足球事业发展，教育厅同自治区校园足球工作领导小组成员共9部门印发了《关于加快发展自治区青少年校园足球的实施意见》。教育厅、体育局联合印发《自治区关于促进中小学生课外体育活动开展的实施意见》，加强青少年校园足球和课外体育活动工作基础。

（三）全面落实，扎实推进

校园足球教学、校内竞赛、校际联赛、选拔性竞赛及夏令营活动全面开展，初步建成四级联赛体系，进行区内外校园足球师资培训，利用中小学校舍改造工程、薄弱学校建设工程、学校标准化建设工程等工程项目，修建和改扩建了一批学校足球场。

二、取得的成效

（一）积极申报全国青少年校园足球特色学校、试点县（区）和"满天星"夏令营

截至 2018 年，新疆维吾尔自治区共有全国青少年校园足球特色学校 608 所、校园足球试点县（区）4 个，喀什地区被教育局认定为校园足球"满天星"训练营，乌鲁木齐市正在申报全国青少年校园足球改革试验区。

（二）形成了浓厚的校园足球活动氛围

各级各类学校积极开展班赛、年级联赛和校际联赛，自治区形成小学、初中、高中、大学四级联赛体系，选拔优秀运动员参加全国青少年校园足球夏令营活动，并取得优异成绩：乌鲁木齐五小多次在国内和国际小学生的比赛中取得优异成绩；2018 年夏令营活动西宁分营区（高中组）获男、女子组冠军，青岛总营活动中新疆维吾尔自治区有 6 名队员入选总营"最佳阵营"并获批国家一级运动员。新疆农业大学夺得 2017—2018 阿迪达斯大学生校园足球联赛（校园组）全国总决赛冠军。

（三）提高了师资队伍水平

在新疆师范大学、喀什大学、伊犁师范学院成立校园足球教师培训中心与研究基地，计划用 5 年时间，对中小学体育教师进行球类项目培训，2018 年已培训 200 余人；按照教育部校园足球师资培训规划，截至 2018 年新疆维吾尔自治区累计派出 40 名足球专任教师赴国外短期留学，参加校园足球教师培训；在新疆师范大学、喀什大学、伊犁师范学院体育教育专业本科共招收（足球方向）200 余人。组织新疆维吾尔自治区教师参加

2018 年全国青少年校园足球师资力量培训工作。

三、存在的问题

（一）经费不足

经费不足是影响新疆维吾尔自治区青少年足球发展的主要因素。截至 2018 年底，新疆维吾尔自治区只有自治区体育局有专项经费，用于新疆维吾尔自治区青少年足球推广和普及方面的工作，自治区教育厅并无用于青少年校园足球活动开展的专项经费。2018 年新疆维吾尔自治区高中组参加了全国青少年校园足球夏令营活动，6 名（全国共 44 名）队员入选全国"最佳阵营"获批国家一级运动员，而受经费不足问题影响，小学组和初中组未参加。

（二）师资短缺

近年来，新疆维吾尔自治区积极组织开展中小学体育教师和足球教练员的专项培训工作，按照教育部工作部署组织国家级足球师资培训工作，虽然有一定数量的体育教师、足球教练员和学校领导参加了专项培训工作，但是还远不能满足当前新疆维吾尔自治区的师资需求。

（三）缺乏有效的资源整合

新疆维吾尔自治区近来借助相关政策改建、修建了部分中小学校的足球场地，但从全区来看，缺乏厅局级的相互合作，现有资源得不到有效整合。例如，社会足球场地的最大问题是"有钱没地"，校园足球场地的最大困难是资金不足，需进行有效的资源整合。

四、下一步工作打算

（一）加强校园足球领导机构建设，强化职能

及时调整补充校园足球领导小组成员，通过定期检查、会议交流、目标考核等方式，加强各部门沟通协调，使校园足球管理机制运行更加有效到位。要求各地州成立相应的校园足球工作领导小组，及时补充人员，建立对校园足球特色学校的监督管理机制，开展校园足球特色学校的复查验收工作。

（二）发挥校园足球特色学校和试点县（市、区）的引领和示范作用

在校园足球试点县（市、区）的基础上，利用校园足球特色学校的示范性，积极探索示范带动机制，校园内开齐上好足球课，开展好校园足球课余活动，组织班级联赛、年级联赛，营造浓厚的校园足球氛围，完善四级联赛体系，形成动态化、常态化管理体制，不断提升特色学校、试点县（市、区）的创新力、建设力和发展力，为带动学校体育事业有序发展、提升学生体质健康水平，发挥示范引领作用。

（三）加强师资队伍建设

通过适当降低足球专业特岗教师的录用门槛，配足补齐校园足球教师。通过利用培训现有专、兼职足球教师等多种方式，提高校园足球教师教学水平。同时，鼓励引进国内外高水平足球教练员到高等学校任教。完善政策措施，加强专业教育，为退役足球运动员转岗、为校园足球教师创造条件。建立教师长期从事足球教学的激励机制，在称职评审、绩效考核等方面给予一定的照顾。

（四）启动校园足球特色学校复查验收工作

根据《全国校园足球特色学校基本标准（试行）》及相关管理办法的要求，启动校园足球特色学校的复查验收工作，采取自查和督导组抽样检查相结合的形式，开展特色学校的督导检查工作，并建立退出机制，对复查验收不合格的特色学校给予限期整改或摘牌。

（五）开发校园足球课程资源

为积极推动校园足球教学改革，规范指导中小学足球教学工作，积极推进落实教育部印发校园足球教学指南的实施工作。开发校本校园足球课程资源，积极争取将义务教育阶段足球教材及教师用书纳入免费教材。

（六）加强宣传引导，营造良好氛围

积极争取自治区媒体和地方媒体，转播校园足球四级联赛和校园足球

大型活动。组织专家团队开展足球科学研究和科普知识宣传，面向社会、家长和学生进行广泛宣传，努力形成全社会关心和支持校园足球发展的良好氛围。

新疆生产建设兵团青少年校园足球
发展报告

　　加快发展青少年校园足球是习近平总书记的重要嘱托，是贯彻党的教育方针、落实教育立德树人根本任务、促进青少年身心健康的重要举措，是深化教育改革的重要着力点，是推进素质教育的重要突破口，也是增强青少年爱国主义、集体主义和顽强拼搏精神的重要载体和途径。近年来，在全国青少年校园足球工作领导小组办公室的大力支持下，在兵团党委、兵团的领导下，以培养学生对足球的兴趣爱好、提升学生足球运动技能和体质健康水平为目标，以提高校园足球普及水平、深化足球教学改革、加强课外锻炼训练、完善竞赛体系等重点工作为抓手，使青少年校园足球事业发展规模不断扩大，发展水平明显提高。现将有关情况汇报如下。

一、兵团青少年校园足球开展情况

　　兵团高度重视青少年校园足球发展工作，按照《中国足球改革发展总体方案》和《中国足球中长期发展规划（2016—2050 年）》《全国足球场地设施建设规划（2016—2020 年）》要求，认真落实教育部等 6 部门《关于加快发展青少年校园足球的实施意见》，将校园足球活动纳入学校全面推进素质教育的重要内容，充分发挥校园足球育人功能，从足球教学、足球竞赛、保障体系建设三方面入手，扎实推进兵团青少年校园足球工作全面开展。

（一）健全组织机构，加强顶层设计

　　2014 年 12 月全国电视电话会议确定青少年校园足球工作由教育部门主导以来，兵团党委、兵团高度重视，2015 年成立了由兵团教育局（体育局）局长担任组长，成员由教育局（体育局）、发展改革委、财政局、文化广

播电视局、团委 6 部门组成的兵团青少年校园足球工作领导小组，履行校园足球宏观指导、统筹协调和综合管理职责。下设办公室，承担领导小组的日常工作。领导小组的成立标志着多部门合作的青少年校园足球发展工作协调机制的建立。2015 年兵团教育局（体育局）印发了《关于推进兵团青少年校园足球工作的实施意见》和《兵团青少年校园足球竞赛体系建设方案》，及时召开了兵团青少年校园足球工作推进会，对加快推进兵团校园足球工作的目标和重点任务进行了全面安排和部署。

（二）创建特色学校，提高普及水平

在广泛开展校园足球运动的基础上，根据教育部的部署，自 2015 年以来，兵团认真开展全国青少年校园足球特色学校及试点县（区）遴选工作。通过各师市教育局自主申报，兵团教育局审核推荐，教育部命名了兵团 107 所中小学校为全国青少年校园足球特色学校，兵团第八师石河子市、第二师铁门关市、第三师图木舒克市被命名为"全国青少年校园足球试点单位"。从 2017 年开始，每年对校园足球特色学校建设及管理情况进行检查，加强足球运动队建设，以点带面推动校园足球的普及工作。

（三）构建竞赛体系，搭建展示平台

1.建立健全兵团校园足球竞赛体系

自 2015 起，兵团完成了按学段划分的小学、初中、高中和大学四级竞赛体系。各师市教育行政部门负责小学、初中的预选赛和选拔赛，以及小学总决赛、初中选拔赛和高中预选赛；兵团教育局负责初中、高中和高校的分区联赛与总决赛。兵团校足办已连续举办了 4 届兵团青少年校园足球校际联赛总决赛。各师市教育局广泛开展了中小学校青少年校园足球校际比赛。截至 2018 年 7 月，全兵团共有学生约 10 万余人次、3900 余支球队参加了各级各类校园足球竞赛活动。

2.积极参加全国各级各类校园足球赛事

自 2015 年以来，每年派出兵团青少年校园足球初中男女足球队、大学生男子足球队参加全国青少年校园足球联赛分区赛及总决赛；通过兵团青少年校园足球总决赛分别选拔出小学、初中、高中组最佳阵容球员，参加教育部组织的全国青少年校园足球夏令营等活动；组织开展 2017 年国际足联"Live Your Goals（实现你的目标）"女子足球活动兵团启动仪式，兵团直属学校和 14 个师市女生踊跃参加了本次活动，对推动兵团女子校园足球活动奠定了基础。

（四）加强队伍建设，提升教学水平

为解决校园足球发展中师资严重缺乏的问题，积极组织管理人员和教师参加国家足球专项培训。2015 年以来，组织兵团青少年校园足球工作行政管理人员、校长 200 余人参加了教育部组织的全国青少年校园足球行政管理人员、中小学校长培训班，组织体育教师、教练员、裁判员 400 余人参加了教育部、兵团组织的青少年校园足球骨干师资培训。鼓励体育教师、有足球特长的其他学科教师、足球教练员、优秀退役足球运动员从事校园足球教学和竞赛工作。积极申请外国专家引进项目，通过中国教育国际交流协会开展了校园足球外籍足球教练的引进工作，主动加强外教来华后的安全风险与防控管理工作，自 2015 年至今共有 15 名外籍足球教练参与了兵团校园足球执教工作，为兵团校园足球的普及与提高注入了新的活力。石河子大学、第十一师有 2 位教师入围第二届全国青少年校园足球专家委员会。

（五）加大投入力度，改善设施条件

兵团认真贯彻国家、教育部有关青少年校园足球的政策法规，为改善兵团社会足球场地设施、校园足球场地设施不足的现状，按照《全国足球场地设施建设规划（2016—2020 年）》要求，制订了《兵团"十三五"体育专项建设规划储备项目建设方案》，规划建设足球场 211 个，积极争取国家投资的同时，多渠道筹措资金。

1.加强社会足球场地建设

2016—2018 年，利用中央预算内、财政资金及自筹资金，建设全民健

身中心 4 个、公共体育场 5 座、社会足球场 34 个。

2. 加快校园足球场地建设

2016—2018 年，利用国家薄弱学校改造、义务教育学校建设、初中工程、改善普通高中办学条件、校舍保障长效机制等项目工程资金及兵团各级自筹资金，新建运动场 39 个。截至 2018 年，兵团已有 208 所中小学校拥有塑胶足球场，占兵团中小学总数的 71%。

3. 保障校园足球活动经费

2015—2018 年，兵团本级财政支出 990.61 万元，用于兵团青少年校园足球竞赛、足球师资培训、校园足球特色学校和试点师市的补助及参加全国青少年校园足球系列赛事和夏令营活动经费，为推进青少年校园足球普及发展创造了有利条件。

二、存在的问题

虽然兵团青少年校园足球工作取得了一定的成绩，但也存在着一些薄弱环节和发展不平衡的问题。

（一）观念偏差，重视不够

发展和振兴青少年校园足球是全面贯彻党的教育方针，实现教育立德树人的根本任务，促进青少年学生的身心健康、体魄强健的战略举措，是深化教育体制改革，推进素质教育的重要突破口，是夯实足球人才根基，提高足球发展水平和成就中国足球梦想的基础性工作。校园足球首先应在普及推广上下功夫，其次才是抓精英选苗子。有的管理部门和学校认为，抓校园足球就是组建球队出去比赛，能把有潜质的孩子送到更好的足球学校训练就可以了，这种认识违背了校园足球工作的初衷。此外，进入初中、高中阶段的孩子，随着课业负担的加重和升学压力的增大，不少家长和学校担心学生踢球会挤占学习时间，影响学业成绩，不支持孩子参加足球活动，校园足球文化不浓。

（二）师资缺乏，管理薄弱

兵团学校体育工作基础相对薄弱，人员少、编制少，最突出的问题就是足球专业教师和专业场地数量不足、竞赛体系不健全、竞技水平比较低，兵团现有足球专业体育教师、裁判员的数量和专业水平远远不能适应青少年校园足球活动的发展需要。兵团目前没有成立足球协会，很多应该由足球协会履行的职能没有发挥。

（三）经费不足，场地受限

校园足球专项经费主要靠国家支持，兵团和市财力薄弱，投资渠道单一，没有设立校园足球发展专项资金，不能满足校园足球发展的需要，从而制约了校园足球活动的广泛开展。城市和部分团场学校受场地的制约，正常的大课间活动都受限制，校园足球运动更无法开展。

三、下一步打算

（一）进一步研究校园足球育人功能

在《中国足球改革发展总体方案》中确定由教育部主管校园足球工作，将足球与育人联系在一起，明确了以足球为代表的体育在教育中的重要地位，明确了足球进校园的必要性和重要性，将"从娃娃抓起"从口号落实为明文规定。足球进校园，首先是完善素质教育、培养更合格的公民，是真正的"体教结合"，同时也是解决中国足球人口严重萎缩的最佳途径；坚持"从娃娃抓起"，把民族团结贯穿到学校教育、家庭教育、社会教育各个环节，让各族青少年从小玩在一起、学在一起、成长在一起，引导各族师生牢固树立"三个离不开"思想，增强"五个认同"，像爱护自己的眼睛一样爱护民族团结，像珍视自己的生命一样珍视民族团结，像石榴籽那样紧紧抱在一起。增强家长、社会的认同和支持，让更多青少年学生热爱足球、享受足球，使参与足球运动成为体验、适应社会规则和道德规范的有效途径。

（二）进一步加大校园足球师资培训力度

积极组织体育教师、教练员、裁判员开展专项培训，提高校园足球教师教学水平，增强教学能力和提高业务水平，缓解足球专业师资缺乏状况。

（三）进一步加大校园足球工作的督导检查

兵团、各师市教育行政部门将校园足球纳入教育督导指标体系，制定校园足球督导考核办法，定期开展专项督导，以促进校园足球运动的健康顺利开展。

第三编

简报与媒体报道追踪

坚持立德树人根本任务
不断开创新时代学校体育美育工作新局面
——学校体育美育贯彻落实全国教育大会精神推进会
暨全国青少年校园足球工作领导小组第四次会议召开

（教育部门户网站 2018年12月12日）

　　2018 年 12 月 10 日，学校体育美育贯彻落实全国教育大会精神推进会暨全国青少年校园足球工作领导小组第四次会议在京召开。教育部党组书记、部长、全国青少年校园足球工作领导小组组长陈宝生出席会议并讲话。他强调，要深入贯彻、落实习近平总书记关于教育的重要论述和全国教育大会精神，推动学校体育美育工作在思想观念、条件保障、实践要求方面实现根本性扭转，加快发展校园足球，努力培养德智体美劳全面发展的社会主义建设者和接班人。

　　在谈到学校体育美育工作时，陈宝生指出，改革开放 40 年来，我们用改革创新的精神，推动学校体育美育工作实现了跨越式发展。面对培养担当民族复兴大任时代新人的艰巨任务，必须坚持"五育并举"，围绕"师生校家社"五大主体、"人财物时空"五大条件，把全国教育大会关于学校体育美育的重要部署推向纵深、推出实效，切实改变"长于智、疏于德、弱于体美、缺于劳"的现状。一要理念先行，实现教育观念的大转变。在"德智体美劳"总体要求中清醒认识学校体育美育的新定位，在新时代学校体育美育新目标中清醒认识肩负的新使命，在差距和不足中清醒认识工作面临的新挑战，切实增强紧迫感和责任感。二要保障有力，发动改善办学条件的持续攻坚。统筹用好课内课外、校内校外资源，实现体育美育教

269

学课程化、学习生活化。体育要努力做到教会运动技能，常态化的课余训练和全员参与的竞赛，做到"教会""勤练""常赛"；美育要发挥好课堂、社团和校园文化的综合作用。制定刚性规划，配足配齐体育美育教师。重新厘定场地场馆建设配备标准，逐步落实体育、美育场地建设规划。加强宣传、营造氛围，为体育、美育发展创造环境。三要完善评价体系，激发新动能。做好顶层设计、制定配套政策，建立科学、规范的完整评价体系，激发"师生家校社"五大主体的积极性。办好校园足球等学校体育特色学校、中华优秀文化艺术传承学校和基地，实现用政策来激励、改评价来引导、搭平台来深化。

在谈到全国青少年校园足球工作时，陈宝生指出，全国教育大会的胜利召开，既为校园足球的开展提了气、鼓了劲，也为校园足球工作指了路、加了压，教育战线要抓住机遇、乘势而上，奋力将新时代校园足球工作提升到一个新水平，努力走出一条中国特色校园足球改革发展新路，为中国足球振兴贡献"校园足球力量"。一是坚持基础工程夯基础，让"基础"成为"基石"。要抓好思想基础、组织基础、制度基础、物质基础，把校园足球摆在教育和体育两个全局的关键位置，领导小组要统筹发挥关键作用，构建起衔接配套的政策体系，不断改善校园足球师资、场地、经费等保障条件。二是坚持示范工程抓示范，让"示范"更有"范儿"。要建立教学训练和竞赛选拔为一体的内涵发展体系，注重在普及中推广校园足球，让学生在广泛参与中享受乐趣，着力构建学生的激励机制，为深化体育改革、发展素质教育、促进学生成长成才做示范。三是坚持探路工程多探路，让"探路"铺就更多"道路"。要探索教育和体育的配合、教学上的资源整合、训练上的时空融合、竞赛上的差序契合，学习和运动的有效结合，走出更宽广的校园足球道路。四是坚持希望工程树希望，让"希望之花"结出"收获之果"。要继续普及推广，坚定方向路径，巩固发展成效，要尽快修改完善校园足球"八大体系"建设方案，坚定不移扎实推进，让校园足球工作迈向高质量发展的新阶段。

教育部党组成员、副部长田学军主持会议。会议分上下午两个半天进行。在上午会上，吉林、上海、江苏、浙江、山东、湖北、贵州、陕西作交流发言。在下午会上，全国校足办负责人就四年来校园足球重点工作与进展成效、新时代校园足球"八大体系"建设方案进行汇报，并对2019年校园足球工作计划及相关文件做了说明。领导小组成员单位代表汇报了2018年校园足球工作进展和2019年工作计划，并审议了相关文件。

　　各地教育部门相关负责人、全国青少年校园足球工作领导小组成员单位代表、全国校足办成员等参加会议。

教育部办公厅印发通知开展
全国青少年校园足球教练员国家级专项培训

（教育部门户网站 2018年3月21日）

为全面贯彻党的十九大精神，进一步落实教育部等 6 部门《关于加快发展青少年校园足球的实施意见》，加强校园足球教练员师资队伍建设，提升校园足球运动技术水平，培养造就一支专业化教师队伍，教育部办公厅近日印发《关于组织开展全国青少年校园足球教练员国家级专项培训的通知》，组织开展全国青少年校园足球教练员国家级专项培训工作。

该专项培训的总体目标是深入贯彻落实《中国足球改革发展总体方案》，提升校园足球教练员对校园足球的认识水平、理论水平和政策水平，提高校园足球教练员教学技能，促进校园足球改革，引领和带动全国校园足球整体发展，为全国青少年校园足球持续健康发展奠定扎实的基础，加快推进体育强国建设。

该专项培训理论与实践相结合，并明确了具体课时和考核要求。培训师资由中国足球协会委派具有丰富培训经验和实践经验的 D 级教练员讲师进行讲授，考核合格者由中国足球学校颁发培训结业证书，并报中国足球协会核发 D 级教练员证书。培训学时纳入国家培训计划学时数，计入教师继续教育学分。学员选拔向全国青少年校园足球改革试验区倾斜。

教育部办公厅印发通知加强全国青少年校园足球特色学校建设质量管理与考核

（教育部门户网站 2018年4月9日）

为切实加强全国青少年校园足球特色学校建设质量管理与考核，近日教育部办公厅印发《关于加强全国青少年校园足球特色学校建设质量管理与考核的通知》（以下简称《通知》）。

《通知》明确校园足球特色学校的日常监管主体及其监管责任。各省级校足办依据属地管理原则，负责本地区校园足球特色学校建设质量的日常指导和监管。地方教育行政部门要把推进校园足球特色学校质量建设情况作为考核校园足球特色学校校长的重要依据。

《通知》明确校园足球特色学校的校长是强化校园足球特色学校质量建设的第一责任人，要按照《全国青少年校园足球特色学校基本标准（试行）》的要求，切实从强化组织领导和条件保障、落实教育教学要求、完善训练和竞赛体系、培养优秀后备人才等方面抓好抓实全国青少年校园足球特色学校建设工作。

《通知》要求切实强化校园足球特色学校管理，接受社会监督。全国校足办决定取消8所学校的全国青少年校园足球特色学校资格，责令29所全国青少年校园足球特色学校限期整改。今后，全国校足办将每年对前一年认定命名的全国青少年校园足球特色学校建设质量进行复核，实现复核工作制度化、规范化，并公布了校园足球特色学校建设质量监督举报电话及信箱。

新一届全国青少年校园足球专家委员会成立

（教育部门户网站 2018年6月23日）

近日，全国青少年校园足球专家委员会委员集中调研在教育部举行。教育部党组成员、副部长田学军出席会议并讲话。他强调，这次集中调研是教育部、全国青少年校园足球工作领导小组深入贯彻落实习近平总书记关于青少年校园足球工作重要批示指示精神的具体举措，目的是扎实推进青少年校园足球工作。田学军在集中调研时宣布新一届全国青少年校园足球专家委员会成立。

田学军指出，党中央、国务院对青少年校园足球工作高度重视，教育部和全国青少年校园足球工作领导小组坚决贯彻落实习近平总书记关于青少年校园足球工作重要批示指示精神，不断摸索规律、完善思路、狠抓落实。按照陈宝生部长提出的"七个抓"的要求，坚持"教学是基础、竞赛是关键、体制机制是保障、育人是根本"的校园足球发展思路，切实发挥教育系统体制和制度优势，着力构建和完善校园足球教学体系、训练体系、竞赛体系、支撑保障体系和评价激励体系。经过各方不懈努力，足球运动在我国青少年中的普及程度明显提高，我国的足球人口基数有效扩大，高水平足球竞技人才成长通道初步形成。

新一届全国青少年校园足球专家委员会委员就普通高校足球专业学院和学校建设方案及专家委员会工作进行了分组讨论。据了解，新一届专家委员会规模扩大到83位成员，根据各自的专业领域按照教学、训练、科研、媒体、纪律监督和师资培训等6个专项细化分组，使校园足球工作更有针对性地提质增效，进一步推进校园足球工作。

（记者：焦新）

教育部办公厅印发通知开展2018年全国青少年校园足球教练员国家级专项培训

（教育部门户网站 2018年9月27日）

　　为深入贯彻落实全国教育大会精神，进一步落实教育部等 6 部门《关于加快发展青少年校园足球的实施意见》，加强校园足球教练员师资队伍建设，提升校园足球运动技术水平，教育部办公厅近日印发《关于组织开展 2018 年全国青少年校园足球教练员国家级专项培训的通知》，启动 2018 年校园足球教练员国家级专项培训。

　　该专项培训面向全国青少年校园足球特色学校，选拔在编、在岗且从事校园足球教练工作的体育教师或其他教师参加，要求学员具有 3 年以上学校足球队主教练或带队教练工作经验，要有良好的教育理论知识和体育教学实践能力，需经过各省级教育行政部门初选测试且成绩达标。培训课程按照中国足球协会 D 级教练员培训课程标准设置，包括理论与实践两部分，有明确的课时和考核要求。培训采用分期、分批集中培训的方式进行，每批次培训时间为 9 天，考核合格者由中国足球学校颁发培训结业证书，并报中国足球协会核发 D 级教练员证书。培训学时纳入国家培训计划学时数，计入教师继续教育学分。

　　该专项培训计划培训 102 期，培训学员 2448 人，由国家体育总局秦皇岛训练基地（中国足球学校）具体承办。

教育部批复同意建设27个全国
青少年校园足球改革试验区

（教育部门户网站 2018年12月3日）

今年 7 月 31 日，教育部办公厅印发《关于组织申报全国青少年校园足球改革试验区的通知》（教体艺厅函〔2018〕52 号），部分地区积极申报并经省级教育行政部门推荐。在组织专家认真复核的基础上，经研究，近日，全国青少年校园足球工作领导小组办公室（以下简称全国校足办）、教育部办公厅印发《关于同意设立全国青少年校园足球改革试验区的函》（教体艺厅函〔2018〕84 号），公布天津市、内蒙古自治区、浙江省、北京市丰台区、邯郸市、大连市、哈尔滨市、南通市、蚌埠市、芜湖市、泉州市、南昌市、临沂市、洛阳市、新乡市、荆州市、长沙市、广州市、梅州市、北海市、重庆市沙坪坝区、绵阳市、六盘水市、西安市、延安市、白银市、石嘴山市等 27 个地区为全国青少年校园足球改革试验区（以下简称改革试验区），开展校园足球改革试验工作。

全国校足办要求改革试验区所在地区党委和政府发挥资源优势，认真贯彻落实《教育部办公厅关于加强全国青少年校园足球改革试验区、试点县（区）工作的指导意见》（教体艺厅〔2017〕1 号）、《教育部办公厅关于印发〈全国青少年校园足球改革试验区基本要求（试行）〉和〈全国青少年试点县（区）基本要求（试行）〉的通知》（教体艺厅〔2018〕3 号），以改革创新精神切实推动校园足球全面深化改革，着力提高校园足球工作质量和水平，积极探索和积累校园足球全面深化改革有益经验，让广大青少年在参与校园足球运动中享受乐趣、增强体质、健全人格、锤炼意志，提高足球技能水平，实现德智体美劳全面发展。

全国校足办要求校园足球改革试验工作，要遵循教育规律、足球运动规律和足球人才成长规律，积极深化校园足球普及推广体系、教学训练体系、竞赛体系、样板体系、荣誉体系、一体化推进体系、科研体系和舆论宣传引导体系等八个体系建设，着力提高校园足球工作科学化、制度化、专业化水平，及时将本地区校园足球工作年度进展情况报送全国校足办。

此前，教育部曾于 2015 年和 2017 年批复同意两批改革试验区，2015年批复同意的地区是厦门市、青岛市、延边朝鲜族自治州，2017 年批复同意的地区是上海市、云南省、深圳市、郑州市、滨州市、武汉市、成都市、兰州市。加上第三批，全国青少年校园足球改革试验区总数达到 38 个。

江苏省海门市积极推进校园足球发展

（教育部门户网站 2018年1月10日）

加强组织领导。将校园足球发展纳入政府整体规划，成立青少年校园足球工作领导小组，出台校园足球改革发展试点工作3年行动计划，统筹全市校园足球改革发展。成立足球学校，建设好51所全国校园足球特色学校和10所省级校园足球特色幼儿园，建立考核制度，抓实特色项目，推动取得成效。

注重特色教学。开发足球校本课程，投入105万元用于提供免费教材，推进幼儿园足球游戏化课程建设，确保中小学每周开设一节足球课，高中开设足球选修课。每年召开两次校园足球现场推进会，结合教学指南，强化课堂落实，开展校本化特色教学。

健全联赛体系。建立以青少年足球学校、青少年足球俱乐部为引领的发展实施体系，每年举办全市校园足球冬训和夏训活动，组织集中训练，提高竞技水平。建立校园足球联赛机制和主客场制度，形成"班级—学校—教育管理集团—全市"四级联赛制度，举办国际邀请赛、全国联赛、特色学校邀请赛等高级别赛事。

完善保障机制。强化师资保障，依托专业足球俱乐部，聘请外籍教练担当校园足球指导员。举办校园足球种子教练员、裁判员培训班，承办D级教练员培训班，为特色学校配备优秀教练员。每年投入不少于500万元设立校园足球发展基金会，投入7200万建设青少年足球训练基地。投入6500万元实现全市中小学校操场塑胶化全覆盖，为全市所有学生购买运动意外伤害险。

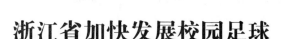

浙江省加快发展校园足球

（教育部门户网站 2018年2月9日）

做好顶层规划。成立全省校园足球工作领导小组，出台《浙江省足球中长期发展规划（2016—2050 年）》《浙江省足球场地设施建设规划（2016—2020 年）》《关于推进足球改革发展的意见》等系列政策文件，系统规划校园足球发展目标、实施要求与主要措施，健全管理体制与工作机制，夯实校园足球工作的政策基础。

突破发展瓶颈。将校园足球场地建设纳入教育为民办实事项目，2017年总投资 7850 万元，完成校园足球场建设 155 个。到 2020 年，规划建设完成校园足球场 500 个以上，新建、改造各类校园足球场地 830 个，为校园足球开展提供场地保障。全省每年下拨 650 万元专项经费用于校园足球联赛的开展。

提高发展水平。以 3 个国家级、19 个省级校园足球改革发展试点县（区）为依托，建成 567 所国家级、602 所省级特色学校，全面提高校园足球普及水平。落实特色学校每周必须开设一节足球课。全省普通高中自2012 年深化课程改革以来，各地各校共推出兴趣特长类体育课程上万门，其中足球选修课 1243 门。通过选派足球教师参加全国青少年校园足球专项培训或赴海外培训，引进高水平外籍足球教师进校授课，不断提高校园足球质量和水平。依托足球俱乐部和足球基地开展课余训练，实施校园足球四级联赛制度，覆盖学校 500 所以上，参赛人数近 5000 人。

优化发展环境。与主流媒体深入合作，联合报道全省四级联赛。举办全国青少年校园足球影像展，大力宣传校园足球发展理念、育人功能、校园足球文化和好经验好做法，营造全社会共同关心支持青少年校园足球的良好氛围。

河北省邯郸市曲周县大力发展
青少年校园足球

（教育部门户网站 2018年2月14日）

多措并举，解决师资难题。与有关高校建立校园足球战略合作伙伴关系，每年接收 40 名足球专业学生来县实习。并聘请高水平运动员、裁判员、教练员，对校园足球教练员和学校体育教师进行培训，近 3 年累计培训 4000 余人次。对足球教师直签直聘，3 年来选聘足球教师 47 名。选拔组建足球名师团队，推动区域内、县域内资源共享，缓解专业足球教师紧缺问题。

加大投资，建设专用场地。2017 年，县财政一次性列支 3500 万元，建设 29 块人工草坪足球场。2014 年以来，多方筹集 1500 余万元，为学校配备足球、围栏、器材及其他体育设施。县财政每年拿出不低于全县义务教育经费 5%~10% 的经费用于开展各项赛事活动，并组织企业对口支援 49 所重点中小学，助推校园足球建设发展。

创新制度，规范运行发展。制定校园足球工作考核办法、中小学足球后备人才招生办法等制度文件，3 年来累计有 30 名足球教师被评为"县级模范教师"，25 名学生被选拔到知名专业足球学校学习深造。完善学生保险制度，制定青少年校内外足球活动和竞赛安全管理制度，妥善解决学生运动安全问题。

湖北省武汉市硚口区积极推进校园足球工作

（教育部门户网站 2018年3月13日）

　　加强统筹协调推进。坚持政府主导，成立校园足球试点区工作领导小组，区政府先后出台关于推进全国青少年校园足球试点区实施意见、校园足球3年行动计划，明确改革试点任务。实施三级联动，区教育局负责校园足球整体规划制定、人员经费保障、绩效评估等；组建校园足球指导小组，负责足球课程开发、训练指导、师资培训、裁判管理等；各学校成立专班，负责足球课程开设、班级联赛组织等。加强行业指导，定期召开专题会、现场会，听取市足协、区文体局等建议，交流展示先进工作经验。定期开展专项督导，推动校园足球工作开展。

　　深化足球教学改革。将足球纳入全区各中小学课程，所有班级每周开设1节足球课、校园足球特色学校每周开设2节足球课。研发校园足球区域教材，将足球基本技能纳入学生体育课考试内容，开展将足球纳入体育中考项目试点。加强足球课堂研究，聘请专家指导校园足球课题研究，选派资深教练开展足球技能教学、校园训练方法指导研究，每周组织体育教师开展体验式教研活动。利用社团、网络、广播、板报等宣传足球知识、传播足球文化，开展以足球为主题的摄影、绘画、征文、演讲等活动，举办"校园足球嘉年华"活动。设立校园足球竞技奖，开展校园足球"协作之星""文明之星"评选。

　　建立健全保障体系。完善制度保障，建立学生激励机制，将学生参与校园足球情况纳入综合素质评价；建立考核评价机制，对校园足球特色学校实行动态管理，定期开展绩效评估检查；建立安全保障机制，为校园足球运动员投保意外伤害险。完善师资保障，加大足球教师引进力度，鼓励教师参加各种培训，邀请国家级教练员、裁判员对足球教师裁判员、学生裁判员培训。完善经费保障，在确保国家、省市下拨足球专项经费专款专用基础上，区级财政预算每年投入校园足球专项经费不低于 500 万元，并逐年增长。

山东省滨州市扎实推进青少年校园足球工作

（教育部门户网站 2018年7月11日）

抓实教学体系。组织各学校制定详细的校园足球教学计划、活动计划和课时安排，全市开课率达100%，逐步形成小学、初中、高中、大学一体化的青少年校园足球教学和课程体系。出台幼儿园趣味足球工作方案，着力培养幼儿的足球兴趣。各学校开展校园足球校本教材的研发，开发校本教材100余套；全部组建足球队，9470个班有8000余个组建班级队，58所全国青少年校园足球特色学校每个班都组建男、女足球队。采取定向招录、选聘任用、购买服务等多种方式配齐足球专业教师，俱乐部教练到校免费指导训练，有效解决学校足球教练数量不足、专业水平不高的问题。积极组织开展足球教练和教师培训，选派教练赴国外学习，培养了一批懂业务、能带队的校园足球教练员。

完善竞赛体系。小学低年级开展以游戏为主的趣味性足球竞赛，3年级以上组织开展班级、年级联赛和校际邀请赛等竞赛及单项技术技能比赛。建立健全贯通大学、高中、初中、小学四个层级的青少年校园足球联赛机制，实现与国家、省校园足球竞赛和人才培养机制有效衔接。58所全国青少年校园足球特色学校与中国中学生锦标赛32支精英队伍的学校建立友好合作关系，组队进行友谊赛，并举办国际校园足球友谊赛。

健全训练体系。按照"谁主管、谁负责"的原则，积极组织优秀运动员参加学区、县区、市、省和国家等五个层级校园足球"满天星"训练营。建立2所省级足球学校，建立市校园足球运动研究基地和青少年足球训练基地，着力推动每个县区建立1所足球学校和1个足球训练营。充分发挥职业足球俱乐部、足球学校、体育运动学校在人才培养方面的作用，建立教育、体育和社会相互衔接的人才输送渠道。依托全国学生学籍管理系统和市校园足球网站，建立校园足球运动员注册管理系统，开展校园足球运动员定级和转会工作，建立校园足球人才梯队。

强化保障体系。市委、市政府连续 3 年把校园足球工作纳入对地方教育工作的年度考核内容，形成政府主导、市场运作、社会参与的工作机制。投资专项资金建设足球场地，全市基本实现乡镇中心以上学校和国家级校园足球特色学校人工草坪足球场地全覆盖。开展校园足球文化节活动，在重点学校建立足球展览馆、体验馆、博物馆，打造当地独特的足球底蕴和文化。市财政拨付专项资金，各县区财政配套，为每所国家、省、市级校园足球特色学校提供专项发展资金，用于设施维护、设备配备、教练员培训、购买责任险、足球教学、校内比赛、教师配备等。加强校园足球安全教育，在全面实施校方责任险的基础上，积极探索政府购买学生体育运动伤害险的办法，建立学生运动意外伤害事故第三方调解机制。建立校园足球工作督导机制，定期开展督导检查，对校园足球办学条件、师资队伍、教学质量等实行动态管理。

全国学校体育联盟（足球项目）工作会议强调
2019年校园足球突出内涵发展

（中国教育报 2018年12月8日）

"校园足球明年将重点突出内涵发展，在校园足球教学、训练和竞赛方面做得更扎实、更规范，真正让校园足球特色学校的每名学生每周都能上一堂足球课。"在近日召开的2018年全国学校体育联盟（足球项目）工作会议上，教育部体卫艺司司长王登峰明确提出了上述工作要求。

据全国学校体育联盟（足球项目）执行主席刘志云介绍，2019年，校园足球联盟将在以下几方面着力开展工作：一是开展校园足球专项课题研究；二是进行校园足球教师、教练员培训；三是加强校园足球展示交流活动；四是加大校园足球文化宣传。将采用网络在线培训和线下实地培训相结合的模式，按照基础培训和继续教育培训两个层次，分批次、分区域针对联盟成员单位的校园足球教师进行专项培训，并将联盟培训作为教师参加"国培"或教练员等级培训的辅助环节。根据不同年龄段规划制作600堂示范课程，帮助足球教师上好每周一节体育课。

（记者：李小伟）

校园足球是青训最重要的基础

（信息时报 2018年12月5日）

中超赛季战火暂熄，全国青少年校园足球联赛却在这个冬日燃起青春的烈焰。趁着校园足球联赛大学组的揭幕战在广州举行的机会，《信息时报》记者采访了中国教育部体育卫生与艺术教育司司长王登峰，请王司长在校园足球的开展现状与未来方向，足球训练与文化课是否存在矛盾冲突等几个方面谈了目前在教育部主导下的校园足球情况。

校园足球的规划

"每年聘请百名外教支教校园足球"

王登峰此前曾表示，体育课不能只是让学生活动活动身体、被很多人视为是可有可无的课程。王登峰认为，体育课将彻底改变在学校教学体系里的"小三门"（音体美）地位，成为一门主课。

王登峰透露，为了做好校园足球的各项工作，包括教学、课余训练、竞赛、政策的扶持和办学条件的改善，从 2014 年到现在的 4 年时间里，国家在这方面的投入非常大。教育部专门出台了学校体育足球场地的建设规划，专门为校园足球设立专项扶持资金。这部分资金主要用于教师的培训、全国性校园足球竞赛的组织。其中大学生的足球联赛也是由国家中央财政资金来支持，包括高中的联赛和小学初中高中的选拔性竞赛也就是夏令营的比赛，都是由这笔资金来支持。同时为了提高中国校园足球的水平，教育部每年从国外聘请一百名左右的外籍教师，直接到校园足球特色学校去支教。这个学校的其他班级的足球老师、周边学校的足球老师，也可以一起过来跟这个外教观摩，同时也向他学习，这个外教也负责对他们进行培训。

校园足球的普及

"'满天星'训练营以点带面"

从 2018 年开始，教育部将在全国示范建立校园足球的"满天星"训练营。王登峰介绍说，这个"满天星"训练营就是由教育部聘请一个高水平的教练，在一个县域范围内把该地区校园足球的教师和教练员组织起来一起制定教学计划，由这个聘请来的高水平教练统一培训当地足球教师和教练。组织这些教师和教练，对学生特别是校队开展课余的训练。建立这个区域内的校内联赛、校际联赛和选拔性竞赛。

中国有2900多个县，教育部在2018年已经建设了47个校园足球的"满天星"训练营。下一步将会跟中超俱乐部、中国足协，包括国外的足协和高水平职业俱乐部一起来推进这项工作。

王登峰还透露说，实际上校园篮球的这方面工作也已经在有序推进。

校园足球与青训的关系

"校园足球不会取代青训"

通过对欧洲足球发达国家的考察，王登峰表示，实际上中国校园足球现在在做的事情，与欧洲业余俱乐部所做的工作类似，而且我们做得比他们更有组织性，更有系统性。

我们不能说校园足球就取代了青训，但是它是青训的一个最重要的基础。

比如说"满天星"训练营，实际上就是把这个区域各个校队在联赛中表现优秀的孩子，我们选派更高水平的教练，在学生的课余时间，周末和节假日，对他们再进行系统的训练。训练完了，他们还是跟在欧洲俱乐部一样，特别是在 16 岁之前，还是回到学校里面参加他们班队、校队的比赛。那么在这个过程中，我们还会通过选拔省级的最佳阵容，全国的最佳阵容，给这些孩子更高的、更多的机会，参与到高水平的竞赛中去。这是校园足球要做的事。实际上在这个过程中，不管是职业俱乐部还是国家队的不同年龄组的队，都可以随时从这里边去选拔优秀的后备人才。那么这也就是说校园足球建立了这样的一个教学训练和竞赛的机制。一方面是做好了普及的工作，同时又把那些有潜质的、表现优秀的孩子，能够不断地推到更高的平台上去。而这些平台是对所有职业俱乐部、国家队所有年龄段的选材敞开了大门。

那职业俱乐部，你要觉得哪个孩子有潜力，你要去跟他们谈，谈好了就可以去进行更具体的训练，更高水平的训练。国家队也是如此。

校园足球与教育的关系
"学生家长也要转变思路"

王登峰认为，参与校园足球的训练不会影响孩子们的学习成绩，相反还会提升促进孩子们的学习效率。

实际上我们开展校园足球，特别是教育部主导这 4 年以来，我们看到的结果已经回答了这个问题。那些常规的参与校园足球训练和竞赛活动的孩子，他们文化课的成绩不但没有降低，反而是提高的。我在这里给媒体朋友介绍一个案例。山东青岛即墨实验小学，这个小学 1~6 年级，每个年级 16 个班，让孩子自愿报名成立两个足球实验班。这个学校每周有 4 节体育课，这两个足球实验班只上 3 节，但是每天下午的 3~5 点，整个学校组织的活动课里面，这些孩子都有 2 个小时训练足球。也就是每周有 10 个小时训练足球，再加上 3 个小时的体育课。而其他孩子就是 4 节体育课，没有那 10 个小时。但是每到考试的时候，这两个足球实验班，在全部 1~6 年级几乎都是年级的前 3 名。恒大足校原校长刘江南也给出过一个数据，他说恒大足校的孩子，也是高水平队的孩子的文化课成绩比一般水平的孩子要高。所以我说我们为什么要移风易俗？我们要转变一下我们的观念，其实让孩子常规性地参加体育锻炼，参加体育竞赛对他们整个身体健康、健全人格、意志品质的培养是非常重要的，而这客观上又会真正促进他们的文化课考试成绩的提高。

（记者：白云）

校园足球改革试验区增至38个

（中国教育报 2018年12月4日）

记者今天从教育部获悉，全国青少年校园足球工作领导小组办公室、教育部办公厅近日印发《关于同意设立全国青少年校园足球改革试验区的函》，公布天津市、内蒙古自治区、北京市丰台区等27个地区为第三批全国青少年校园足球改革试验区。截至目前，全国青少年校园足球改革试验区总数达到38个。

全国校足办要求改革试验区所在地区发挥资源优势，认真贯彻落实相关工作要求，以改革创新精神切实推动校园足球全面深化改革，着力提高校园足球工作质量和水平，积极探索和积累校园足球全面深化改革有益经验，让广大青少年在参与校园足球运动中享受乐趣、增强体质、健全人格、锤炼意志，提高足球技能水平，实现德智体美劳全面发展。

全国校足办要求校园足球改革试验工作，要遵循教育规律、足球运动规律和足球人才成长规律，积极深化校园足球普及推广、教学、训练、竞赛、样板、荣誉、一体化推进、科研等8个体系建设，着力提高校园足球工作科学化、制度化、专业化水平，科学推动本地区校园足球工作。

（记者：余闯）

学校体育改革发展的新坐标

教育部体育卫生与艺术教育司党支部书记、司长　王登峰

（中国教育报 2018年11月30日）

习近平总书记始终关心青少年健康成长和全面发展，总书记在全国教育大会上的讲话，是学校体育改革发展的新坐标。他指出，要努力构建德智体美劳全面培养的教育体系，形成更高水平的人才培养体系。要树立"健康第一"的教育理念，开齐开足体育课，帮助学生在体育锻炼中享受乐趣、增强体质、健全人格、锤炼意志。习近平总书记的讲话，构建了崭新的学校体育"四位一体"目标体系，意义重大。

第一，"四位一体"目标体系，不仅是对古今优秀体育理念的科学总结与集成，同时也是对学校体育理念的重要创新与发展。从古代的"六艺"，到现代教育先贤张伯苓、蔡元培的体育思想；从奥林匹克之父顾拜旦，到共和国开创者毛泽东，都对学校体育有过精辟论述。习近平总书记的最新阐述，是对学校体育价值观的认识升华，极大丰富了学校体育理论。

第二，"四位一体"目标体系，充分体现了总书记特别强调并一贯坚持的"以人民为中心"的发展理念。2017年6月，习近平总书记在会见国际足联主席因凡蒂诺时专门讲到了中国为什么要花大力气推进足球事业发展。他说，中国大力发展足球事业从根本上来说是为了提高国民健康素质。因此，发展青少年体育，增强青少年体质，是建设健康中国的民生工程、民心工程。

第三，"四位一体"目标体系，直面中华民族伟大复兴的时代要求和国际竞争的严峻形势。习近平总书记一再强调奋斗精神。应当认识到，奋

斗不能仅凭理想、境界，同样重要的是，要有"野蛮体魄"作为载体。近几年，我国青少年学生体质健康状况明显改善，但是超重肥胖、近视、心肺耐力水平下降等问题依然存在。因此，要建设人力资源强国，推动教育综合改革，学校体育不可或缺。

第四，"四位一体"目标体系，充分体现了教育的特性。教育应当是一个让人享受快乐的过程。兴趣是最好的老师，体育尤其如此。因此，我们的学校体育，要依据科学规律和学生身心特点，让每一个孩子都能学习和掌握运动技能，参与竞技比赛，享受运动的乐趣。

第五，"四位一体"的目标体系，强调坚守立德树人根本任务。习近平总书记重视体育，最强调的是如何通过先进的、符合学生身心发展规律的体育教育落实培养人、培养社会主义建设者和接班人这个根本目的。

学习贯彻习近平总书记的讲话精神，作为教育行政管理部门必须要有教育情怀和责任担当，学校体育工作者更要积极行动，有所作为。

一是从宏观管理的角度，要在十八大以来颁发的学校体育相关文件的基础上，出台综合性的体育教育改革文件，把习近平总书记关于学校体育的论述，变成可执行、可操作的具体政策。

二是从教学实践角度，要强化学校体育发展的主要任务，坚持以教、练、赛为主要手段来实现目标、完成任务。每个学生都要掌握运动技能，都要加入课外锻炼、课余训练，都要参与体育竞赛。

三是从体制机制建设的角度，要加快推进学校体育保障条件的建设。最重要的是要研究、探索"指挥棒"，亦即评价手段的改进与创新。要巩固、强化体育中考，探索体育评价与高考招生制度的对接机制。以学生体质健康、近视眼防控为先导，将学校体育的多项指标系统性地纳入对学校、对教育行政部门、对地方政府的评价体系。推进师资配置、场地建设和经费投入，将其纳入地方政府的绩效考核指标体系，完善问责机制。

四是从实施方法的角度，要在校园足球取得成效、获得经验的基础上，稳步推进运动项目教学的改革。目前，继校园足球之后，校园篮球和网球已经在全国布局特色校建设，下一步还要推出校园武术、冰雪运动等项目。

习近平总书记对学校体育的论述，凝聚着他对青少年所向往、人民所期盼的新时代先进教育理论、实践与宗旨目标的深邃思考，远见卓识，高屋建瓴，是学校体育工作的行动指南，也是习近平总书记关于教育的重要论述精彩华章。

2018年教育部已培训校园足球特色学校
校长、骨干教师近1.7万人

（新华网 2018年9月29日）

全国校园足球骨干师资第 68 期国家级培训班 29 日在重庆市南岸区结业。这一由教育部总体规划、中国教育科学研究院主办的国家级培训项目 2018 年共计培训校园足球特色学校校长、骨干教师近 1.7 万人。

本期培训班，来自湖北、贵州两省的国家级校园足球特色学校的 301 名校长参加培训。全国校园足球国家级培训项目总负责人、中国教育科学研究院体卫艺研究所所长吴键介绍说，第 68 期是本年度最后一期，2018 年共计培训 2017 年被教育部认定的 6837 所校园足球特色学校校长、骨干教师近 1.7 万人。

近年来，校园足球蓬勃开展。截至 2018 年 9 月，教育部在全国布局了国家级校园足球特色学校 24000 余所，提前完成目标；并从 2015 年开始，连续 3 年对国家级特色学校校长、骨干教师、教练员、行政管理干部等进行了专项培训，总计培训学员 5 万余名。

本次培训班安排了业内人士专题讲座、足球比赛观摩等环节，学员还参观了重庆市南岸区珊瑚浦辉小学等校园足球特色学校。

位于中心城区、有 800 多名学生的珊瑚浦辉小学场地狭小，仅有一个 200 米环形跑道。在校长刘君的带领下，该校通过设置小型化、趣味化的足球射门、带球等科目，充分利用学生碎片化的课余时间提高学生参与度和场地利用率，全面达到教育部校园足球特色学校建设标准，为学校克服场地限制、破解学生学业与训练矛盾提供了有益借鉴。

　　"一个懂足球的校长，才能真正打造一所有生命活力的校园足球特色学校。"湖北省汉川市蓝天希望学校校长刘国平在培训班上发言时说。

　　据悉，教育部下一步将在校园足球特色学校布局的基础上，着重提高校园足球开展的质量，从是否有利于促进学生体质健康、提高学生运动技能、培养学生健全人格三个方面进行评估，师资培训将实施"按需施训、课程规范、学分管理"的推进模式，到2020年构建完成"部级规划、省级统筹、县级落地"的三级联动运行机制。

（记者：周凯）

推广校园足球要坚持普及与提高质量并重

（新华网 2018年8月29日）

记者 29 日从教育部获悉，《全国青少年校园足球改革试验区基本要求（试行）》近日印发，提出推广校园足球要坚持普及与提高质量并重，以普及性的足球教育培养广大青少年浓郁的足球兴趣，营造良好的足球文化氛围。加强对区域内全国和各级校园足球特色学校的指导与监管力度，实施建设质量复核制度，建立退出机制。

文件规定，全国和各级校园足球特色学校的足球教学要严格落实《全国青少年校园足球教学指南》，创造条件进一步丰富校园足球课程，切实提高足球教学质量和水平。加强教体资源共享，拓宽渠道让教练员、运动员、退役运动员进入校园，进一步发现、推荐、培养优秀足球人才，开展科学化训练。

此外，这份文件还提到，要在区域内现有全国和各级校园足球特色学校的基础上，积极推动非校园足球特色学校创建全国和各级校园足球特色学校，制定标准、体现特色、形成模式、凝练经验。根据世界足球强国在儿童 5 岁左右就开始足球启蒙教育的普遍情况，进一步下移普及重心，积极将足球运动向幼儿园延伸。

教育部还同时印发《全国青少年校园足球试点县（区）基本要求（试行）》，以推动全国青少年校园足球试点县（区）校园足球工作规范有序发展。

（记者：施雨岑）

最佳阵容人数有限，但光荣属于夏令营中每一个顽强拼搏、忘情奔跑的追风少年。2018年全国青少年校园足球夏令营是对近4年来校园足球教学、训练和竞赛体系建设的一次全面检阅和集中展示，代表着我国校园足球的最高水平，承载着中国足球未来发展的希望。

2018年全国青少年校园足球夏令营已经画上句点，但对于中国校园足球来说，又是一次全新启航。让我们相约，明年夏天，绿茵场再见！

（责编：杨磊　张帆）

"八大体系"助推校园足球发展

（中国教育报 2018年7月13日）

教育部日前在江苏省南通市海门举行新闻发布会，介绍全国青少年校园足球最新进展情况和全国学校体育教学改革整体思路。全国青少年校园足球工作领导小组办公室主任、教育部体育卫生与艺术教育司司长王登峰回顾了校园足球3年来的发展状况，重点介绍了下一步校园足球发展的思路和要解决的问题。

据悉，2015年以来，全国各省（区、市）校园足球工作坚持"教学是基础、竞赛是关键、体制机制是保障、育人是根本"的发展思路，以"提高体质健康水平，教会足球运动技能，培养爱国主义、集体主义精神和顽强拼搏的意志品质，打牢中国足球腾飞的人才基础"为发展目标，扎实工作，开拓创新，校园足球实现了从无到有、从有到强的快速发展，开创了各地因地制宜的校园足球发展道路。

王登峰说，校园足球发展水平，可以用"六个多"来概括：踢球的人多了，会踢球的人也多了；踢得好的人多了，整体上踢球的水平也提高了很多；教足球的人多了，教得好的人也多了。他表示，经过3年的发展建设，校园足球在教学方面、保障条件、场地建设以及人才培养体系等方面取得了明显进展。

截至2018年底，校园足球工作已纳入教育改革发展体系。王登峰表示，下一步将把每一项工作做得更加扎实，更加精致。具体来讲，就是要构建"八大体系"。

一是要科学布局、夯实校园足球的推广体系。按照《中国足球改革发展总体方案》要求，到2025年，校园足球特色学校要达到5万所。"从今年开始到 2025 年，每个省区市都要制定出每年再创建多少所校园足球特色学校的规划，按规划认真落实。"

二是精准发力、健全校园足球教学体系。为了搭建教学体系，下一步，教师培训也将会更加精准。"教师培训将会分年级进行，教不同年级的足球教师，分别单独对其进行培训，线上线下结合。"

三是严格管理、做强校园足球竞赛体系。首先，要做到校园足球特色学校有班级联赛，班班有球队，周周有比赛。在校内联赛的基础上，进一步完善小学、初中、高中和大学联赛，在联赛的基础上进一步完善选拔性竞赛和夏令营。其次是选拔性竞赛要形成完整体系，不仅要有全国最佳阵容。下一步，每个地、市、区的最佳阵容、县市区的最佳阵容包括乡镇、学区的最佳阵容要形成一个完整体系；另外，严格赛风赛纪，实现校园足球立德树人的根本任务和使命。

四是通过示范引领、打造校园足球的样板体系。通过选聘高水平的教练作为一个区域的校园足球最高专家，由其来带动区域内所有的校园足球教师和教练员组建校园足球技术体系。

五是激励创新、构建校园足球荣誉体系。进一步落实学生运动技能等级，根据每一个学生参与足球教学、训练和竞赛的时间及实际技术水平，完善校园足球学生运动技能等级标准。

六是精诚合作、合力形成校园足球推进体系。校园足球工作领导小组的 7 个部门要协同配合，在场地规划、师资培训、社会支持等方面形成合力。教育和体育在校园足球方面的资源要实现共享，教育和体育部门在校园足球工作中要实现"一体化设计、一体化推进、自成体系、相互支撑"的合作格局。要搭建全社会各相关组织机构和部门有序参与、通力合作，共同推进校园足球健康发展的格局。

七是攻坚克难、搭建校园足球科研体系。明确体育的价值，繁荣体育文化，王登峰直言，校园足球工作发展到今天，最大的困难就是思想观念问题。孩子从小参与体育锻炼，掌握运动技能，参加体育竞赛，对他的全面发展到底有什么积极的促进作用？每天锻炼一小时，每天有一场比赛会不会影响到他的学习成绩？体育对一个人的成长到底意味着什么？这是搭建科研体系首先要解决的问题。

八是龙虫并雕、形成校园足球舆论和宣传体系。校园足球的健康发展，离不开比较好的舆论环境。下一步，在舆论宣传方面希望能与媒体进行更及时有效的沟通，共同形成校园足球宣传体系。"特别是要做好典型宣传，要如实地报道校园足球工作中存在的问题，要在理念和价值方面对社会有更多的正面引领。"

最后，王登峰简要介绍了下一步学校体育教学改革的整体思路。他说，要把在足球方面取得的经验尽快地推广到篮球、排球、冰雪运动、武术等项目上。在冰雪运动进校园、中华武术进校园和其他运动项目进校园上，也将参照校园足球的模式，建立特色学校，建立健全各个运动项目教学指南、教学大纲，制作教学视频，加大对师资队伍的培训和场地设施的改造力度，使整个学校体育从教学、训练和竞赛全面推进。

（记者：李小伟）

校园足球发展的地方实践

（中国教育报 2018年7月13日）

上海市普陀区

体教融合与中小幼有机衔接

上海市普陀区素有"足球之乡"美誉。近年来，该区在上海市教育委员会的指导下，区域整体推进校园足球改革，形成了"体教高度融合、中小幼有机衔接"为特色的普陀校园足球发展体系。

结合上海市学校体育"三化"课改，普陀区全面推进中小幼衔接工作，21所幼儿园全面开展足球操，其中3所幼儿园已为师生开展足球课。目前，全区共有38所中小学体育课程改革试点学校、17所全国青少年校园足球特色学校，通过学校自行探索，均已完成足球项目的校本课程和"一课一队"的建设任务。同时，区域也在进一步优化和推进校园足球课程建设，共享了《普陀区小学校园足球课程》《普陀区阳光足球游戏集锦》，2019年普陀区的高中和小学将率先实现"一课一队"全覆盖。

构建中小幼校园足球贯通布局，立体推进校园足球课余训练体系。该区对校园足球项目进行"一条龙"式的设点布局，构建中小幼"2—4—8—16"的概念性布局体系。目前该区已有1所职业学校、9所高中（含4所完全中学、2所一贯制中学）、21所初中（含4所完全中学、9所一贯制中学）、22所小学（含9所一贯制中学）、21所幼儿园开设了校园足球项目。针对各年段项目分布，这些学校分别从课程、训练、竞赛、活动等方面进行"一体化"建设，尤其是扩大了完全中学和一贯制中学的试点面，大大推动了校园足球的普及，也为可持续培养全面发展的优秀足球人才提供了有力保障。

通过校园足球梯队建设，进一步加强学校办足球二线运动队、市级足球传统项目学校建设，目前已形成了班级队＋年级队＋（全国特色、传统项目、二线）校级队、"2+3"基层队向区精英队，再向市精英队"三级选拔""七位一体"的课余训练立体推进格局。

普陀区教育局和体育局合作共建，在全市首创"双精英"培育模式。选拔区精英队员除了通过各级赛事之外，还参照英格兰足总有关青少年足球技术训练与测评标准，依据规范的考核流程定期测试选拔。这种模式大大推动了普陀区校园足球发展，仅近两年，该区就有 742 班次、24117 人次开展了足球比赛活动。

重庆市沙坪坝区
"十个一"工程助推足球发展

近年来坚持"教学是基础，竞赛是关键，体制机制是保障，育人是根本"的发展思路，实现了"快速普及，成效初显"的目标。

在推进足球特色学校方面，该区启动实施了"十个一"工程，即各特色学校建立一个专项领导组织、每周每班一节足球课、一套活动方案、一片规范场地、一套足球专业教材、一支有专业教练的师资队伍、一支校级代表队、一个校内足球竞赛体系、一次体质健康测试、一次足球技能测试。"十个一"工程纳入考核，结果与工作经费挂钩，实行末位退出，并委托第三方机构，开展校园足球特色学校的监测评价，率先开展以足球教学和训练为主题的示范课、研讨课、赛课等教研活动，检验日常教学效果。

在竞训体系方面，形成了课内比赛、校内班级联赛、校际片区联赛、区级决赛和市级总决赛五级竞赛体系并常年开展，每年组织校园足球竞赛活动超过 1000 场次，参赛运动员超过 1 万人次；与市、区足协密切协作，聘请含欧足联 B 级教练、亚足联 A 级教练员在内的 10 名高水平教练员，遴选全区优秀小学、初中、高中男女足球运动员近 200 人打造区级"满天星"

训练营，利用每周五、六、日下午和节假日定时分组别集中进行训练。

在强化培训方面，该区2016年以来组织选派400余名体育教师参加足球教材培训，80余名教练员、裁判员及管理干部参加全国、市级专项培训，4名教练员赴法国、德国、英国学习；开展教练员培训300余人次。在争取社会支持方面，天才足球俱乐部、菁茵青训、索科体育、三合体育等参与多所校园足球特色学校的教学与训练工作；重庆电视台校园足球频道、华龙网等多家媒体及时报道该区校园足球工作；同时，还积极主动与重庆大学、西南大学体育学院和成都体育学院足球学院等高校沟通联系，在足球教师、教练员、裁判员培训以及高水平运动员升学、科研课题、场地设施共享等方面深入合作；重庆一中、重庆七中与力帆俱乐部签署了青训合作协议，为高水平人才输送探索新路。

深圳市福田区
"踢"进课堂 "玩"出精彩

深圳市福田区十分重视青少年校园足球工作，各校都将该项工作当作学校体育的重要工作抓紧、抓好、抓实。

科学定位校园足球。该区在工作中科学把握校园足球定位，制订和完善了校园足球规划和工作方案，通过深化体育教学（足球课）改革，强化足球课条件和安全保障，将校园足球纳入课堂教学和"校园一小时体育活动"的主要内容，积极开展以班级为参赛单位的校内班级联赛，开展形式多样的校园足球活动，打造校园足球文化。

在夯实基础方面，该区要求特色学校每周要开设一节足球课，每学期都要举办丰富多彩的校园足球活动，做到每名学生都学足球、踢足球、懂足球知识，并鼓励普通学校积极创造条件开设足球课。

该区教育部门还会同区文体局、足球协会等有关部门，共同制定有关政策，大力支持和扶持青少年足球活动的开展。该区计划建立不同年龄段的青少年足球队：8~10岁300人，10~12岁200人，12~15岁100人，

15~18 岁 80 人；力争 3 年后参加足球运动的学生人数达到 2 万人，形成足球"踢"进课堂"玩"出健康快乐的校园足球局面。此外，该区还制订了从小学到初中再到高中的"足球人才直升计划"，以解决足球人才培养不连贯问题。

在加强师资培训方面，该区重视足球教师队伍的建设，要求校园足球学校必须配齐足球体育教师，同时大力开展普通体育教师足球专业培训，专业培训工作每学期至少开展一次。在"挖潜"的同时，各校还外聘了包括外教在内的一些足球专业教练充实到教师队伍中。

在营造校园足球文化氛围方面，该区充分利用各校的宣传栏、网页专栏、图书馆、阅览室、图书角以及广播站、电视台、网络等各种校媒体，积极开展校园足球宣传。在每年的校园体育节，各校有目的、有计划地开展征文、绘画比赛、最佳守门员、最佳射手和文明之星等评比活动，积极引导广大学生走进足球场，体验足球运动的快乐。

辽宁省法库县
足球成为学生发展的阶梯

2012 年年底，辽宁省沈阳市法库县提出建设"足球之乡"的构想，并推动校园足球发展。几年来，县委县政府通过工作调度、总结表彰、观摩研讨等方式全力推进。

在完善规划制度方面，县委县政府将校园足球工作作为全县的重点工作之一，制定了《法库县校园足球发展三年规划》。各校建立完善了《校园足球工作制度》《校园足球训练制度》《校园足球联赛（竞赛）制度》等，规范了足球教学、训练与比赛。

在资金扶持上，5 年来，该县投入近 2 亿元，建设了 30 所学校、21 所公办幼儿园共 51 块塑胶足球场地和城区 5 个共 1.3 万平方米的体育馆；投入 1000 多万元，购置电子屏、印刷教材、购买足球，确保每生一球；投入 500 多万元购置了设备器材及组织各类比赛等。为 3 万余名学生办理了校园安全责任险、班足球队员意外险和 700 余名校队员的运动伤害险。

同时，格外重视足球运动的普及。2013 年起，按照"一年起步、两年普及、三年提高"计划，从起步时的东湖中学、卧牛石小学等 8 所学校，通过课堂教学、课间活动、训练竞赛等方式推动。到 2014 年，足球教学已全面进课堂，每周一节足球课，足球训练已成常态，形成了"人人踢球、班班有队、校校参赛"的可喜局面。

在师资队伍建设方面，该县在招聘体育教师 40 多名和强化在职足球教师培训的基础上，还与高校合作。5 年来，沈阳体育学院共选派 368 名学生到该县顶岗实习，教授足球课程。

在此基础上，该县一方面注重活动推进，建立中小学"三级联赛"机制，另一方面将足球文化融入校园文化和社会文化。2013 年，该县举办首届青少年校园足球节暨校园足球建设工作启动仪式，县电视台等媒体及教育微信公众平台开辟专栏，及时宣传足球知识与发展动态，开展校园足球歌曲、队徽和队旗征集及主题演讲、征文、足球操表演、足球手抄报等活动。

七千少年开踢中国校园版"世界杯"

——2018年全国青少年校园足球夏令营在成都开营

（中国青年报 2018年7月9日）

2018年全国青少年校园足球夏令营活动日前在成都拉开帷幕，今年将有约上万人参与该项活动。图为小学组重庆队与四川队在比赛中（辛三好 摄）

当球迷们为俄罗斯世界杯狂欢的时候，数千名青少年足球运动员则在绿茵场上奔跑，开启了属于他们自己的"世界杯"。7月7日，2018年全国青少年校园足球夏令营在成都开营。在揭幕战小学男子甲组首场比赛中，四川队以3∶2的比分战胜重庆队。

夏令营由全国青少年校园足球工作领导小组办公室主办。7月7—30日，夏令营将在全国24个分营举行，届时有11个组别的300多支队伍参加，包括6944名男女运动员、上千名教练员、近200名国内外校园足球专家。夏令营的入选学生来自全国31个省（区、市）和新疆生产建设兵团，为历届夏令营之最。

夏令营将选拔出 2472 名优秀运动员进入分营最佳阵容，参加于 8 月举行的全国青少年校园足球夏令营总营，最后选拔出 412 名优秀运动员进入全国青少年校园足球最佳阵容。

来自西班牙甲级联赛联盟、德国足协与拜仁足球俱乐部的高水平外籍教练员，将在中方专家组的配合下，全面负责夏令营各分营及总营的最佳阵容选拔和足球教师、教练员培训工作。

根据全国青少年校园足球工作领导小组办公室的通知，参加夏令营活动的学生将获得国家运动员运动等级证书，其中入选全国总营初中、高中各组别最佳阵容的运动员将获批国家一级运动员。

在 7 日举行的揭幕战中，人民网、新华网、中青在线、中国教育网络电视台、企鹅直播等平台对赛事进行了直播，受到网友的热切关注，仅中青在线直播的播放量就超过了 20 万。主办方表示，将对各分营和总营的300 多场比赛进行网络直播，对其余 500 多场进行录播。"这既是宣传推广，也是接受社会监督。"

2015—2017 年，全国青少年校园足球夏令营已经连续举办 3 届。在教育部体育卫生与艺术教育司司长王登峰的眼里，夏令营给全国校园足球事业带来的变化可以用"六个多"来总结：踢球的人多了，会踢球的人多了，踢得好的人多了；教足球的人多了，会教足球的人多了，教得好的人也多了。"每一年都能看到变化。"

王登峰说，为推动校园足球工作持续、健康发展，必须坚持以青少年校园足球特色校建设为基础的发展思路，凝心聚力提升青少年校园足球各项工作的质量和水平。夏令营是对校园足球教学、训练、竞技水平及其普及程度的集中检验，未来还会坚持下去。

（记者：王鑫昕）

全国青少年校园足球夏令营分营
开营仪式在川举行

（人民网 2018年7月7日）

　　2018年7月7日，全国青少年校园足球夏令营分营开营仪式在四川省成都市举行。此次开营仪式由全国青少年校园足球工作领导小组办公室主办，四川省教育厅承办，成都市教育局和成都市足球协会协办。全国青少年校园足球工作领导小组办公室主任、教育部体育卫生与艺术教育司司长王登峰，四川省委教育工作委员会委员、四川省教育厅副厅长、党组成员戴作安，中国足球协会执委、成都市足球协会主席辜建明，全国青少年校

园足球专家委员会委员、中国足球协会青少年委员会副主任余东风，四川省校足办和成都市校足办主要负责同志、全国青少年校园足球夏令营第五分营的中外专家组、教练员、运动员及工作人员参加此次开营仪式。

由全国青少年校园足球工作领导小组办公室主办、各承办单位所在省级校足办承办的 2018 年全国青少年校园足球夏令营的小学、初中和高中分营活动于 2018 年 7 月 7—30 日在全国 24 个分营举行。届时将有 11 个组别的 300 多支队伍共计 6944 名男女运动员、上千名教练员，以及近 200 名国内外校园足球专家参加到全国校园足球夏令营分营活动中来，最终将选拔出 2472 名优秀运动员入选分营最佳阵容，并将参加于 8 月份举办的全国青少年校园足球夏令营总营，最后选拔出 412 名优秀运动员入选全国青少年校园足球最佳阵容。

本届夏令营除了保持往届所涵盖的技术测试、中华优秀传统文化教育、名家指导训练、组织开展比赛、选拔最佳阵容、媒体现场宣传等规定动作外，与往年相比有五个突出特点。一是覆盖面广、选拔层次高。本届夏令营分营的入选学生来自全国 31 个省（区、市）和新疆生产建设兵团，

为历届夏令营分营之最。参加全国青少年校园足球高中联赛（全国总决赛）男、女前 8 名队伍的主力队员可以获得入选全国高中夏令营分营资格。二是全面强化外籍专家团队选拔力度。本届夏令营分营邀请来自西班牙甲级联赛联盟、德国足协与拜仁足球俱乐部高水平外籍教练员，他们将在中方专家组的配合下，全面负责夏令营各分营及总营的最佳阵容选拔和足球教师、教练员培训工作。三是引入并强化道德评价制度。为更好地落实校园足球立德树人根本任务，突出学生全面素质发展，全国校足办制定了夏令营日常管理制度，将营员的日常行为表现作为入选最佳阵容的一项重要评价指标。2018 年，还专门制定了随队教练员守则与评价办法，加强对教练员的思想政治教育和业务教育，为教练员创造良好的训练、学习、生活环境。四是强化主流媒体舆论宣传引导。在本届夏令营分营期间，将由人民网、新华网、中青在线、中国教育网络电视台、企鹅直播等对全国分营的部分场次和全国总营的全部场次共 300 多场比赛进行网络直播，并对其余的 500 多场比赛进行录播，在去年的基础上大幅度增加了校园足球夏令营赛事的直播场次，这对整个夏令营的宣传推广将起到至关重要的作用，同时也将最大范围接受社会的监督。除此以外，还将对活动进行全程跟踪，采编学生集训生活、纪录成长过程、挖掘球员身后故事，制作播出大型系列专题节目，为全国广大青少年树立榜样。五是参加夏令营活动的学生将获得国家运动员运动等级证书。各省（区、市）夏令营选拔出的小学各组别最佳阵容运动员将获得参加全国分营区夏令营资格，并获批国家三级运动员；各省（区、市）夏令营选拔出的初中、高中各组别最佳阵容运动员和全国青少年校园足球高中联赛（全国总决赛）男、女前 8 名队伍的主力队员将获得参加全国分营区夏令营资格，并获批国家二级运动员。入选全国总营小学各组别最佳阵容的运动员均获批国家三级运动员；入选全国总营初中、高中各组别最佳阵容的运动员将获批国家一级运动员。

王登峰在开营仪式上表示，为推动校园足球工作持续、健康发展，必须坚持以青少年校园足球特色校建设为基础的发展思路，凝心聚力提升青

少年校园足球各项工作的质量和水平。具体来讲，就是着力构建和完善校园足球工作的"八大体系"并扎实推进：精心布局、夯实校园足球推广体系；全面发力、健全校园足球教学训练体系；严格管理、做强校园足球竞赛体系；示范引领、打造校园足球样板体系；激励创新、构建校园足球荣誉体系；教体结合、构建校园足球一体化推进体系；攻坚克难、搭建校园足球科研体系；树立导向、完善校园足球正面宣传和舆论引导体系。

2015年以来，校园足球工作坚持"教学是基础、竞赛是关键、体制机制是保障、育人是根本"的发展思路，以"提高体质健康水平，教会足球运动技能，培养爱国主义、集体主义精神和顽强拼搏的意志品质，打牢中国足球腾飞的人才基础"为发展目标，坚持普及与提高并重的发展理念，在各地方和有关部门的大力支持和配合下，校园足球发展态势良好、成效显著，可以用"六个多"来概括：踢球的人多了，会踢球的人多了，踢得好的人多了；教足球的人多了，会教足球的人多了，教得好的人也多了。

（责编：杨乔栋　杨磊）

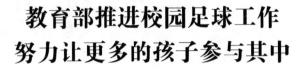

教育部推进校园足球工作
努力让更多的孩子参与其中

（人民网 2018年6月30日）

近日，由教育部组织开展的 2018 教育奋进之笔 "1+1" 系列发布采访活动来到江苏省海门市，就介绍全国青少年校园足球最新进展情况和全国学校体育教学改革整体思路召开新闻发布会并组织采访团进行实地采访。

加快发展青少年校园足球是贯彻党的教育方针、促进青少年身心健康的重要举措，是夯实足球人才根基、提高足球发展水平和成就中国足球梦想的基础工程。

作为此次教育奋进之笔 "1+1" 系列发布采访活动的第六站，江苏省海门市是全国校园足球试点市，全市拥有 50 多所足球特色校。近年来，江苏以提高校园足球普及水平、深化足球教学改革、加强课外锻炼训练、完善竞赛体系等重点工作为抓手，充分调动全省教育、体育系统的积极性，青少年校园足球事业发展规模快速壮大，发展水平明显提高，发展环境不断改善，取得了一定成绩，为校园足球的科学、健康和可持续发展奠定了坚实基础。6 月 26 日上午，采访团一行先后在海门的中小学、幼儿园和训练基地进行了深入探访，听取了多位领导就校园足球开展工作的情况说明，感受到了足球运动在中小学、幼儿园蓬勃开展的热烈氛围，也感受到了教育系统推进校园足球工作的奋进状态。

6 月 26 日下午，在江苏省海门市政府会展中心，作为教育奋进之笔 "1+1" 系列发布采访活动第六站的一部分，教育部召开了介绍全国青少年校园足球最新进展情况和全国学校体育教学改革整体思路的发布会。全国青少年校园足球工作领导小组办公室主任、教育部体育卫生与艺术教育司司长王登峰首先对过去 3 年有关校园足球所做的工作和取得的成绩进行了说明，并重点介绍了下一步校园足球发展的思路，要解决的问题，以及对下一步对整个学校体育改革的整体思路做了阐述。江苏省教育厅副厅长朱卫国、云南省教育厅副厅长郑毅、上海市教委副主任倪闽景和全国青少年校园足球专家委员会副主任委员、北京体育大学教授李春满等出席了本次会议，并就各地校园足球发展情况做了简单介绍。

王登峰用"六个多"概括了从 2015—2017 年这 3 年中国校园足球的发展："踢球的人多了，会踢球的人也多了；踢得好的人多了，整体上踢球的水平也提高了很多；教足球的人多了，教得好的人也多了。"

推进校园足球取得成绩的最重要基础是要真正做好普及工作，校园足球发展最基础、最重要、最核心的举措就是在全国遴选认定两万多所校园足球特色学校，校园足球特色学校所关注的是这个学校里的每一个孩子都要学会踢足球，都要参与足球训练，更重要的是都要参加校园足球的竞赛活动，通过日臻完善的校园足球激励机制，让更多的孩子可以踢好足球。近年来，由校园足球培养出来的小球员们在出访西班牙、德国、俄罗斯等地与当地青少年足球队的交流中成绩呈逐年上升态势，体现了校园足球工作的成果喜人。

校园足球人才培养体系的建立也在这 3 年中越发成熟，校园足球的师资队伍建设经过这 3 年的努力同样硕果累累，教学水平稳步提升。王登峰说："国家级校园足球教师培训达到了 2 万多人，教练员培训达到了 5 千多人，省市级校园足球管理人员和教师培训达到了 20 万人。此外，从国外直接聘请了多达 360 多名校园足球教师直接到校园足球特色学校任教。"

校园足球保障条件在这 3 年中也有了非常大的改善。校园足球的组织架构、管理体系逐渐完善，7 部门共同推进，各个部门之间相互支撑和配合。王登峰说："这 3 年国家经费投入 6.8 亿元，带动各省区市投入了 200 亿元。过去 3 年，校园足球在场地建设上更是新增了 5 万块足球场，取得了非常明显的进展。"

"总结起来，校园足球从体育本身的内涵来讲，就是三个字，一个是教会，这是教；第二个是训练，也就是练；第三个是竞赛，也就是赛。教会学生运动技能，经常性的课余训练和常规性的竞赛活动，这样的模式是按照习近平总书记对中国体育事业发展要实现的目标来规划的。"王登峰讲到，"习近平总书记对中国体育发展给出了三个目标，第一个目标是提高中国体育竞技水平。第二个目标是通过广泛开展包括足球在内的群众性的体育竞赛活动，弘扬爱国主义和集体主义精神，磨炼国人顽强拼搏的意志品质。第三个方面是提高整个国民的健康素质。通过校园足球的教、练、赛，实现提高青少年体质健康的目标，通过广泛地开展校园足球竞赛活动，进一步弘扬了爱国主义、集体主义精神，磨炼了青少年顽强拼搏的意志品质。通过校园足球的教、练、赛的全面推进，看到了在国民教育体系里面，普通学校的学生足球技能的不断提高，这为提高中国足球竞技水平奠定了良好的基础。目前，校园足球工作已经纳入整个教育改革发展体系，将引领整个学校的体育教学改革。"

谈到教育部下一步对整个学校体育改革的整体思路，王登峰讲到，"校园足球发展到今天，高水平的足球苗子开始出现了，这个时候绝对不能走回头路，不能掐尖，不能急功近利，也不能做违背规律的事情，这是校园足球发展的第一个基本态度，就是要继续坚定不移地坚持校园足球的推进思路。严格按照习近平总书记对中国足球发展的重要批示和指示精神，就是足球要从娃娃抓起、从基层抓起、从群众性广泛参与抓起。而这'三个抓起'在校园足球里面的具体体现，就是以校园足球特色学校为最重要的核心或者是最基础的发展思路。"

（责编：欧兴荣　杨磊）

讲好"以球育人"故事

（人民日报 2018年5月28日）

　　提起创办之初风风火火的"谁是球王"中国足球民间争霸赛，很多人仍留有深刻印象。由勇立潮头到静水流深，这一赛事已经悄然转型为"谁是球王"青少年校园足球竞赛活动，更多聚焦、讲述"以球育人"的故事。不再简单追求一鸣惊人的轰动效应，而是将更多精力放到讲好"以球育人"故事上，这是一个不断调整思路、提高认识的过程。比如，办赛的定位可以从发现民间足球人才转为展示校园足球风采；比如，聚焦的镜头可由比赛画面是否精彩转为足球带给青少年成长的感悟；比如，赛制的调整开始更多考虑如何让参赛者便于参赛、乐于参赛，并在参赛过程中充分感受团队协作的价值。

　　作为一项在全国范围颇具影响力的足球赛事，"谁是球王"青少年校园足球竞赛活动开始聚焦校园文化、聚焦足球项目固有的魅力，这是可喜的转变，当然也是对校园足球发展的有益引领。做青少年足球普及工作、做校园足球发展工作，就是要把干事创业的激情与久久为功的心态巧妙结合在一起，就是要把足球文化的普及与足球魅力的展示有机融合在一起。在人们越来越意识到青少年足球、校园足球发展重要性的过程中，扎扎实实把有一定影响力的青少年足球、校园足球赛事办好，其实也是对中国足球改革发展的务实推动。

校园足球发展论坛在义乌举行
各方论剑校园足球

（中国日报 2018年5月16日）

为进一步探索校园足球试点特色发展之路，推动浙江省校园足球工作持续、快速、高效发展，5月11—13日，浙江省首届全国青少年校园足球试点县（区）校园足球发展论坛和试点城市"巅峰对决"在义乌举行。中国教育部体卫艺司司长王登峰、浙江省教育厅副厅长丁天乐、浙江省教育厅体卫艺处处长李建章以及市领导多佳、骆小俊、邱晓磊参加活动。

5月11日，义乌市与杭州西湖区教育足球队的比赛拉开活动序幕。大家通过赛事对抗，切磋足球技艺，交流足球工作心得，增进互相交流。

5 月 12 日上午，与会人员到稠城中心幼儿园、稠城一校教育集团、绣湖中学、实验小学教育集团等"满天星"足球训练营基地学校进行了实地考察，详细了解了当前义乌青少年校园足球发展情况及相关经验做法。在稠城中心幼儿园，义乌向来宾们展演了体育艺术进校园中国行公益活动一周年成果，孩子们精彩的演出，得到了与会人员的一致好评。

浙江师范大学附属义乌实验学校为大家献上了"足球伴成长，梦想铸辉煌"为主题的足球文化展演，展现了义乌孩子们"在球场上尽情奔跑，在阳光下幸福成长"的足球精神，是义乌校园足球不断探索、不断发展的缩影；义乌市实验小学教育集团的足球宝贝啦啦操展演，成了足球场上一道靓丽的风景线。

5 月 12 日下午，浙江省首届全国青少年校园足球试点县（区）校园足球工作交流会举行。西湖区、义乌市、苍南县就当前本区域内青少年校园足球发展现状、相关举措作了交流发言，并对下步校园足球推行及发展提出了意见建议。杭州市学军小学、义乌市实验小学教育集团、温州市龙港实验中学结合自身学校发展实际，对校园足球工作推进情况进行了总结反馈，提出了后续工作计划。

校园足球特色学校的发展已达到一定规模

（新华网 2018年3月14日）

　　三年来，我们国家校园足球特色学校的发展情况怎样了？足球进校园又有哪些进展？两会期间，教育部党组书记、部长陈宝生做客新华网、中国政府网《部长之声》，回应网民关切。

　　在谈到校园足球的问题时，陈宝生表示，三年来，我们国家校园足球特色学校的发展已经达到了一定规模，发展态势已经形成，参加培训、参加竞赛、关心校园足球的人越来越多。

　　他认为，通过建设高校高水平足球队、建设校园足球试点县以及建设校园足球试验区等多层次布局和多渠道竞赛来促进校园足球发展。现在校园足球特色学校已经建了2万多所，高水平的校园足球试点县已经建成102个，校园足球改革试验区12个，高校高水平的足球队150多家。同时，通过将校园足球纳入青训体系和利用假期、利用课余时间组建训练营，为优秀球员提供成长环境。

（责编：李由）

校园足球　如何提质增效

（人民日报 2018年3月1日）

　　自2015年教育部等6部门《关于加快发展青少年校园足球的实施意见》出台后，足球日益成为校园里常见的体育项目之一，足球课程、足球训练、足球竞赛也越来越丰富多彩。然而，校园足球如何实现更高程度的普及，训练和竞赛怎样提质增效，如何解决场地建设、师资队伍建设等问题，仍需扎实推进。

抓普及：到2025年再创建3万所校园足球特色学校

　　扩大普及面是校园足球的首要任务。数据显示，在全国5000所校园足球定点学校中，90%以上的学校只有校园足球的校队学生参与足球活动，其他的学生并没有广泛参与到足球活动中来，"形式足球""仪式足球""节日足球"的现象依然普遍存在。

　　"落实普及，就是要实现校园足球参与人数的由少到多，争取让每一所校园足球特色学校的学生都参与到足球的学习、训练和比赛中来。"教育部体育卫生与艺术教育司司长王登峰介绍，目前全国青少年校园足球特色学校已2万余所，到2025年，我国还要再创建3万所校园足球特色学校。

　　"在我国，学校体育教不会运动技能是长期存在的问题。虽然我们的体育都是必修课，但大多数学生可能一次体育竞赛都没参加过、一项运动方法都没有掌握。"王登峰说："在这个意义上，校园足球可以说是学校体育改革的探路工程，我们的目的是要教会学生提高运动的技能，并能够广泛参与校园体育竞赛活动。为此，教育部将拍摄制作365集足球运动技能教学示范短片向全国免费推送，同时组织编写360节校园足球示范课教案，指导一线校园足球教学。"

在校园足球普及的过程中，更重要的是足球文化的养成。"'重智育、轻体育'的社会观念如今依然盛行，不少人还是以文化课成绩作为评价学生的唯一标准，许多家长觉得孩子踢足球会影响学业、是不务正业。社会对校园足球价值的认识急待提高。"北京市第十八中学校长管杰说："从我们学校校园足球队队员的情况来看，踢足球不但不会影响学生学习，反倒能够促进学生成绩提高。而事实上，体育运动既是增强学生体质健康的根本途径，也是促进学生全面发展的必然要求。"

抓竞赛：打通优秀运动员升学的"最后一公里"

校内组织班级联赛，在此基础上选拔组建每个年级的男、女代表队；校代表队之间组织校际联赛，也就是小学、初中、高中和大学的联赛；在校际联赛基础上，选拔每一个年龄组的各区域、各省区市最佳阵容；最后经过每年夏令营的集训和比赛，选拔出当年校园足球各个年龄组的全国最佳阵容。这一套完整的校园足球竞赛体系，如今已经在全国建立起来。

"要把校园足球竞赛真正做成受社会各界，特别是大、中、小学学生关注的赛事，就要在竞赛的组织、最佳阵容的选拔及对运动等级的认定方面做足文章。"王登峰表示，2018年，教育部将会同中国足协批复全国青少年校园足球夏令营高中最佳阵容为国家一级运动员、省级青少年校园足球夏令营高中最佳阵容为国家二级运动员，打通校园足球优秀运动员升学的"最后一公里"。

与竞赛体系配套的还有训练体系的构建。据介绍，2018年，全国将继续推出50个左右的"满天星"训练营，打通校园足球和青训体系的通道，通过选派高水平的教练、进行高质量的训练、完善高品质的教学、提供高水平的保障，培养校园足球的后备人才。

然而，竞赛也是把双刃剑。"有些竞赛体系过分注重锦标，以学校为单位竞争全国冠军。这就很容易导致学校因无望夺标而失去参与的积极性，也就丧失了校园足球的根本意义与价值。"王登峰说："接下来，我们要在竞赛形式上加以改进，要让所有的校园足球特色学校都广泛地开展校内、校际联赛。原则上，小学联赛限定在地市范围内，初中联赛限制在省域范围内，高中和大学联赛在组织完省内的比赛后再组织全国的比赛。这样就能进一步扩大竞赛的参与人数，淡化锦标主义，让更多的孩子参与到校园足球当中去。"

抓短板：对足球教师队伍进行大规模培训

发展校园足球，师资是根本。没有合格的师资队伍作为保障，校园足球就难以实现可持续发展。

为了解决教师的短板问题，教育部对足球教师队伍进行了大规模培训：在全国 2 万所校园足球特色学校中，至少对每所学校的 1 名足球教师进行国家级培训；设立 5 个校园足球教练员培训基地，累计培训 23 万多名体育教师；选送 1100 余名校园足球教练员赴法国、英国进行为期 3 个月的专业技能培训；引进国外一线足球教师 360 人，在校园足球特色学校教授 1 年足球课……

"在北京十八中的 35 名体育教师中，具有足球专业背景的有 15 人，这就保证了每班每周开设 1 节足球课、男女生全员参与能够实现。"管杰介绍："此外，学校还积极引进外籍教练来校执教，比如日本足球之父汤姆拜尔、前中国国青队主教练克劳琛，学生们都非常喜欢。"

"校园足球开展至今，教练员数量的匮乏已成为制约校园足球发展的最大短板。而 2017 年首次实施的校园足球教师赴海外留学项目，为解决优质师资问题，提供了一条有效途径。"武汉市江汉区万松园路小学教师邓世俊说："我们在英国留学的 179 名教师，在三个月的时间里，不仅取得了英足总颁发的教练员等级证书，还将英足总一到三级的理论、实践课程全部整理归纳了出来，为回国后开展培训打下基础。""对于我国现阶段的校园足球而言，世界上并没有一条相同的路可以照搬照抄。"邓世俊认为，通过借用国外的成功经验，打造适合我国校园足球发展的教学训练模式，这是一个需要不断调研、不断试验的过程，需要每一个足球教练员讲师的努力，也需要社会各界理解与包容。

到2025年我国将再创建3万所 校园足球特色学校

（中国青年报 2018年2月2日）

今天，教育部召开新闻发布会介绍全国青少年校园足球发展情况，教育部体育卫生与艺术教育司司长王登峰介绍，到2025年我国要再创建3万所校园足球特色学校。

从2014年2月开始，教育部对校园足球工作展开全面调研。调研显示，校园足球工作从2009年启动以来取得了很多成绩，建立了5000多所校园足球定点学校，每年举办全国冠军杯比赛，参与校园足球活动的学生人数不断增加。

不过，工作也存在三方面问题。首先普及面窄，5000多所校园足球定点学校中，90%以上的学校只有校园足球的校队学生参与足球活动，其他学生并没有参与到活动中来，普遍存在"形式足球""仪式足球""节日足球"现象。其次校园足球竞赛体系过分注重锦标，小学、初中都以学校为单位竞争全国冠军，绝大部分学校因为无望夺标而没有太大的积极性，而且绝大多数校园足球定点学校校队的组建并不完整。此外，师资、场地、经费不足和扶持政策严重滞后，致使校园足球工作举步维艰。

"2018年工作的一个关键词是'普及'。"王登峰说，2018年校园足球工作重点在于完善改革体系、破解制约校园足球发展的制度、编制、机制和经费等关键问题。同时，完善和巩固校园足球教学、训练、竞赛三大体系，凝聚并形成领导小组成员单位的合力，创造良好的工作环境。

具体来说，首先是特色学校的工作要真正创建起来。过去3年提前完成了到 2020 年建设 2 万所校园足球特色学校的任务，到 2025 年要再创建 3 万所校园足球特色学校，现在就要制定规划，按年度来进行创建和认定工作。

其次是做实教学，真正教会学生足球运动的技能。制作并发布 360 节足球课教学视频，推进校园足球教学改革，完善教师、教练员培训体系。

第三是做好训练工作。下一步要把课余训练的工作真正抓起来，加快校园足球"满天星"训练营的建设，试点推进校园足球课余训练与教学、竞赛及保障体系的高水平建设和高质量发展。2018 年要把校园足球竞赛真正做成受社会各界特别是大、中、小学学生关注的赛事。

此外，要真正做好检查督导工作。2018 年上半年将进行集中督导，主要是对 2 万所校园足球特色学校的复核。在之前的督察中，已有 30 所足球特色学校被摘牌。

自 2015 年以来，我国已认定全国青少年校园足球特色学校 20218 所、全国青少年校园足球试点县（区）102 个、全国青少年校园足球改革试验区 12 个（其中省级试验区 3 个）。招收高水平足球队的高校由原来的 77 所增加到 152 所，参加小学、初中、高中、大学四级联赛的学生共计 1004.08 万人次。

（记者：樊未晨）

校园足球需要久久为功的韧性

（光明日报 2018年2月2日）

记者：校园足球工作取得了一系列成效，目前存在的主要问题和困难是什么？

王登峰：校园足球发展不平衡、不充分问题突出。有条件的地区投入校园足球工作的经费甚至超过中央财政投入的扶持资金，而条件薄弱的地方甚至难以设立校园足球扶持资金。有些地方在校园足球的教学、课余训练和竞赛组织方面存在不充分、不到位的现象。

当然，现在社会上普遍存在"重智育、轻体育"的传统观念，以文化课成绩作为评价学生学业的最重要标准。不少家长担心孩子踢足球会影响学习成绩。一些学校限于硬件、师资等条件难以开展校园足球活动。因此，教育部门和学校需要用翔实的数据、科学的论证有力证明足球等体育活动不仅不会影响学生学习，还会促进成绩提高，促进学生全面发展，提高家长、学生对校园足球综合价值的认识，内化为发展校园足球久久为功的韧性。

此外，限于人力、财力、资源保障和传统思维与思维定式等的影响，在校园足球工作中，各地方不同程度存在"重规划、轻督察"现象，文件和规划下发了，但抓校园足球工作的"招数不硬、措施不实"问题依然突出，推进校园足球工作的硬招和实招不多，相关措施的针对性还需要进一步加强，注重比赛等活动的开（闭）幕式等形式主义问题也确实存在。

需要注意的是，大力推进校园足球以来，校园足球发展的条件明显改善，但组织管理力量薄弱等问题十分突出。全国和地方青少年校园足球工作领导小组办公室没有专职工作人员，这是制约校园足球下一步发展的关键因素。长期以来，学校体育工作属于"小三门"，在办学条件、师资配备等方面缺口较大，需在人员编制、资金投入等方面加大保障力度。

记者：通过各省自查，大概有 30 所特色学校被评定为不及格，要被摘牌，原因是什么？

王登峰：这些要被摘牌的特色校，最主要的问题出在了师资和教学上。我们根据他们已经具备的条件进行了认定，但在执行时，这些学校既没有开足课，也没有组织训练和比赛。我们对其摘牌，是保证 2 万多所特色校都能够按照要求落实工作的举措。

记者：现在，很多网友说学校把大课间足球操当作校园足球的活动，您如何看待？

王登峰：实际上，足球操和校园足球教学训练、比赛不是一回事。现在，中小学每天上午和下午各有一个 20~30 分钟大课间活动，所有的孩子都要到操场上进行体育锻炼。这个运动包含了很多项目，有广播体操、有武术操、足球操、篮球操等等。而校园足球特色学校一定要开足球课，除了组织课余训练、校内竞赛以外，也可以通过大课间做操来熟悉足球技术，但这并不代表校园足球特色学校是用这种方式来普及足球。

（记者：晋浩天）

2018校园足球那些事儿

（光明网 2018年2月1日）

多年前，因一本《足球小将》漫画而爱上足球的张岩，最大的愿望就是可以像漫画主角大空翼一样，披上队服，踢一场真正的校园足球联赛，"这也是我们这一代足球爱好者的梦。"

现在，他的愿望已成现实。

"校园足球工作是中国足球改革发展的一项基础性工程，而竞赛是关键。"2月1日，教育部体育卫生与艺术教育司司长王登峰在教育部举行的新闻发布会上透露了一个振奋人心的信息——2015年以来，全国参加校园足球四级联赛的学生已达1004.08万人次，到2025年将再创建3万所校园足球特色学校。

2018，校园足球将有哪些大动作，哪些大事值得期待？

大事一：8年后校园足球特色校达到5万所，引进教材及教练，实现教学标准化

发展校园足球，做大分母抓普及是基础。王登峰透露，教育部将推动各地在2018—2025年再创建3万所校园足球特色学校，使校园足球特色学校总规模达到5万所。

同时，还将进一步打牢教学根基。大力培养培训校园足球师资，引进国外足球强国的教材、教师和教练，拍摄360节足球课教学视频并在全国推广，在所有校园足球特色学校全面实现校园足球教学标准化。

大事二：完善竞赛规程及考评，以督察促落实

王登峰透露，今年将强化制度体系建设，进一步完善校园足球改革试验区、试点县（区）和特色学校遴选标准、工作规范和考核评价体系。进一步完善校园足球相关竞赛规程和年度发展报告制度。切实强化对校园足球各项工作的考核评估和督察，进一步完善对地方教育行政部门推进校园足球工作的考核标准和要求，联合相关部门，每年开展校园足球工作督察，以督察促落实。

大事三：完善竞赛体系，以赛促建，公正公开透明选拔校园足球最佳阵容

"完善'校内（班级、年级）联赛——校际联赛——选拔性竞赛——出国交流比赛'为一体的校园足球竞赛体系。强化考核，推动各地切实开展校园足球小学、初中、高中、大学四级联赛，以赛促训、以赛促建，让优秀校园足球运动员在联赛比拼中脱颖而出。"王登峰指出，今年还要进一步提高校园足球夏令营工作质量和水平。公布2015—2017年全国青少年校园足球夏（冬）令营最佳阵容名单。规范校园足球夏令营组织工作流程，整体提高质量和水平，并进一步引导和要求各地规范化开展省级校园足球夏令营，公正公开透明选拔校园足球最佳阵容。

大事四：布局50个全国校园足球训练营，推动组建省、市、县级训练营

"完善校园足球课余训练体系，也是今年校园足球的重点工作之一。"王登峰强调，要在2017年试点建设10个校园足球"满天星"训练营并总结经验的基础上，从2018年起加大资金投入，在全国布局50个左右的全国校园足球"满天星"训练营，选聘高水平足球外教和中国本土教练执教，严格落实每周"两训一赛"要求，打牢做实校园足球教学训练竞赛体系，搭建高水平、有发展潜质的校园足球运动员训练和竞赛平台，创造条件提高校园足球优秀学生运动员的足球竞技水平。同时，通过政策引导积极推动各地参照全国校园足球"满天星"训练营模式，组建省级、市级、县级训练营。

大事五：破解政策壁垒，打通校园足球优秀运动员升学"最后一公里"

踢球与升学，一直是制约校园足球开展的切实问题。王登峰透露，2018年将会同中国足协认定全国青少年校园足球夏令营高中最佳阵容为国家一级运动员、省级青少年校园足球夏令营高中最佳阵容为国家二级运动员，破解政策壁垒，打通校园足球优秀运动员升学"最后一公里"。

大事六：出台校园足球改革试验区、试点县（区）工作考核标准

着力解决校园足球发展的不平衡、不充分、不到位问题。今年，将研究出台加强校园足球改革试验区和试点县（区）工作考核标准并推进年度考核制度，推动改革试验区和试点县（区）全面落实校园足球教学、训练、竞赛体系建设任务，以改革试验区和试点县（区）卓有成效的改革发展工作优化校园足球区域布局。

"2018年上半年，我们将对全国已经认定的2万多所校园足球特色学校进行新一轮督查。之前，我们通过各省自查，大概有30所特色学校被评定为不及格，要被摘牌。"王登峰补充道。

（记者：晋浩天）

第四编

发展大事记

2018年全国青少年校园足球发展大事综述

2018 年是校园足球全面普及与深化内涵发展的关键之年。这一年承上启下，全国校足办对过去青少年校园足球的发展进行了全面的总结梳理，并对今后五年的工作做好了谋篇布局。这一年，踏石有印，抓铁有痕，各项工作在向深入优化、持续发展迈进！

这一年，顶层设计继续完善优化。2 月 1 日，全国校足办发布了《全国青少年校园足球工作发展报告（2015—2017）》，全面梳理总结了2015—2017 年的工作与成效，承上启下，为青少年校园足球更大发展谋篇布局。公布了未来 7 年各省（区、市）校园足球特色校的创建名额。12 月10 日，全国青少年校园足球工作领导小组第四次会议召开，教育部部长、全国青少年校园足球工作领导小组组长陈宝生同志提出的四点要求，为今后校园足球发展提出了明确的目标和发展路线。

这一年，教学内涵建设深入开展。六一儿童节的前一天，全国校足办启用校园足球资源库，为全国广大校园足球特色学校、试点县（区）提供完善的训练、教学、活动、个人技术等内容。2018 年，教育部下发四条通知，针对校园足球在聘请外籍教师、教练员培训、足球师资培训方面给予了大量的专项支持，有力地提升了全国校园足球教学内涵建设。与此同时，我国校园足球实施了优秀运动员获批国家相应等级运动员制度。

这一年，平台建设持续扩大成长。全年批复了 27 个全国青少年校园足球改革试验区，认定 3916 所特色校。6 月，第二届校园足球专家委员会组建，新一届委员会扩大到 83 名成员。2018 年全国青少年校园足球夏令营活动继续开展，组织形式多种创新，参赛水平持续提升，起到了良好的示范作用。2018 年，通过参加教育部奋进之笔"1+1"系列发布会，有效地推动了校园足球舆论宣传引导、理念推广工作。

这一年，强化质量提升和监管力度。教育部先后发布了质量考核文件，明确监管主体责任，建立质量复合制度。有8所学校被取消特色校资格，29所学校按照要求责令整改。对于改革试验区，全国校足办要求持续完善校园足球"八大体系"建设。

总结过往，来者可期！站在新起点，面对新征程，校园足球将作为推动学校体育教育改革的先锋，谱写出新篇章。

2018年全国青少年校园足球发展大事概要

【1月17日】 全国青少年校园足球"满天星"金牛训练营开营暨签约仪式在成都十八中举行

【1月24日】 教育部办公厅、国家外国专家局办公室下发《关于组织申报聘请校园足球外籍教师支持项目的通知》

【1月26日】 开展"强国一代足球梦——第二届全国青少年校园足球影像展"的通知

【1月27日】 全国青少年校园足球联赛（大学组）起航

【1月27日】 "校园足球"动真格，招生高校由75所增加到152所，增幅超100%

【1月30日】 校园足球梦牵动中国梦，校园足球战队载入《习近平谈治国理政》（第二卷）

【1月31日】 教育部关于印发《教育部2018年工作要点》的通知，校园足球需要继续努力

【2月1日】 教育部新春新闻发布会，介绍校园足球开展情况并答记者问

【2月12日】 教育部体育卫生与艺术教育司关于印发《教育部体育卫生与艺术教育司2018年工作要点》的通知

【2月27日】 2018全国校园足球规划推进片区会议在沪举行

【3月12日】 教育部办公厅下发《关于加强全国青少年校园足球特色学校建设质量管理与考核的通知》

【3月16日】 陈宝生：校园足球特色学校的发展已达到一定规模

【3月20日】 教育部办公厅下发《关于做好全国青少年校园足球特色学校、试点县（区）创建（2018—2025）和2018年"满天星"训练营遴选工作的通知》

【3月21日】 教育部办公厅印发通知开展全国青少年校园足球教练员国家级专项培训

【3月29日】 全国首个足球电视频道上星仪式在京举行

【4月7日】 教育部复核校园足球特色校：8所取消资格、29所责令整改

【4月11日】 童享校园足球、童趣班级联赛 ——2018"绿茵星生代"全国校园阳光体育足球班级联赛（南京）启动仪式举行

【4月11日】 质量是校园足球特色校生命线

【5月11日】 全国青少年校园足球联赛（大足联赛）举行

【5月11日】 校园足球发展论坛在义乌举行，各方论剑校园足球

【5月16日】 教育部：入选全国校园足球夏令营最佳阵容可获批国家一级运动员

【5月27日】 新一轮校园足球师资国家级专项培训启动

【5月30日】 全国青少年校园足校工作领导小组办公室启用校园足球资源库

【6月13日】 2018中俄青少年校园足球友谊赛，中国小球王3：2圆梦莫斯科，孙春兰副总理亲切看望小球员

【6月19日】 校园友谊赛别开生面，小队员踏上世界杯赛场！中俄青少年足球合作迎来新机遇

【6月20日】 新一届全国青少年校园足球专家委员会成立

【6月26日】 教育部相关负责人：今年将实施学校体育教学综合改革

【6月28日】 全国青少年校园足球试点县（区）校园足球工作集中调研举行

【7月4日】 教育部：足球高水平苗子开始出现了，不能急功近利

【7月6日】 新一轮校园足球师资培训启动

【7月7日】　全国青少年校园足球夏令营分营开营仪式举行

【7月8日】　2018国际青少年校园足球邀请赛在沪开幕

【7月14日】　阿迪达斯与教育部签署新的3年合作备忘录

【7月14日】　2018中国（上海）国际青少年校园足球邀请赛圆满落幕

【7月25日】　全国青少年校园足球教练员国家级专项培训结束

【7月29日】　《全国青少年校园足球发展报告（2015—2017）》等系列书籍出版发行

【7月31日】　教育部办公厅《关于组织申报全国青少年校园足球改革试验区的通知》

【8月6日】　首届全国青少年校园足球明星联赛总决赛正式开赛，见证青少年足球新发展

【8月9日】　教育部关于公示2018年全国青少年校园足球特色学校、试点县（区）和"满天星"训练营遴选结果名单

【8月11日】　2018年全国青少年校园足球夏令营总营（小学组）火热开营

【8月13日】　2018年全国青少年校园足球夏令营总营（初中组）在上海东方绿舟开营

【8月14日】　教育部办公厅关于印发《全国青少年校园足球改革试验区基本要求（试行）》和《全国青少年校园足球试点县（区）基本要求（试行）》的通知

【8月15日】　2018年全国青少年校园足球夏令营总营（高中组）开营

【8月19日】　2018年全国青少年校园足球夏令营（初中）总营闭营，176名营员获批国家一级运动员

【8月20日】　2018年全国青少年校园足球夏令营（小学）总营比赛落幕

【8月28日】　2018年全国青少年校园足球夏令营圆满结束

【9月6日】　教育部关于公布2018年全国青少年校园足球特色学校、试点县（区）和"满天星"训练营遴选结果名单

【9月8日】　　　举办全国校园足球师资（管理干部）培训班

【9月26日】　　全国青少年校园足球骨干师资校长培训班在重庆举办

【9月27日】　　教育部办公厅印发通知开展2018年全国青少年校园足球教练员国家级专项培训

【9月27日】　　2018全国青少年校园足球英国训练营举行

【10月11日】　教育部青少年校园足球工作调研组对广州市校园足球工作开展情况进行调研

【10月13日】　2018—2019全国青少年校园足球联赛工作会议在珠海召开

【10月26日】　《校园足球新长征》微电影系列合集发布

【10月28日】　第一届京津冀全国青少年校园足球试点县（区）校园足球争霸赛闭幕式

【11月9日】　　教育部王登峰司长：体育可以成为一门主课

【11月12日】　教育部公示2018年全国青少年校园足球夏令营总营（初中组、高中组）最佳阵容等级认定结果名单

【11月15日】　全国青少年校园足球夏令营图片入选改革开放四十年专题展览

【11月28日】　教育部批复同意建设27个全国青少年校园足球改革试验区

【11月30日】　全国青少年校园足球联赛揭幕战正式打响

【12月10日】　全国青少年校园足球工作领导小组第四次会议召开

【12月29日】　全国青少年校园足球官方公众号"全国校园足球官方"上线

2018年全国青少年校园足球发展大事记

【1月17日】 全国青少年校园足球"满天星"金牛训练营开营暨签约仪式在成都十八中举行

【1月24日】 教育部办公厅、国家外国专家局办公室下发《关于组织申报聘请校园足球外籍教师支持项目的通知》

教育部和国家外国专家局研究决定，2018年继续实施"校园足球外籍教师支持项目"，对聘请校园足球高水平外籍教师的部分地方和学校给予支持，引导地方积极引进国外先进经验，大力推动校园足球的普及发展。下发关于组织申报聘请校园足球外籍教师支持项目的通知。

【1月26日】 开展"强国一代足球梦——第二届全国青少年校园足球影像展"的通知

为深入学习贯彻党的十九大精神和习近平新时代中国特色社会主义思想，落实《中国足球改革发展总体方案》，充分发挥足球育人功能，全面提高校园足球普及程度。经研究，定于2018年开展"强国一代足球梦——第二届全国青少年校园足球影像展"。

【1月27日】 全国青少年校园足球联赛（大学组）起航

全国青少年校园足球工作领导小组办公室，中国大、中学生体育协会，阿里体育在上海同济大学共同宣布打造全新的校园足球赛事体系——全国青少年校园足球联赛，同时启动2018赛季全国青少年校园足球联赛（大学组）

赛事。该赛事周期长达 10 个月，横跨 2 个学期，参赛队伍达 1400 余支，深入 1000 多所高校，拥有 28000 余名（含女足）参赛球员，影响力覆盖 3860 万余名大学生，横跨 33 个行政区域（包含香港、澳门两个行政区）。

【1 月 27 日】 "校园足球"动真格，招生高校由 75 所增加到 152 所，增幅超 100%

教育部公布了"2018 年有资格举办高水平运动队的高等学校名单及运动项目"，共计 279 所高校，28 个项目。其中，足球由 2017 年的 75 所，增加到 2018 年的 152 所，增幅达 102%。

【1 月 30 日】 校园足球梦牵动中国梦，校园足球战队载入《习近平谈治国理政》第二卷

《习近平谈治国理政》第二卷插页图片记录了 2017 年 7 月 5 日，习近平同志和夫人彭丽媛在德国总理默克尔的陪同下，观看中德青少年校友足球友谊赛。

【1 月 31 日】 教育部关于印发《教育部 2018 年工作要点》的通知，校园足球需要继续努力

教育部关于印发《教育部 2018 年工作要点》的通知，其中关于校园足球方面的工作指出："推进全国青少年校园足球改革试验区、试点县（区）和特色学校建设，建设'满天星'训练营试点。建立优秀校园足球等级运动员在大中小学各阶段相衔接的升学保障机制。"

【2 月 1 日】 教育部新春新闻发布会，介绍校园足球开展情况并答记者问

2 月 1 日上午，教育部召开第三场教育新春系列新闻发布会，介绍《2015—2017 年全国青少年校园足球发展情况和 2018 年校园足球重点工作》。教育部体育卫生与艺术教育司司长王登峰、北京市第十八中学校长管杰、武

汉市江汉区万松园路小学足球教练员邓世俊出席发布会。在目前已认定的 20218 所全国青少年校园足球特色学校的基础上，2018—2025 年将再创建 3 万所校园足球特色学校，使校园足球特色学校总规模达到 5 万所，进一步打牢普及发展校园足球的基础。此外，今年将出台有关校园足球升学扶持的重大政策，打通校园足球优秀运动员升学"最后一公里"。

【2 月 12 日】教育部体育卫生与艺术教育司关于印发《教育部体育卫生与艺术教育司 2018 年工作要点》的通知

教育部体育卫生与艺术教育司关于印发《教育部体育卫生与艺术教育司 2018 年工作要点》的通知。其中，专门对校园足球工作要点做出了规划：（1）深化校园足球改革。完善校园足球教学训练竞赛体系，指导学校合理组织校园足球课余训练。推进全国青少年校园足球改革试验区、试点县（区）和特色学校建设工作，研究制定相关管理办法和制度文件。研究制定优秀校园足球等级运动员在大、中、小学各阶段相衔接的升学保障机制。研究制定《全国青少年校园足球场地建设指导意见》《全国青少年校园足球特色学校创建规划》《全国青少年校园足球师资培训管理办法》等文件，构建校园足球长效管理机制。（2）加强校园足球竞赛体系和师资队伍建设。推进校园足球"满天星"训练营建设工作，在全国青少年校园足球改革试验区、试点县（区）遴选建设 50 个左右校园足球"满天星"训练营。组织开展校园足球四级联赛，组织开展全国青少年校园足球夏令营活动，印发《全国青少年校园足球夏令营管理规范》。组织开展校园足球教练员、骨干教师、校长等专项培训，加强校园足球师资与管理人员队伍建设。

组织开展校园足球教练员赴英、赴法培训和校园足球欧洲训练营。会同中国教育国际交流协会研究制定《全国青少年校园足球师资海外引智计划管理指导意见》。

【2月27日】　2018全国校园足球规划推进片区会议在沪举行

2月27日下午，2018全国校园足球规划推进片区会议在上海体育学院举行，教育部体育卫生与艺术教育司司长王登峰出席并讲话，来自北京市、上海市、江苏省、浙江省和重庆市的相关负责同志在会上做了交流发言，介绍各省市推动校园足球发展的典型经验及2018年校园足球规划方案。全国各省市体卫艺处相关负责同志参加了会议。

【3月12日】　教育部办公厅下发《关于加强全国青少年校园足球特色学校建设质量管理与考核的通知》

全国校足办将每年对前一年认定命名的全国青少年校园足球特色学校建设质量进行复核，实现复核工作制度化、规划化。为常态化、经常性开展全国青少年校园足球特色学校建设质量监督工作，公布监督举报电话及电子信箱。

【3月16日】　陈宝生：校园足球特色学校的发展已达到一定规模

两会期间，教育部党组书记、部长陈宝生做客新华网、中国政府网《部长之声》，回应网民关切。在谈到校园足球的问题时，陈宝生表示，3年来，我们国家校园足球特色学校的发展已经达到了一定规模，发展态势已经形成，参加培训、参加竞赛、关心校园足球的人越来越多。

【3月20日】　教育部办公厅下发《关于做好全国青少年校园足球特色学校、试点县（区）创建（2018—2025）和2018年"满天星"训练营遴选工作的通知》

为加快推进校园足球的普及，不断推进和提高校园足球特色学校建设的质量和水平，加快推进中国特色青少年校园足球训练竞赛体系和足球后备人才培养体系建设。经研究，决定从 2018 年起开始全国青少年校园足球特色学校、试点县（区）创建（2018—2025）和"满天星"训练营遴选工作。

【3 月 21 日】　教育部办公厅印发通知开展全国青少年校园足球教练员国家级专项培训

该专项培训理论与实践相结合，并明确了具体课时和考核要求。培训师资由中国足球协会委派具有丰富培训经验和实践经验的 D 级教练员讲师进行讲授，考核合格者由中国足球学校颁发培训结业证书，并报中国足球协会核发 D 级教练员证书。培训学时纳入国家培训计划学时数，计入教师继续教育学分。学员选拔向全国青少年校园足球改革试验区倾斜。

【3 月 29 日】　全国首个足球电视频道举行上星仪式在京举行

3 月 29 日，我国首个专业宣传足球改革事业的国家级数字电视频道——足球频道上星仪式在北京举行。据了解，2016 年 3 月，"内蒙古足球频道"开播，全国首个足球改革试点省区有了自己的宣传窗口。2017 年 8 月，"内蒙古足球频道"升格为"足球频道"，收视范围扩展到全国。

【4 月 7 日】　教育部复核校园足球特色校：8 所取消资格、29 所责令整改

2015 年以来，已遴选认定 20218 所全国青少年校园足球特色学校。为切实加强全国青少年校园足球特色学校建设质量管理与考核。

【4 月 11 日】　童享校园足球、童趣班级联赛 ——2018 "绿茵星生代"全国校园阳光体育足球班级联赛（南京）启动仪式举行

由全国亿万学生阳光体育运动领导小组办公室主办的"绿茵星生代"2018 全国校园阳光体育足球班级联赛（南

京）启动仪式暨南师附中仙小"乐雅杯"班级超级联赛开幕式近日在南师附中仙林学校小学部举行。

【4月11日】　质量是校园足球特色校生命线

今后，全国校足办将每年对前一年认定命名的全国青少年校园足球特色学校建设质量进行复核，实现复核工作制度化、规范化。而要做到不被取消和责令整改，开展校园足球的地方和学校应从以下方面入手：首先，提高认识，把开展校园足球当成素质教育的突破口，作为立德树人的教育使命。其次，树立校园足球，首先是教育，然后才是足球的理念，将校园足球定位于增强体质、提高技能、完善人格三位一体的目标上。再次，各省级青少年校园足球工作领导小组办公室要担负起本地区全国青少年校园足球特色学校建设质量的日常指导和监管责任，对全国青少年校园足球特色学校和本地区命名的省级校园足球特色学校进行统筹管理、指导和监督。最后，要把推进校园足球特色学校质量建设情况作为考核校园足球特色学校校长的重要依据，使校园足球工作真正落到实处。

【5月11日】　全国青少年校园足球联赛（大足联赛）举行

"2017—2018全国青少年校园足球联赛（简称CUFA）大足联赛男子校园组（东北赛区）决赛"近日在河南理工大学举行。大赛由全国青少年足球工作领导小组办公室主办、中国大学生体育协会足球分会协办、河南理工大学承办。北京邮电大学、河南理工大学等16支代表队参加决赛。

【5月11日】　校园足球发展论坛在义乌举行，各方论剑校园足球

为进一步探索校园足球试点特色发展之路，推动浙江省校园足球工作持续、快速、高效发展，5月11—13日，

浙江省首届全国青少年校园足球试点县（区）校园足球发展论坛和试点城市"巅峰对决"在义乌举行。教育部体育卫生与艺术教育司司长王登峰、浙江省教育厅副厅长丁天乐、浙江省教育厅体卫艺处处长李建章以及市领导多佳、骆小俊、邱晓磊参加活动。

【5月16日】　教育部：入选全国校园足球夏令营最佳阵容可获批国家一级运动员

　　从2018年起，我国校园足球将实施优秀运动员获批国家相应等级运动员制度，全国校园足球夏令营总营各组别最佳阵容将获批国家一级运动员，省级校园足球夏令营各组别最佳阵容将获批国家二级运动员。

【5月27日】　新一轮校园足球师资国家级专项培训启动

　　由中国教育科学研究院主办的"全国青少年校园足球师资国家级专项培训"培训工作会议于27日在北京召开。来自全国各地45个培训点承训部门的代表出席了会议。教育部体育卫生与艺术教育司司长王登峰对即将展开的年度的校园足球师资培训工作提出了新的目标和新的要求。

　　"校园足球提质增效要从源头抓起。校园足球培训，要强化立德树人宗旨，要突出问题导向，破解发展难题。校园足球进入新时代，要谋求新作为、实现新突破，为教育强国、体育强国、健康中国建设贡献力量。"

【5月30日】　全国青少年校园足校工作领导小组办公室启用校园足球资源库

　　根据工作安排，全国青少年校园足球工作领导小组办公室决定启动校园足球资源库建设项目，策划制作了一批教育意义突出、教学价值突出的校园足球教学视频、专题节目，作为校园足球规范性教学的有益补充。目前，《天天足球》《校园足球战队》《校园足球先锋》等教学视频已上传至教育部门户网站"校园足球"页面"校园足球资源库"栏目。

【6月13日】2018中俄青少年校园足球友谊赛，中国小球王3：2圆梦莫斯科，孙春兰副总理亲切看望小球员

6月13日，莫斯科时间下午四点，2018中俄青少年校园足球友谊赛正式开赛。上半场，在对阵莫斯科斯巴达克足球学校代表队的比赛中，中国U12青少年代表队拔得头筹，一球领先。中场休息时间，小朋友们惊喜地发现，作为习近平主席特使赴俄出席世界杯开幕式的国务院副总理孙春兰亲临赛场，并来到球场中央同双方小球员亲切交谈，加油鼓劲。孙奶奶鼓励中俄小球员相互学习，努力训练和比赛，做中俄友好的使者，争做未来足球勇士。小球员们也纷纷向孙奶奶送上了自己的祝福。最终，中国U12青少年代表队以3：2的战绩取得2018中俄青少年校园足球友谊赛的胜利，圆梦莫斯科！

【6月19日】校园友谊赛别开生面，小队员踏上世界杯赛场！中俄青少年足球合作迎来新机遇

在世界杯足球赛开幕之际，莫斯科斯巴达克青少年足球学校举行了一场别开生面的俄中青少年校园足球友谊赛。"主场作战"的队伍是斯巴达克青少年足球学校的学生，迎战的则是来自中国的12名小队员。最终，中国小队员们以3：2获胜，他们中有人将在本届世界杯赛场上获得作为球童或护旗手亮相的机会。中国小队员"踏上"世界杯赛场，具有非常重要的意义。此次青少年足球友谊赛是体现中俄友谊的一个重要方面，有助于进一步开拓中俄足球合作新机遇。

【6月20日】　新一届全国青少年校园足球专家委员会成立

　　全国青少年校园足球专家委员会委员集中调研在教育部举行。教育部党组成员、副部长田学军出席会议并讲话。他强调，这次集中调研是教育部、全国青少年校园足球工作领导小组深入贯彻落实习近平总书记关于青少年校园足球工作重要批示指示精神的具体举措，目的是扎实推进青少年校园足球工作。田学军同志在集中调研时宣布新一届全国青少年校园足球专家委员会成立。

【6月26日】　教育部相关负责人：今年将实施学校体育教学综合改革

　　6月26日下午，在江苏海门召开的教育奋进之笔"1+1"第六场新闻发布会上，教育部体育卫生与艺术教育司司长王登峰介绍了校园足球工作近期的重点。王登峰司长表示，下一步要重点示范引领、打造校园足球的样板体系，包括今年要在原来4个校园足球"满天星"训练营试点的基础上再增加40个，"其目标是'四高'，即高质量的教学、高水平的训练、高品质的竞赛、高层次的保障"。

【6月28日】　全国青少年校园足球试点县（区）校园足球工作集中调研举行

　　全国青少年校园足球试点县（区）校园足球工作集中调研今天在江苏省海门市举行。教育部体育卫生与艺术教育司司长、全国青少年校园足球工作领导小组办公室主任王登峰，全国青少年校园足球试点县（区）人民政府分管领导和教育行政部门主要负责同志，全国青少年校园足球改革试验区教育行政部门主要负责同志等240余人参加此次集中调研。

【7月4日】　教育部：足球高水平苗子开始出现了不能急功近利

　　教育部体育卫生与艺术教育司司长、全国青少年校园足球工作领导小组办公室主任王登峰介绍，2015年以来，校园足球工作已经实现了从无到有、从有到强的发展"加速度"，具体表现为6个"多"：踢球的人多了，会踢的人多了，踢得好的人多了，教足球的人多了，会教的人多了，整体水平也提高多了。踢球的人多了，得益于校园足球发展的最核心举措——在全国遴选认定2万所校园足球特色学校。在这些学校中，每周的体育课都得有1节来教足球。3年以来，大家惊喜地发现，每一年校园足球联赛的水平，尤其是选出来的全国最佳阵容的水平都在上台阶。

【7月6日】　新一轮校园足球师资培训启动

由中国教育科学研究院主办的"全国青少年校园足球师资国家级专项培训"工作会议近日在北京召开，来自全国各地45个培训点承训部门的代表出席了会议。这标志着新一轮校园足球师资国家级专项培训拉开帷幕。

【7月7日】　全国青少年校园足球夏令营分营开营仪式举行

由全国青少年校园足球工作领导小组办公室主办、各承办单位所在省级校园足球办承办的2018年全国青少年校园足球夏令营的小学、初中和高中分营活动于2018年7月7—30日在全国24个分营举行。届时将有11个组别的300多支队伍共计6944名男女运动员、上千名教练员，以及近200名国内外校园足球专家参加到全国校园足球夏令营分营活动中来，最终将选拔出2472名优秀运动员入选分营最佳阵容，并将参加于8月份举办的全国青少年校园足球夏令营总营，最后选拔出412名优秀运动员入选全国青少年校园足球最佳阵容。

【7月8日】　2018国际青少年校园足球邀请赛在沪开幕

2018中国（上海）国际青少年校园足球邀请赛，于7

月 8 日傍晚在上海市复旦大学附属中学青浦分校揭幕。本届赛事共邀请赛到来自 10 个国家和地区的 16 支青少年校园足球队参赛。中国校园足球高中联队和来自中国香港的阿森纳足校队举行了揭幕战，最后两队以 1:1 的比分打成平局。

【7 月 14 日】　阿迪达斯与教育部签署新的 3 年合作备忘录

阿迪达斯和教育部首次为期 3 年的合作始于 2015 年。阿迪达斯为学校常规体育课和全国校园足球师资培训等提供足球课程及装备方面的支持，助力教育部实施全国青少年校园足球战略计划。此次新签署的谅解备忘录将双方的合作拓展至未来 3 年，进一步将合作领域由足球扩大到了足球和篮球。

【7 月 14 日】　2018 中国（上海）国际青少年校园足球邀请赛圆满落幕

7 月 14 日晚，2018 中国（上海）国际青少年校园足球邀请赛决赛在上海市杨浦赛区同济大学第一附属中学进行。在现场近千名观众的欢呼声中，来自墨西哥的帕丘卡队和来自科特迪瓦的阿塞克队进行了激烈的争夺，两队 90 分钟内战成 5:2，最终帕丘卡队获胜，荣膺本届赛事冠军。赛后举行了隆重而简朴的闭幕式和颁奖典礼。上海市副市长翁铁慧、上海市人民政府副秘书长宗明、教育部体育卫生与艺术教育司司长王登峰等领导出席闭幕式，本次大赛圆满落幕。

【7 月 25 日】　全国青少年校园足球教练员国家级专项培训结束

此次专项培训分别在秦皇岛市、成都市、青岛市 3 地同期组织开展，于 2018 年 3 月 20 日开班，共计举办 100 期。4 个月来，共有来自全国青少年校园足球特色学校在编在岗且从事校园足球教练工作的教师 2400 人参加了培训，参训学员覆盖了全国各省（自治区、直辖市）及新疆生产建设兵团。培训包含理论、实践和考试 3 个部分，由中国足球协会委派具有丰富培训经验和实践经验的 D 级教练员讲师进行授课。考核合格者由中国足球学校颁发培训结业证书，并报中国足球协会核发 D 级教练员证书。

【7 月 29 日】 《全国青少年校园足球发展报告（2015—2017）》等系列书籍出版发行

由全国青少年校园足球工作领导小组办公室组织编写的《全国青少年校园足球发展报告（2015—2017）》近日由北京体育大学出版社出版。全书共分为发展战略与调研报告、各省（区、市）青少年校园足球发展报告、简报与媒体追踪、全国青少年校园足球发展大事记、全国青少年校园足球重要文件等部分。

【7 月 31 日】 教育部办公厅《关于组织申报全国青少年校园足球改革试验区的通知》

3 年多来，改革试验区工作取得了阶段性成果，为推动青少年校园足球改革发展发挥了积极的示范和引领作用。为认真贯彻落实党中央、国务院关于青少年校园足球工作重要指示精神，加快改革步伐，积累典型经验，示范和带动全国青少年校园足球整体发展，继续扎实推进新时代青少年校园足球工作，经研究，决定启动 2018 年改革试验区申报工作。

【8 月 6 日】 首届全国青少年校园足球明星联赛总决赛正式开赛，见证青少年足球新发展

由共青团中央网络影视中心、中国青年网联合主办，武汉市硚口区教育局联合组织承办的首届全国青少年校园足球明星联赛总决赛开幕式在武汉第四中学隆重举行。来

自北京市、武汉市、成都市、青岛市 4 个赛区的 16 支中
小学足球队伍共 200 余青少年及教练员参加了开幕式。中
国教育科学研究院体育卫生艺术教育研究所所长、全国校
园足球专家委员会委员吴键也出席了本次活动。

【8 月 9 日】　教育部关于公示 2018 年全国青少年校园足球特色学校、
　　　　　　　试点县（区）和"满天星"训练营遴选结果名单

根据教育部办公厅《关于做好全国青少年校园足球特
色学校、试点县（区）创建（2018—2025）和 2018 年"满
天星"训练营遴选工作的通知》（教体艺厅函〔2018〕17 号）
要求，在有关单位自主申报、各级教育行政部门审核推荐
的基础上，教育部组织专家对各地申报推荐的特色学校、
试点县（区）和"满天星"训练营进行了综合认定。拟认
定并命名北京市第五十五中学等 3916 所中小学校为"全
国青少年校园足球特色学校"，北京市朝阳区等 33 个县
（区）为"全国青少年校园足球试点县（区）"，北京市
海淀区教育委员会等 47 个单位为"全国青少年校园足球
'满天星'训练营"。

【8 月 11 日】　2018 年全国青少年校园足球夏令营总营（小学组）火热
　　　　　　　开营

8 月 11 日，2018 年全国青少年校园足球夏令营总营（小
学组）在国家体育总局秦皇岛训练基地（中国足球学校）
开营。

【8 月 13 日】　2018 年全国青少年校园足球夏令营总营（初中组）在上
　　　　　　　海东方绿舟开营

共有 29 名领队、110 名优秀教练员和 883 名来自全
国 8 个分营区最佳阵容的学生运动员参加了本次夏令营。
夏令营为期 11 天，主要活动内容包括运动员训练、竞赛

和选拔、爱国主义教育及教练员培训，并最终遴选出各组别的最佳阵容共 176 人，入选的运动员获批国家一级运动员。

【8月14日】 教育部办公厅关于印发《全国青少年校园足球改革试验区基本要求（试行）》和《全国青少年校园足球试点县（区）基本要求（试行）》的通知

为进一步规范全国青少年校园足球改革试验区和全国青少年校园足球试点县（区）申报和建设工作，印发《全国青少年校园足球改革试验区基本要求（试行）》和《全国青少年校园足球试点县（区）基本要求（试行）》。

【8月15日】 2018 年全国青少年校园足球夏令营总营（高中组）开营

8月15日，2018 年全国青少年校园足球夏令营总营（高中组）在青岛中德生态园德国足球亚洲基地开营，分男子组和女子组两个组别，共有来自全国 29 个省（区、市）和新疆生产建设兵团的 428 名足球运动员及 105 名教练员开展了为期 10 天的足球之旅。

【8月19日】 2018 年全国青少年校园足球夏令营（初中）总营闭营，176 名营员获批国家一级运动员

8月19日，全国青少年校园足球夏令营总营（初中）在上海市青少年校外活动营地——东方绿舟落下帷幕，最佳阵容等名单一一揭晓。2018 全国青少年校园足球夏令营（初中）总营圆满闭营，176 名营员入选全国最佳阵容，并获批国家一级运动员。

【8月20日】 2018 年全国青少年校园足球夏令营（小学）总营比赛落幕

2018 年全国青少年校园足球夏令营（小学）总营在国家体育总局秦皇岛圆满落幕。校园足球夏令营小学总营收官，共有 148 名小球员入选最佳阵容。

【8月28日】 2018年全国青少年校园足球夏令营圆满结束

由全国青少年校园足球工作领导小组办公室组织的2018年全国青少年校园足球夏令营圆满结束，小学总营于8月10—20日在河北省秦皇岛市举行，共有5个组别825名男女运动员和166名教练员参加，通过技术测试和200场比赛，考察、选拔出148名运动员入选最佳阵容，并获批国家三级运动员。初中总营同期于上海市举行，共有4个组别883名男女运动员和110名教练员参加，通过技术测试和80场比赛，考察、选拔出176名运动员入选最佳阵容，并获批国家一级运动员。高中总营于8月14—24日在山东省青岛市举行，共有两个组别428名男女运动员和105名教练员参加，通过技术测试和40场比赛，考察、选拔出88名运动员入选最佳阵容，并获批国家一级运动员。

【9月6日】 教育部关于公布2018年全国青少年校园足球特色学校、试点县（区）和"满天星"训练营遴选结果名单

教育部组织专家对各地申报推荐的特色学校、试点县（区）和"满天星"训练营遴选结果名单进行了综合认定。认定并命名北京市第五十五中学等3916所中小学校为"全国青少年校园足球特色学校"，北京市朝阳区等33个县（区）为"全国青少年校园足球试点县（区）"，北京市海淀区教育委员会等47个单位为"全国青少年校园足球'满天星'训练营"。

【9月8日】 举办全国校园足球师资（管理干部）培训班

由教育部主办，中国教育科学研究院承办，常州市教育局、常州市体育局协办的全国青少年校园足球师资（管理干部）培训班第二十四期在常州举办。来自北京市、天

津市、河北省、山西省 4 省市的 223 所国家青少年足球特色学校校长参加了为期 4 天的培训和学习。

【9月26日】 全国青少年校园足球骨干师资校长培训班在重庆举行

9 月 26 日，由教育部总体规划，中国教育科学研究院主办的全国青少年校园足球骨干师资国家级年度培训第 68 期校长培训班在重庆市南岸区举行。来自湖北、贵州两省的国家级校园足球特色学校的 301 名校长参加培训。全国校园足球国家级培训项目总负责人吴键介绍说，本年度的国家级校园足球培训主要针对的是 2017 年被教育部认定的 6837 所校园足球特色学校的校长、骨干教师，截至 2018 年 9 月底，共计培训学员近 17000 人。

【9月27日】 教育部办公厅印发通知开展 2018 年全国青少年校园足球教练员国家级专项培训

为深入贯彻落实全国教育大会精神，进一步落实教育部等 6 部门《关于加快发展青少年校园足球的实施意见》，加强校园足球教练员师资队伍建设，提升校园足球运动技术水平，教育部办公厅近日印发《关于组织开展 2018 年全国青少年校园足球教练员国家级专项培训的通知》，启动 2018 年校园足球教练员国家级专项培训。

【9月27日】 2018 全国青少年校园足球英国训练营举行

2018 年 9 月 27 日—10 月 5 日，经由 2017 年全国青少年校园足球夏令营选拔出的 35 名最佳阵容小球员迎来一年一度的全国青少年校园足球欧洲训练营开营时刻。国庆期间，他们在英国开展了为期 1 周的交流与学习。

【10月11日】 教育部青少年校园足球工作调研组对广州市校园足球工作开展情况进行调研

由中国足协副主席、全国青少年校园足球工作领导小组办公室主任、教育部体育卫生与艺术教育司司长王登峰一行 3 人组成的教育部青少年校园足球工作调研组,对广州市校园足球工作开展情况进行调研。调研组通过实地调研及座谈交流相结合的方式,就广州市"十三五"时期校园足球场地建设情况,校园足球教学、校内竞赛、校际联赛、选拔性竞技及夏令营活动开展情况,最佳阵容产生方式,校园足球专项经费、场地、足球教师待遇情况及广州足球协会对校园足球的支持情况等进行了全面深入的调研。

【10 月 13 日】 2018—2019 全国青少年校园足球联赛工作会议在珠海召开

10 月 13 日,2018—2019 全国青少年校园足球联赛工作会议在北京师范大学珠海分校召开。本次会议由全国青少年校园足球工作领导小组办公室主办,中国大学生体育协会、中国中学生体育协会执行。

【10 月 26 日】 《校园足球新长征》微电影系列合集发布

全国青少年校园足球工作领导小组办公室结合 2016 年纪念中国工农红军长征胜利 80 周年的契机,以校园足球为主题,在全国组织开展"校园足球新长征"大型宣传推广活动。半年多的时间里,作为"校园足球新长征"活动重要组成部分之一的系列微电影拍摄工作深入全国 31 个省(区、市)和新疆生产建设兵团校园足球开展一线,对各地校园足球开展情况进行了生动解读和艺术化展现。

【10 月 28 日】 第一届京津冀全国青少年校园足球试点县(区)校园足球争霸闭幕式

10 月 28 日上午 10:50,第一届京津冀全国青少年校园足球试点县(区)校园足球争霸赛历时近 4 天,共有来自京津冀 14 个全国青少年校园足球试点县(区)46 支代表队近 800 名运动员,参加了 118 场激烈角逐,在全体运动员、领队、教练员、裁判员及工作人员的共同努力下，圆满完成了预定的比赛日程，胜利闭幕。

【11月9日】 教育部王登峰司长：体育可以成为一门主课

教育部体育卫生与艺术教育司司长王登峰在 2018 中国大、中学生体育协会年度工作会议上表示，习近平总书记在今年 9 月 10 日举行的全国教育大会上发表的重要讲话，对学校体育提出了"四位一体"的目标，为实现这一目标，未来，学校体育将在推进体育教育改革、改善学校体育条件、改革学校体育评价体系等方面做出努力。王登峰表示，习近平总书记对学校体育提出的"四位一体"目标，包括让学生享受运动乐趣、强健体魄、健全人格和锤炼意志 4 个方面。按照这个目标，体育课就不能只是让学生活动活动身体、被很多人视为是可有可无的课程。王登峰认为，体育课将彻底改变在学校教学体系里的"小三门"（音体美）地位，成为一门主课。

【11月12日】 教育部公示 2018 年全国青少年校园足球夏令营总营（初中组、高中组）最佳阵容等级认定结果名单

为深入贯彻落实《中国足球改革发展总体方案》、教育部等 6 部门《关于加快发展青少年校园足球的实施意见》精神，根据《全国青少年校园足球教学训练竞赛体系建设方案》的有关要求，加快推进校园足球选拔性竞赛工作，全国校足办在 2018 年 7 月—8 月期间组织开展全国青少年校园足球夏令营。夏令营活动期间，全国校足办组织国内外专家通过训练、竞赛和品行等方面综合选拔评出郭启昕等 176 人入选全国青少年校园足球夏令营总营（初中组）最佳阵容，庞宇琦等 88 人入选全国青少年校园足球夏令营总营（高中组）最佳阵容，并获批国家一级运动员。现

将有关名单进行公示,公示时间为2018年11月15—22日,
公示期满后按程序报送中国足协办理等级认定手续。

【11月15日】 全国青少年校园足球夏令营图片入选改革开放四十年专题
展览

2018年11月15日,"伟大的变革——庆祝改革开
放40周年大型展览"开幕式在国家博物馆举行。2018年
全国青少年校园足球夏令营(高中组)的其中一张照片在
教育版块中展出。

【11月28日】 教育部批复同意建设27个全国青少年校园足球改革试验区

近日,全国校足办、教育部办公厅印发《关于同意设
立全国青少年校园足球改革试验区的函》(教体艺厅函〔
2018〕84号),公布天津市、内蒙古自治区、浙江省、
北京市丰台区、邯郸市、大连市、哈尔滨市、南通市、蚌
埠市、芜湖市、泉州市、南昌市、临沂市、洛阳市、新乡
市、荆州市、长沙市、广州市、梅州市、北海市、重庆市
沙坪坝区、绵阳市、六盘水市、西安市、延安市、白银市、
石嘴山市27个地区为全国青少年校园足球改革试验区,
开展校园足球改革试验工作。

【11月30日】 全国青少年校园足球联赛揭幕战正式打响

11月30日晚,2018—2019赛季阿迪达斯全国青少年
校园足球联赛大学组揭幕战在广州越秀山体育场举行,华
南理工大学队与华南师范大学队在数千名来自两校支持者
的见证下展开角逐,法国足球巨星齐达内作为开球嘉宾,
为新赛季开球。教育部体育卫生与艺术教育司司长、全国
青少年校园足球工作领导小组办公室主任王登峰,教育部
学生体协联合秘书处秘书长、中国大学生体育协会主席薛
彦青,广东省教育厅副巡视员邱克楠,阿迪达斯大中华区

政府事务副总裁王若海，阿里体育副总裁魏全民等嘉宾出席揭幕战。

【12月10日】　全国青少年校园足球工作领导小组第四次会议召开

　　　　　　　学校体育美育贯彻落实全国教育大会精神推进会暨全国青少年校园足球工作领导小组第四次会议在京召开。教育部党组书记、部长、全国青少年校园足球工作领导小组组长陈宝生指出，要奋力将新时代校园足球工作提升到一个新水平，努力走出一条中国特色校园足球改革发展新路，为中国足球振兴贡献"校园足球力量"。

【12月29日】　全国青少校园足球官方公众号"全国校园足球官方"上线

第五编

重要文件

教育部办公厅关于加强全国青少年
校园足球特色学校建设质量
管理与考核的通知

教体艺厅函〔2018〕18号

各省、自治区、直辖市教育厅（教委），新疆生产建设兵团教育局：

全国青少年校园足球特色学校是普及发展校园足球的主体力量。2015年以来，已遴选认定20218所全国青少年校园足球特色学校。为切实加强全国青少年校园足球特色学校建设质量管理与考核，现就有关事项通知如下：

一、明确日常监管主体和监管责任。按照全国青少年校园足球工作领导小组办公室（以下简称全国校足办）的统一部署，各省级青少年校园足球工作领导小组办公室（以下简称省级校足办）依据属地管理原则，负责本地区全国青少年校园足球特色学校建设质量的日常指导和监管，对全国青少年校园足球特色学校和本地区命名的省级校园足球特色学校进行统筹管理、指导和监督。地方教育行政部门要把推进校园足球特色学校质量建设情况作为考核校园足球特色学校校长的重要依据。全国校足办和省级校足办要逐步完善校园足球特色学校健康发展的场地、师资、经费保障体系和学生升学激励机制，健全安全风险防控机制和意外伤害保险制度。

二、明确质量建设第一责任人。全国青少年校园足球特色学校的校长是强化校园足球特色学校质量建设的第一责任人，要根据全国校足办和省级校足办的部署，按照《全国青少年校园足球特色学校基本标准（试行）》的要求，切实从强化组织领导和条件保障、落实教育教学要求、完善训练和竞赛体系、培养优秀后备人才等方面抓好、抓实全国青少年校园足球特色学校建设工作，夯实基础、打牢根基、提升质量，使全国青少年校园足球特色学校切实成为普及开展足球运动、深入开展足球教育的示范和标杆。

三、强化管理，接受社会监督。为摸清全国青少年校园足球特色学校建设质量情况，2017 年 5 月，教育部办公厅印发《关于做好全国青少年校园足球特色学校复核的通知》（教体艺厅函〔2017〕27 号），对 2015 年、2016 年认定的 13381 所全国青少年校园足球特色学校建设质量情况进行复核。各省级教育行政部门根据通知要求，严格按照《全国青少年校园足球特色学校复核指标体系》，组织开展了本地区全国青少年校园足球特色学校建设质量情况复核工作。经汇总各地报送的复核结果，并商相关省级教育行政部门，全国校足办决定取消 8 所学校的全国青少年校园足球特色学校资格，责令 29 所全国青少年校园足球特色学校限期整改（具体学校名单见附件）。

今后，全国校足办将每年对前一年认定命名的全国青少年校园足球特色学校建设质量进行复核，实现复核工作制度化、规范化。

为常态化、经常性开展全国青少年校园足球特色学校建设质量监督工作，现公布监督举报电话：010-66096849，监督举报电子信箱：fanzemin@moe.edu.cn。对于监督举报的情况，全国校足办将进行认真核实，核实建设质量不合格的，将取消其全国青少年校园足球特色学校资格。

附件：被取消全国青少年校园足球特色学校资格和限期整改的学校名单

教育部办公厅

2018 年 3 月 12 日

附件

被取消全国青少年校园足球特色学校资格
和限期整改的学校名单

一、被取消全国青少年校园足球特色学校资格的学校名单

1. 河北省保定市唐县黄石口乡花塔初级中学

2. 河北省保定市唐县军城镇娘子神小学

3. 河北省沧州市沧县杜林回族乡第一中学

4. 河北省沧州市沧县杜林回族乡联立小学

5. 山西省司法学校

6. 河南省濮阳市油田三高

7. 贵州省黔西南州博融兴仁中学

8. 西藏自治区昌都市卡若区俄洛镇完小

二、限期整改的全国青少年校园足球特色学校名单

1. 河北省保定市唐县启明中学

2. 河北省保定市唐县高昌初级中学

3. 河北省保定市唐县军城镇初级中学

4. 河北省保定市唐县王京镇初级中学

5. 河北省保定市唐县长古城初级中学

6. 河北省张家口市怀来县沙城中学

7. 河北省邢台市隆尧县尧山中学

8. 河北省满城小学

9. 山西省陵川县实验小学

10. 山西省泽州县成庄矿中学

11. 上海市奉贤区曙光中学

12. 上海市洵阳路小学

13. 上海市彭浦中学

14. 重庆市武隆中学

15. 贵州省铜仁市第六小学

16. 贵州省玉屏民族中学

17. 贵州省铜仁市沿河民族中学

18. 贵州省贵阳市修文县第三中学

19. 贵州省湄潭浙大小学

20. 贵州省玉屏黔东民族寄宿制中学

21. 贵州省铜仁市第八中学

22. 贵州省荔波县第二中学

23. 贵州省余庆白泥中学

24. 贵州省六盘水市六枝特区第九中学

25. 贵州省六枝特区扭绅中学

26. 贵州省铜仁市思南第三中学

27. 贵州省福泉市宏福实验学校

28. 贵州省都匀市第三中学

29. 贵州省都匀市第四小学

教育部关于公布第二届全国青少年校园足球专家委员会委员名单的通知

教体艺函〔2018〕7号

各省、自治区、直辖市教育厅（教委），新疆生产建设兵团教育局，部属各高等学校，有关单位：

第一届全国青少年校园足球专家委员会任期届满，根据有关要求，经各省级教育行政部门、有关高校和单位推荐，我部决定成立第二届全国青少年校园足球专家委员会。第二届全国青少年校园足球专家委员会由83位专家组成，任期二年。

附件：第二届全国青少年校园足球专家委员会委员名单

教育部

2018 年 6 月 13 日

附件

第二届全国青少年校园足球专家委员会委员名单

主任委员：金志扬

副主任委员（按姓氏笔画排列）：

朱广沪　刘江南　刘志云　许基仁　孙葆洁　李春满

一、教学工作组

组　　长：刘江南

副组长：郝成江　叶燎昆

秘　书：周　毅

委　员（按姓氏笔画排列）：

马少龙　马业康　王志斌　邓世俊　叶燎昆　史　兵

成　功　刘江南　纪桂武　杨次榆　杨志俊　吴建华

张　炜　张　亮　张志成　周　毅　赵宗跃　郝成江

胡显云　袁　野　徐　羧　黄晓灵

二、训练竞赛组

组　　长：朱广沪

副组长：余东风　郎　健

秘　书：赵　刚

委　员（按姓氏笔画排列）：

王建民　朱广沪　乔建平　孙　雯　孙继海　李增民　杨广辉

何伟黎　余东风　张　雷　张守伟　张宏伟　张剑杰　张悦虹

阿拉木斯　邵佳一　旺　扎　郎　健　赵　刚　赵　恒　赵俊杰

郝　伟　胡双庆　娄方平　高洪波　诸葛伟民　虞　勇　蔡基洙

三、师资培训组

组　　长：李春满

副组长：郭蔚蔚　范志毅

秘　书：吴　键

委　员（按姓氏笔画排列）：

史冬博　刘晓宇　李春满　张新定　陈　捷　范志毅

周　宁　周璋斌　郭蔚蔚　吴　键

四、科研工作组

组　　长：刘志云

副组长：蔡向阳　陈　彦

秘　书：洪家云

委　员（按姓氏笔画排列）：

刘志云　杨金田　陈　彦　陈志强　周　刚　洪家云

聂真新　部义峰　蔡向阳

五、新闻媒体组

组　　长：许基仁

副组长：李中文

秘　书：陈　星

委　员（按姓氏笔画排列）：

方　雨　朱　凯　刘　健　许基仁　李中文　张　黎

陈　星　蔡继乐

六、纪律监督组

组　　长：孙葆洁

副组长：游松辉

秘　书：王　海

委　员（按姓氏笔画排列）：

王　海　孙葆洁　张　路　黄杰聪　游松辉

秘书长：刘志云（兼）

副秘书长（按姓氏笔画排列）：

王　海（兼）　方　雨（兼）　吴　键（兼）　陈　星（兼）

周　毅（兼）　赵　刚（兼）　洪家云（兼）

教育部办公厅关于印发《全国青少年校园足球改革试验区基本要求（试行）》和《全国青少年校园足球试点县（区）基本要求（试行）》的通知

教体艺厅〔2018〕3号

各省、自治区、直辖市教育厅（教委），新疆生产建设兵团教育局：

为进一步规范全国青少年校园足球改革试验区和全国青少年校园足球试点县（区）申报和建设工作，现将《全国青少年校园足球改革试验区基本要求（试行）》和《全国青少年校园足球试点县（区）基本要求（试行）》印发给你们，请转发你地全国青少年校园足球改革试验区、全国青少年校园足球试点县（区）遵照执行。

请各全国青少年校园足球改革试验区和全国青少年校园足球试点县（区）把本地区扎实推进青少年校园足球工作的创新举措、积极成效和典型经验与做法及时报告全国青少年校园足球工作领导小组办公室。

教育部办公厅

2018 年 8 月 14 日

全国青少年校园足球改革试验区基本要求
（试行）

为全面贯彻党的教育方针，深入贯彻落实《中国足球改革发展总体方案》和《教育部等 6 部门关于加快发展青少年校园足球工作的实施意见》，规范全国青少年校园足球改革试验区校园足球工作，推动全国青少年校园足球改革试验区积极完善校园足球八大发展体系，制定本要求。

一、精心布局，夯实普及推广体系

建立和完善本地区全国青少年校园足球工作组织领导和工作推进机制，统筹推进本地区校园足球工作。成立本地区青少年校园足球工作领导小组及其办公室，充实工作人员，切实加强组织建设。制定本地区校园足球工作规章制度和实施方案。加大政策保障和经费支持力度，逐年增加本地区青少年校园足球专项资金，做到专款专用，保障教学、竞赛和活动经费，优化区域内足球教育资源配置，支持学校与科研院所、社会组织、企业等深入合作。

推广校园足球要坚持普及与提高质量并重，在已构建的"特色学校＋高校高水平足球运动队＋试点县（区）＋改革试验区＋'满天星'训练营"五位一体立体推进格局中蹄疾步稳推进校园足球改革发展。以普及性的足球教育培养广大青少年浓郁的足球兴趣，营造良好的足球文化氛围。加强对区域内全国和各级校园足球特色学校的指导与监管力度，实施建设质量复核制度，建立退出机制。在区域内现有全国和各级校园足球特色学校的基础上，积极推动非校园足球特色学校创建全国和各级校园足球特色学校，制定标准、体现特色、形成模式、凝练经验。根据世界足球强国在儿童5岁左右就开始足球启蒙教育的普遍情况，进一步下移普及重心，积极将足球运动向幼儿园延伸。

大力开展校园足球普及教育活动，组织开展本地区校园足球文化节等相关活动，加强足球知识宣传和足球文化教育，提升学生体质健康水平，发展学生核心素养。加强对区域内各类校园足球比赛的宣传推广，提高全社会的关注度和参与度，营造浓厚的校园足球文化氛围。

二、全面发力，健全教学训练体系

搭建科学规范、衔接有序的教学体系。在区域内学校全面落实国家体育与健康课程标准规定的体育与健康课时要求，在区域内所有全国和各级校园足球特色学校落实每周面向全体学生开设1节足球课的基本要求，条件具备的学校可以每周开设2节足球课。全国和各级校园足球特色学校的足球教学要严格落实《全国青少年校园足球教学指南》，创造条件进一步丰富校园足球课程，切实提高足球教学质量和水平。加强教体资源共享，拓宽渠道让教练员、运动员、退役运动员进入校园，进一步发现、推荐、培养优秀足球人才，开展科学化训练。

科学规划，合理布局，在区域内建设若干校园足球"满天星"训练营并不断完善组织体系和运行模式，进一步完善以学区为单位的校园足球课余、周末和节假日训练体系，以完善的课余训练体系促进有潜质的学生提高足球运动技能。引入竞争机制，建立校园足球"满天星"训练营运动员比赛选拔机制。不断完善校园足球多层次、立体化的课余训练体系，切实提高校园足球学生运动员的运动技能和竞技水平。

拓宽途径，加大足球师资队伍建设力度，充实学校体育教师和校园足球"满天星"训练营师资团队。强化体育教师足球专项技能培养培训，加强体育教师和足球教练员交流。通过政府购买服务方式，鼓励支持社会力量参与校园足球"满天星"训练营的组织运营。选聘、组建高质量的校园足球外籍教练团队，参与校园足球"满天星"训练营的教学、训练和比赛指导。

整合资源，推动区域内足球场地建设力度，盘活现有足球场地设施资源，着力实现教育系统、体育系统足球场地资源共建共享。

加强校园足球运动员安全教育，推动中小学生和家长树立安全风险意识和法治意识，建立政府、学校和家庭三方安全防范和风险共担机制。探索为参加校园足球运动的学生购买足球运动意外伤害保险。加强政府统筹和部门联动，完善足球运动意外伤害处理流程，做好校园足球风险防范工作。

三、严格管理，做强竞赛体系

深化区域内"校内竞赛—校际联赛—选拔性竞赛—出国交流比赛"为一体的竞赛体系，以赛促训、以赛提质。确保校园足球特色学校有班级联赛，班班有球队，周周有比赛，通过年级联赛组建各个年龄组的学校代表队。幼儿园组织各地的展示活动。在校内联赛的基础上，进一步完善小学、初中、高中和大学联赛。在联赛的基础上进一步完善选拔性竞赛和夏令营。形成完整的选拔性竞赛体系，选拔区域内校园足球最佳阵容。严格赛风赛纪，实现校园足球立德树人的根本任务和使命，营造风清气正的竞赛环境。出台明确规定，规范涉及校园足球队员参与的赛事活动，确保校园足球竞赛活动的有序开展。

四、示范引领，打造样板体系

选聘高水平教练作为区域内的校园足球首席专家，带动区域内所有的校园足球教师和教练员组建校园足球技战术体系。积极申报和创建全国青少年校园足球"满天星"训练营。充分考虑区域内发展的基础条件及未来发展的规划，从实际出发、量力而行、注重引导，充分发挥各类试点的示范引领作用，创新足球人才培养模式，带动区域内校园足球的全面推进和发展，为全国提供可复制、可推广的有益经验。

五、激励创新，构建荣誉体系

根据每一个学生参与足球教学、训练和竞赛的时间和实际技术水平，完善校园足球学生运动技能等级标准，打通各个学段的升学通道。要根据学生的等级认定情况和校园足球工作开展情况，对相关的县（市）长、教育局长、教师、教练员、参与的企业进行相关的荣誉认定，构建完善的校园足球荣誉体系。每年举行校园足球年度庆典，大力宣传表彰校园足球相关人员，受表彰奖励人员，特别是一线体育教师、足球教练在职称、待遇等方面要有相应的体现，进一步调动基层开展校园足球的积极性。

六、精诚合作，合力形成一体化推进体系

进一步加强本地区校园足球工作领导小组各个部门的协同配合，在场地规划、师资培训、社会支持等方面形成合力。特别是教育和体育部门要进一步推进工作对接和资源共享，在发挥各自优势和特长的基础上，加快推进校园足球与青训体系"一体化设计，一体化推进，自成体系，相互支撑"的合作格局。两者既要有对接、有协作，也要有侧重、有分工；既要全力服务中国足球改革发展的总体目标，也要充分考虑青少年的全面可持续发展。要搭建社会相关组织、机构和部门有序参与、通力合作、协同推进校园足球健康发展的格局。继续发挥好举国体制优势，又要在国民教育体系中通过体育课、课余训练和校园体育竞赛开辟一条培养优秀足球竞技人才的新路径、新通道。积极鼓励有较好运动技能和水平的高中生、大学生向职业体育发展。

七、攻坚克难，搭建科研体系

提高校园足球水平，必须尊重体育运动规律和青少年成长规律，破除一些思想上、观念上的误区。要回答好每天锻炼一小时，每周踢一场比赛会不会影响到学习成绩的问题；要回答好如何根据青少年身体素质完善教学训练方法和技战术体系，解决中国孩子会踢球不会比赛、对抗能力差、场上位置感不强等问题；要研究学习与踢球的关系，科学安排文化教育与

训练竞赛，确保学生既能学好文化知识，又能不断提高运动技能，切实为青少年运动员的文化知识教育和终身职业发展负责，争取家长支持。研究如何构建校园足球与职业足球、专业足球青训体系自成体系、融合发展等问题。高水平、高层次足球比赛是整个足球体系的竞争。充分发挥本地区校园足球专家委员会的智库作用，不断提高校园足球科学化水平。

八、树立导向，完善舆论宣传引导体系

校园足球的健康发展，离不开健康的舆论环境。每年编辑发布本地区青少年校园足球发展报告，向全社会公开有关工作进展，主动接受各方面监督。在舆论宣传方面与宣传主管部门和新闻媒体建立更及时、更有效的沟通渠道。在加大典型宣传的同时，引导媒体客观看待、平衡报道校园足球工作中存在的不足和短板。主动回应社会各方面对校园足球的关切和建议。构建全媒体宣传矩阵，传播校园足球好声音，讲好校园足球故事。

全国青少年校园足球试点县（区）基本要求
（试行）

为深入贯彻落实《中国足球改革发展总体方案》和《教育部等 6 部门关于加快发展青少年校园足球工作的实施意见》，推动全国青少年校园足球试点县（区）校园足球工作规范有序发展，制定本要求。

一、加强组织领导

（一）落实国家政策，加强区域统筹，纳入发展规划。全国青少年校园足球试点县（区）所在地党委和人民政府要加强对校园足球工作的组织领导、统筹和协调，将校园足球工作纳入县（市、区）经济社会发展规划和年度工作要点并严格落实，高度重视学校体育工作和学生体质健康，按照国家体育与健康课程标准等有关规定，加大政策保障和经费支持力度，优化足球教育资源配置，积极与足球相关的科研院所、社会组织、企业等深入合作，建立全国青少年校园足球试点县（区）校园足球专家资源库。

（二）健全工作机制，完善规章制度。建立全国青少年校园足球试点县（区）所在地党委和人民政府领导、相关部门共同参与的校园足球工作领导小组，统筹推进本地区校园足球工作。全国青少年校园足球试点县（区）所在地党委和人民政府应制定完善的校园足球工作组织实施、招生、教学管理、课余训练和竞赛、运动安全防范、师资培训培养、督导检查等方面的规章制度和工作制度。区域内的全国青少年校园足球特色学校数应占本地区中小学总数的 60% 以上。

（三）深入推广普及，探索有益经验。体现试点县（区）特色、制定试点县（区）标准、形成试点县（区）模式、凝练试点县（区）经验。加大对校园足球工作的支持，深化本地区全国和各级校园足球特色学校建设，推动校园足球工作创新开展，促进学生身心健康全面发展，营造全社会关心、重视和支持足球人才培养和校园足球工作的良好氛围，提升试点县（区）校园足球工作的整体质量和水平，积极为国家培养优秀足球后备人才。

二、完善条件保障

（一）配齐配强体育师资，落实体育教师待遇。在核定编制总量内配齐本地区学校体育教师，满足本地区学校体育教学工作需求，确保本地区每个学校至少有 1 名足球专项体育教师。每年为区域内的学校体育教师和校园足球教练员提供 1 次以上的专业培训，推动本地区教研部门深入开展学校体育教育教学研究，不断提高学校体育教师教学技能。区域内的体育教师开展体育教学、足球训练和比赛等工作计入工作量。保证学校体育教师在评优评先、工资待遇、职务评聘等方面与其他学科教师享受同等待遇。

（二）场地设施完备，体育经费保障充足。区域内的学校体育场地设施、器械配备达到国家标准，满足学校体育工作的基本需求，根据每年实际情况不断补充和更新学校体育教育教学设施。区域内建设有一定数量的学校足球场地，足球训练和竞赛器材数量充足。设立本地区学校体育和校园足球工作专项经费，纳入当地政府年度预算，保证本地区学校体育和校园足球工作能够正常开展。在实施校方责任险的同时，通过多种渠道为学生购买运动意外伤害保险。

三、打牢、做实校园足球发展体系

（一）教育理念先进。积极深化本地区学校体育改革发展，坚持"健康第一"的理念，把校园足球工作作为教育立德树人的重要载体，积极推进和发展素质教育，促进学生身心健康、全面发展。

（二）保证体育课和体育活动时间。按照国家要求，区域内所有学校开足开齐体育与健康课程，保证区域内所有学生每天一小时校园体育活动时间。区域内的全国和各级校园足球特色学校把校园足球作为体育课的必修内容，每周用 1 节体育课进行足球教学，区域内的全国和各级校园足球特色学校把足球运动纳入大课间或课外活动。

（三）开展科学训练。区域内的全国和各级校园足球特色学校应制定系统、科学的训练计划，常年开展课余足球训练，注重提高训练效益，有安全应急、医疗等应急方案。积极邀请校外专业足球教练员进学校提供专业技术指导。

（四）完善竞赛制度。不断完善区域内的全国和各级校园足球特色学校竞赛制度。每年组织开展本地区的校园足球联赛。

（五）支持学生发展。积极鼓励本地区有天赋、有潜力的学生足球运动员参与校外足球训练、培训和比赛，积极向各级各类足球优秀运动队输送人才，为当地学生提高足球竞技水平和运动能力积极创造条件。制定校园足球高水平人才入学升学扶持政策。打通区域内注册运动员入学升学通道。将校园足球运动员注册定级情况纳入学生综合素质评价体系，建立校园足球特色学校小学、初中、高中对接招生机制，实施注册运动员与校园足球特色学校双向选择入学管理办法，为优秀足球人才成长、发展和储备创设政策机制。

（六）成立足球组织。区域内的全国和各级校园足球特色学校应成立足球俱乐部或兴趣小组，吸纳有兴趣的学生参与足球活动。小学三年级以上建有班级代表队、年级代表队，学校建有校级男子和女子足球代表队。基本达到学生全员参与足球运动。

（七）营造校园足球文化。加强校园足球文化建设，大力开展足球普及教育活动，设立试点县（区）校园足球文化节，加强足球知识宣传和足球文化教育，提升学生体质健康水平，培育发展学生核心素养。宣传推广本地区各级校园足球比赛，提高全社会的关注度和参与度，营造浓厚的校园足球文化氛围。搭建青少年足球对外交流、竞技和展示平台，树立试点县（区）校园足球品牌形象。积极推动区域内的全国和各级校园足球特色学校经常开展以足球为主题的摄影、绘画、征文、演讲等校园文化活动。积极推动区域内全国和各级校园足球特色学校组织开展校园足球联赛。

教育部关于公布2018年全国青少年校园足球特色学校、试点县（区）和"满天星"训练营遴选结果名单的通知

教体艺函〔2018〕11号

各省、自治区、直辖市教育厅（教委），新疆生产建设兵团教育局：

为深入贯彻落实《中国足球改革发展总体方案》、教育部等6部门《关于加快发展青少年校园足球的实施意见》精神，根据《教育部办公厅关于做好全国青少年校园足球特色学校、试点县（区）创建（2018—2025）和2018年"满天星"训练营遴选工作的通知》（教体艺厅函〔2018〕17号）要求，在有关单位自主申报、省级教育行政部门审核推荐的基础上，我部组织专家对各地申报推荐的特色学校、试点县（区）和"满天星"训练营遴选结果名单进行了综合认定，认定并命名北京市第五十五中学等3916所中小学校为"全国青少年校园足球特色学校"，北京市朝阳区等33个县（区）为"全国青少年校园足球试点县（区）"，北京市海淀区教育委员会等47个单位为"全国青少年校园足球'满天星'训练营"。现将特色学校、试点县（区）和"满天星"训练营遴选结果名单予以公布，并就有关事项通知如下：

一、夯实工作基础，加快改革发展。特色学校、试点县（区）和"满天星"训练营是引领校园足球改革发展的排头兵，是加快校园足球普及发展的示范典型。要明确职责任务，进一步增强荣誉感、使命感和责任感，按照国家关于加快发展青少年校园足球的总体要求和《全国青少年校园足球特色学校基本标准（试行）》《全国青少年校园足球特色学校复核指标体系》《全国青少年校园足球"满天星"训练营工作规范》及相关管理办法，

加强组织领导，细化工作方案，大胆探索实践，创新体制机制，保持鲜明特色，在教育教学、训练竞赛、师资配备、场地建设、经费投入和安全管理等方面扎扎实实开展工作，为校园足球改革发展积累更多经验。

二、完善政策措施，加大支持力度。地方各级教育行政部门要把特色学校、试点县（区）和"满天星"训练营建设作为发展校园足球的重要内容，纳入本地教育发展规划，明确发展目标，完善政策措施，统筹多方资源，加强业务指导，在校园足球教学、训练、竞赛、招生、经费和条件保障等方面加大支持力度。在积极探索的基础上，进一步完善特色学校、试点县（区）和"满天星"训练营的示范带动机制，鼓励开展多方面的区域内或跨区域交流，不断提升特色学校、试点县（区）和"满天星"训练营的创新能力、建设能力和发展水平，为带动学校体育事业健康有序发展和提升学生体质健康水平发挥示范作用。

三、加强监督检查，完善退出机制。特色学校、试点县（区）和"满天星"训练营要开通校园足球信息平台，公开校园足球进展情况，报道足球活动，交流工作经验，展示特色成果，接受社会监督。各地教育行政部门要将特色学校、试点县（区）和"满天星"训练营工作情况纳入教育督导检查和学校体育工作评价范畴，定期实施专项检查，检查结果要向社会公开，并与优化布局相结合，对不合格的单位责令其限期整改。我部将适时组织对特色学校、试点县（区）和"满天星"训练营的专项检查工作，对于不合格的单位，要建立退出机制，取消命名并予以通报。

请各地教育行政部门及时将工作进展情况和发现的有关问题报告我部。

附件：1. 2018年全国青少年校园足球特色学校名单
　　　2. 2018年全国青少年校园足球试点县（区）名单
　　　3. 2018年全国青少年校园足球"满天星"训练营名单

教育部
2018 年 9 月 6 日

附件1

2018 年全国青少年校园足球特色学校名单（略）

附件 2

2018 年全国青少年校园足球试点县（区）名单

序号	试点县（区）名称
1	北京市朝阳区
2	北京市门头沟区
3	天津市津南区
4	河北省唐山市路北区
5	山西省运城市永济市
6	辽宁省抚顺市新抚区
7	辽宁省丹东市振兴区
8	吉林省长春市二道区
9	黑龙江省齐齐哈尔市龙沙区
10	黑龙江省黑河市爱辉区
11	上海市闵行区
12	江苏省徐州市云龙区
13	江苏省常州市天宁区
14	浙江省宁波市鄞州区
15	浙江省绍兴市柯桥区
16	安徽省安庆市迎江区
17	福建省泉州市晋江市
18	江西省萍乡市安源区
19	山东省临沂市郯城县

续表

序号	试点县（区）名称
20	河南省郑州市新密市
21	河南省洛阳市瀍河回族区
22	湖北省黄石市下陆区
23	湖南省常德市武陵区
24	广东省深圳市福田区
25	广西壮族自治区崇左市龙州县
26	四川省宜宾市翠屏区
27	贵州省遵义市新蒲新区
28	云南省丽江市古城区
29	陕西省安康市旬阳县
30	甘肃省兰州市兰州新区
31	青海省西宁市城西区
32	宁夏回族自治区银川市西夏区
33	新疆维吾尔自治区伊犁哈萨克自治州青河县

附件 3

2018 年全国青少年校园足球"满天星"训练营名单

序号	所属省（区、市）	所属市（区）	申报单位
1	北京市	海淀区	海淀区教育委员会
2	北京市	延庆区	延庆区教育委员会
3	天津市	河东区	河东区教育局
4	河北省	石家庄市	长安区教育局
5	河北省	邯郸市	曲周县教育体育局
6	山西省	太原市	迎泽区教育局
7	内蒙古自治区	包头市	青山区教育局
8	内蒙古自治区	鄂尔多斯市	达拉特旗教育局
9	辽宁省	沈阳市	法库县教育局
10	辽宁省	大连市	金普新区社会事业局
11	吉林省	延边朝鲜族自治州	延边朝鲜族自治州教育局
12	黑龙江省	齐齐哈尔市	齐齐哈尔市教育局
13	上海市	闵行区	闵行区教育局
14	上海市	徐汇区	徐汇区教育局
15	上海市	杨浦区	杨浦区教育局
16	江苏省	南京市	雨花台区教育局
17	江苏省	无锡市	江阴市教育局
18	江苏省	南通市	南通市教育局
19	浙江省	杭州市	西湖区教育局
20	浙江省	金华市	义乌市教育局
21	安徽省	合肥市	合肥市教育局
22	安徽省	芜湖市	芜湖市教育局

续表

序号	所属省（区、市）	所属市（区）	申报单位
23	福建省	厦门市	厦门市教育局
24	福建省	泉州市	晋江市教育局
25	江西省	九江市	浔阳区教育体育局
26	山东省	滨州市	滨州市教育局
27	山东省	青岛市	黄岛区人民政府
28	河南省	郑州市	金水区教育体育局
29	河南省	洛阳市	涧西区教育局
30	湖北省	武汉市	江汉区人民政府
31	湖北省	荆州市	沙市区教育局
32	湖南省	长沙市	雨花区人民政府
33	广东省	深州市	宝安区教育局
34	广西壮族自治区	北海市	海城区教育局
35	海南省	琼中县	琼中黎族苗族自治县教育局
36	重庆市	沙坪坝区	沙坪坝区教育委员会
37	四川省	成都市	成华区教育局
38	四川省	成都市	金牛区教育局
39	贵州省	贵阳市	观山湖区教育局
40	云南省	昆明市	昆明市教育局
41	云南省	红河州	泸西县教育局
42	西藏自治区	拉萨市	拉萨市教育局
43	陕西省	宝鸡市	金台区教育局
44	甘肃省	兰州市	兰州市教育局
45	青海省	西宁市	青海省校园足球运动协会
46	宁夏回族自治区	石嘴山市	石嘴山市教育体育局
47	新疆维吾尔自治区	喀什地区	喀什地区教育局

关于同意设立全国青少年校园足球
改革试验区的函

教体艺厅函〔2018〕84号

有关省、自治区、直辖市人民政府办公厅，有关市、区人民政府：

你们关于设立全国青少年校园足球改革试验区的申请收悉。经研究，同意天津市等27个地区作为全国青少年校园足球改革试验区（以下简称改革试验区，名单附后）开展校园足球改革试验工作。

希望改革试验区所在地区党委和政府发挥资源优势，认真贯彻落实《教育部办公厅关于加强全国青少年校园足球改革试验区、试点县（区）工作的指导意见》（教体艺厅〔2017〕1号）、《教育部办公厅关于印发〈全国青少年校园足球改革试验区基本要求（试行）〉和〈全国青少年试点县（区）基本要求（试行）〉的通知》（教体艺厅〔2018〕3号），以改革创新精神切实推动校园足球全面深化改革，着力提高校园足球工作质量和水平，积极探索和积累校园足球全面深化改革有益经验，让广大青少年在参与校园足球运动中享受乐趣、增强体质、健全人格、锤炼意志，提高足球技能水平，实现德智体美劳全面发展。

校园足球改革试验工作，要遵循教育规律、足球运动规律和足球人才成长规律，积极深化校园足球普及推广体系、教学训练体系、竞赛体系、样板体系、荣誉体系、一体化推进体系、科研体系和舆论宣传引导体系等八个体系建设，着力提高校园足球工作科学化、制度化、专业化水平。

请将改革试验区工作年度进展情况及时报送全国青少年校园足球工作领导小组办公室。

专此函复。

附件： 1. 2018年批复同意的全国青少年校园足球改革试验区名单

2. 2015年和2017年批复同意的全国青少年校园足球改革试验区名单

全国青少年校园足球工作领导小组办公室

2018 年 11 月 28 日

附件1

2018 年批复同意的全国青少年校园足球
改革试验区名单

天津市、内蒙古自治区、浙江省，北京市丰台区、邯郸市、大连市、哈尔滨市、南通市、蚌埠市、芜湖市、泉州市、南昌市、临沂市、洛阳市、新乡市、荆州市、长沙市、广州市、梅州市、北海市、重庆市沙坪坝区、绵阳市、六盘水市、西安市、延安市、白银市、石嘴山市

附件2

2015 年和 2017 年批复同意的全国青少年校园足球
改革试验区名单

一、2015 年批复同意的第一批全国青少年校园足球改革试验区：
厦门市、青岛市、延边朝鲜族自治州。

二、2017 年批复同意的第二批全国青少年校园足球改革试验区：
上海市、云南省、深圳市、郑州市、滨州市、武汉市、成都市、兰州市。